Nathalie Chevalier
Dominique Fortier
Roger Lazure
Karine Pouliot
Emanuele Setticasi

Têtes d'affiche

Français • Premier cycle du secondaire

Recueil de textes A

LES ÉDITIONS
CEC
QUEBECOR MEDIA

8101, boul. Métropolitain Est, Anjou (Québec) Canada H1J 1J9
Téléphone : (514) 351-6010 • Télécopieur : (514) 351-3534

Directrice de l'édition
Danielle Lefebvre

Directrice de la production
Danielle Latendresse

Directrice de la coordination
Sylvie Richard

Chargée de projet et réviseure linguistique
Ginette Duphily

Rédactrice des notices biographiques
Ginette Duphily

Recherchistes iconographiques
Ginette Duphily, Renée Gendron, Monique Rosevear

Correctrice d'épreuves
Jacinthe Caron

Consultants pédagogiques
Louise Chevrier, enseignante à l'école Félix-Leclerc (C.S. Marguerite-Bourgeoys)
Maxime Gagnon, enseignant à l'école Daniel-Johnson (C.S. Pointe-de-l'Île)
Suzanne Richard, didacticienne du français
Nancy Savage, enseignante à l'école Poly-Jeunesse (C.S. Laval)

Les auteurs tiennent à remercier Odile Perpillou pour la rédaction de textes dans les dossiers 3 et 5. Ils remercient également les personnes qui ont collaboré à la rencontre des écrivains du dossier 6 : Alexandre Choquette, Denis Cadieux et ses élèves du Collège Saint-Louis, Louis Émond et ses anciens élèves de l'école de Montarville, Dev Coossa, Claude Daoust et Patrick Giguère, ainsi que Marie-Claude Fortin, Susanne Julien et Daniel Marleau. Enfin, ils désirent souligner l'aide de Marie Maheu, Isabelle Sauvé et Johanne Thériault pour leurs suggestions documentaires.

Conception graphique et conception de la couverture

matteau parent
graphisme et communication

Mélanie Chalifour (conception et réalisation graphique du recueil)
Nancy Boivin (conception et réalisation graphique de la couverture)
Chantale Nolin (signature)

Illustration originale de la couverture
Paule Thibault

Illustrations originales des pages intérieures
Chantale Audet : p. 43-44-45, 56, 81, 86, 146, 178-179, 191, 192-193, 223, 251.
Steve Beshwaty : p. 17, 20, 96, 111, 116, 137, 149, 165, 181, 183, 200-201-202, 208-209, 210, 211, 220-221, 261.
Stéphane Jorisch : p. 23, 27, 92, 94, 109, 119, 132, 175, 176, 213, 238, 259, 262.
Marie Lafrance : p. 226, 253.
Céline Malépart : p. 224, 247, 260.
Paule Thibault : p. III, IV, V, VI, 1, 2-3, 10, 13-14, 28, 37-38, 46-47, 53, 70, 74-75, 76, 90-91, 100-101, 113, 138-139, 143, 144-145, 166-167, 168, 204-205, 206, 207, 230-231, 239, 245, 249, 256, 257.

Réalisation des cartes
Claude Bernard : p. 49, 54, 58, 60, 66, 68, 73.

Dans cet ouvrage, la féminisation des titres de fonctions et des textes s'appuie sur des règles d'écriture proposées par l'Office de la langue française dans le guide *Au féminin*, Les publications du Québec, 1991.

Les Éditions CEC inc. remercient le gouvernement du Québec de l'aide financière accordée à l'édition de cet ouvrage par l'entremise du Programme de crédit d'impôt pour l'édition de livres, administré par la SODEC.

© 2005, Les Éditions CEC inc.
8101, boul. Métropolitain Est
Anjou (Québec) H1J 1J9

Dépôt légal : 1er trimestre 2005
Bibliothèque nationale du Québec
Bibliothèque nationale du Canada

ISBN 2-7617-2128-4

Imprimé au Canada
2   3   4   5   09   08   07   06   05

Table des matières

Dossier **5** Des consommateurs avertis **138**

Voici les personnages qui t'accompagneront dans chacun des huit dossiers du RECUEIL DE TEXTES. Il s'agit de Frédérique, Julien, Romy, Pierre, Janie et Marc-Antoine. Ils ont ton âge. Ils ont les mêmes préoccupations que toi. Ils sont curieux, ils aiment parler, s'amuser, s'instruire, bouger, etc.

Nos six personnages aiment aussi beaucoup le RECUEIL DE TEXTES de la collection *Têtes d'affiche*. Ils trouvent que les thèmes les représentent bien. Ils apprécient la grande variété de textes, soit ce mélange de textes littéraires et de textes courants : articles tirés de magazines ou de journaux, poèmes, extraits de romans, planches de bandes dessinées, journaux intimes, etc. Ils les ont lus avec beaucoup d'intérêt. Ils se sont montrés très intéressés par l'abécédaire sur la santé et la beauté (*Dossier 1*). Ils ont vibré en lisant des aventures incroyables, dans des lieux extraordinaires (*Dossier 2*). Ils se sont interrogés sur la question de l'intimité et du refuge qu'est la chambre à coucher (*Dossier 3*). Ils ont versé quelques larmes en lisant les portraits de personnages émouvants (*Dossier 4*). Ils ont posé un regard critique sur l'univers de la publicité (*Dossier 5*). Ils ont eu le privilège de rencontrer des écrivains (*Dossier 6*). Ils se sont montrés indiscrets en lisant des pages de journaux intimes (*Dossier 7*). Enfin, ils se sont bien amusés en lisant des textes poétiques (*Dossier 8*).

Ces jeunes gens sont aussi de fins observateurs. Ils ont compris que les huit dossiers du RECUEIL DE TEXTES font écho aux huit dossiers du MANUEL DE L'ÉLÈVE de la même collection. Ils ont remarqué que les grandes figures culturelles du MANUEL DE L'ÉLÈVE telles que Cyrano de Bergerac, Alexandra David-Néel, Vincent Van Gogh, Cosette, Henri de Toulouse-Lautrec, George Sand, Robinson Crusoé et La Bolduc ont aussi leur place dans le RECUEIL DE TEXTES, puisqu'on leur consacre au moins une page dans chaque dossier.

Amuse-toi, comme nos jeunes personnages, à explorer les thèmes des dossiers. Plonge avec plaisir dans ces univers qui te sont proposés. Tu verras, ce RECUEIL DE TEXTES te donnera le goût de lire d'autres textes sur les mêmes sujets. Tu verras, il te donnera le goût de lire, tout simplement.

Les auteurs

«C'est un roc !...
c'est un pic !...
c'est un cap !...
Que dis-je,
c'est un cap ?...
C'est une péninsule !¹»
(Rostand)

«Je suis comme je suis
Je suis faite comme ça²»
(Prévert)

«Ah ! Je ris de me voir si belle en ce miroir³»
(La Castafiore)

1. Edmond Rostand, *Cyrano de Bergerac*, 1898.
2. Jacques Prévert, «Je suis comme je suis», *Paroles*, Gallimard, 1946.
3. Extrait de l'opéra *Faust* de Charles Gounod, popularisé par la Castafiore dans Hergé, *Les bijoux de la Castafiore*, Casterman, 1963.

Des atouts pour plaire

«Qu'est-ce que le spasme de vivre
À la douleur que j'ai, que j'ai![4]»
(Nelligan)

«Je suis malade
Complètement malade[5]»
(Lama)

J'ai encore grandi...[6]

4. Émile Nelligan, «Soir d'hiver», *Poésies complètes*, Fides, 1952.
5. Extrait d'une chanson de Serge Lama (paroles) et d'Alice Dona (musique), popularisée par Serge Lama.
6. Phrase entendue dans la salle de toilettes d'une école secondaire.

Absolument essentiel

L'amitié, c'est absolument essentiel, surtout pendant une période durant laquelle on change les rapports que l'on entretient avec sa famille.

5 On se cherche un double pour se sentir plus fort, un confident pour partager les difficultés, une âme sœur pour les adoucir dans la fraternité, un alter ego qui vous soutienne et vous aide à avancer.

10 On cherche aussi un miroir vivant pour se conforter, parce que l'on n'est pas sûr de soi. Quelquefois, on cherche aussi à retrouver un sentiment de fusion, comme avec ses parents quand on était petit alors 15 que l'on croyait encore que cette relation d'amour avec eux était indestructible.

L'image que le groupe, la bande, se fait de nous nous paraît vitale par moments. On cherche à s'identifier, à être pareil aux autres. 20 De peur d'être rejeté, on s'identifie à ses amis. C'est difficile, parce qu'en fait, pour qu'un groupe fonctionne et soit vivant, il faudrait plutôt être complémentaires.

On a peur des différences comme si elles 25 menaçaient le groupe, alors qu'elles le construisent. Il y a un équilibre que chacun doit trouver entre être assez « comme le groupe » pour en faire complètement partie et garder sa singularité, sa personnalité pour 30 rester soi-même.

La véritable amitié, celle qui peut durer, commence quand on peut dire à l'autre :

« Tu n'es pas comme moi, tu as raison d'être comme tu es, et je t'aime bien d'être 35 autrement que moi. »

Des copains, on en a plein. Des vrais amis, c'est beaucoup plus rare. Certains disent que dans une vie, on compte ses véritables amis sur les doigts d'une main. Quand on 40 n'arrive pas à nouer des liens d'amitié, il faut se poser des questions et peut-être aller en parler à des adultes en qui on a confiance.

Être copains, c'est bien quand on partage les mêmes activités. Mais derrière une 45 amitié, il y a une vraie rencontre, quelque chose qui fait qu'on n'est plus le même qu'avant cette rencontre. […]

La véritable amitié donne la force de s'aventurer, de penser loin, de s'engager. 50 C'est peut-être pour cela que les adolescents disent presque tous que l'amitié est la chose la plus importante de leur vie. Et tout cela est possible parce que, dans l'amitié, on se sent fortifié par la sécurité et la 55 confiance en nous que nous apporte la confiance d'un autre que l'on respecte et à qui l'on peut tout dire, même ce dont on n'est pas fier, en sachant que cela sera accueilli avec tolérance.

Extrait de Françoise Dolto, Catherine Dolto-Tolitch et Colette Percheminier, « L'amitié », *Paroles pour adolescents ou le complexe du homard*, © Gallimard, 1999. (Collection Giboulées)

Se faire des
amis

Vous n'avez pas forcément beaucoup de copains. Une adolescente ou un adolescent sur cinq, selon certaines enquêtes, affirme ne pas avoir d'amis.

Si vous vous trouvez dans cette situation, vous regardez avec envie ces garçons et ces filles qui paraissent à l'aise avec tout le monde. Mais être populaire ne signifie pas toujours avoir de vrais amis. Même les personnes très entourées peuvent parfois se sentir seules.

Si vous avez des difficultés à vous faire des copains, essayez d'appliquer ces quelques idées.

➤ Montrez-vous le plus souvent possible drôle et enthousiaste. Rares sont ceux qui aiment discuter avec une personne ronchon et qui passe son temps à tout critiquer.

➤ Faites preuve de loyauté. La loyauté et l'honnêteté sont des qualités importantes en amitié. On doit pouvoir vous faire confiance, savoir que vous garderez un secret. On doit également pouvoir compter sur vous en cas de problème.

➤ Approchez d'une personne qui vous semble disponible. Ce sera peut-être plus facile que de devenir l'ami ou l'amie du ou de la leader de la classe qui a toujours quinze copains autour d'elle ou de lui.

➤ Faites preuve d'attention et d'intérêt lorsqu'il ou elle vous parle. Souvent, pour surmonter sa peur ou sa timidité, on se montre bavard. On parle, on parle et on oublie d'écouter. Or tout le monde a besoin d'être écouté. Votre nouvelle amie ou votre nouvel ami aussi. Lorsque vous discutez ensemble, posez-lui des questions, demandez-lui de mieux expliquer son point de vue. Ensuite seulement, exprimez-vous pour dire ce que vous pensez. De cette manière, votre conversation deviendra un véritable échange.

À l'inverse, si vous êtes plutôt du genre à écouter l'autre sans ouvrir la bouche, n'oubliez pas de donner votre avis !

➤ Proposez-lui diverses activités à faire ensemble. C'est une bonne manière d'approfondir les liens qui vous unissent. Si vous essuyez un échec, ne vous découragez pas. Les ingrédients d'une belle amitié sont extraordinairement subtils. Parfois ça marche, parfois pas. Personne ne peut dire pourquoi. Tournez la page et essayez auprès de quelqu'un d'autre.

➤ Si vous avez une passion, rapprochez-vous des personnes qui ont la même. Ce n'est pas toujours facile de les repérer. Renseignez-vous pour savoir s'il existe un club ou une association. Vous pourrez peut-être y faire des rencontres.

➤ Si les jeunes de votre âge vous intimident, approchez-vous de personnes plus jeunes ou plus âgées. Il vous sera peut-être plus facile de trouver votre place.

Adapté de Marie-José Auderset et Jean-Blaise Held, « Se faire des amis », *L'ado et les autres*, © De La Martinière Jeunesse, 1996.

L'élégance

I- Le drapé constitue le principe de base du vêtement masculin. Il doit être à la fois souple et seyant. Pour les deux raisons suivantes, il est nettement préférable au ⁵vêtement ajusté : un drapé souple est plus frais en été et plus chaud en hiver ; un drapé souple peut être apprêté en des formes belles ou majestueuses. Un vêtement ajusté au corps est laid, et souvent ridicule.

¹⁰II- Les justes proportions entre le haut et le bas constituent la seconde règle du vêtement masculin. De même que les objets, plus larges en haut qu'en bas, à la manière de pyramides renversées, donnent l'apparence ¹⁵de la légèreté et que l'inverse est vrai, de même une silhouette est allégée par un vêtement qui va depuis le haut en se rétrécissant et alourdie par l'effet contraire. [...]

²⁰On remarque qu'en même temps que le vêtement est devenu plus souple, on a laissé pousser la barbe, et ceci à tous les âges. On voit même un certain nombre d'hommes, que les remarques du vulgaire laissent parfaitement froids, se faire pousser ²⁵la moustache.

De fait, la barbe est un signe de noblesse et de virilité. Dieu en a fait le signe distinctif de l'homme. Aussi est-ce dans les périodes de mœurs efféminées, de décadences et de fins ³⁰d'empires que la barbe a été abandonnée.

Extrait traduit de George Brummell, *Male and Female Costume : [...] Principles of Costume Applied to the Improved Dress of the Present Day*, 1822.

Encore de nos jours, nous utilisons l'expression « un beau Brummell » lorsque nous parlons d'un homme élégant et raffiné. Mais qui était ce beau Brummell ? George Brummell (1778-1840) était un influent dandy anglais qui vécut à la fin du XIXᵉ siècle. Il fréquentait la cour du prince de Galles et inventait les normes du bon goût vestimentaire. Tous voulaient l'imiter ! Adepte du dandysme, un art de vivre popularisé par des écrivains comme Charles Baudelaire et Oscar Wilde, Brummell affichait une élégance irréprochable : il soignait à l'extrême son nœud de cravate ; ses chemises étaient parfaitement pressées ; ses cheveux, toujours impeccables. De plus, le dandysme était considéré comme une forme de contestation. En effet, le dandy était non conformiste ; il souhaitait se distinguer de la masse en affirmant son individualité.

Ne vous arrachez pas les cheveux !

S'informer

Bouclés ou raides, fins ou épais, gras ou
secs, mous ou drus… Il y a toutes sortes de
cheveux. Mais ils ont tous la même nature :
ils sont faits, comme les ongles, d'une
5 protéine appelée « kératine ». Quant à leur
couleur, elle dépend de quelques grains de
mélanine. Il y a deux sortes de mélanine
dans toutes les chevelures : selon leurs
proportions, ça donne toutes les nuances
10 de brun, de blond ou de roux.

Du fil à retordre

Parure naturelle, oui… Mais parure
tracassante, avec ses défauts trop visibles.
Entre les pellicules, les pointes fourchues,
les cheveux gras, cassants ou ternes, il y a
15 parfois de quoi regretter le temps où l'on
portait des perruques !

Renseignements supplémentaires

Le cheveu en chiffres

- Une chevelure moyenne contient 120 000 cheveux.
- Un cheveu pousse de 1,5 cm par mois.
- Une personne produit 16 km de cheveux par an.
- Un cheveu mouillé peut s'allonger de 50 %.
- 15,2 % des femmes sont blond clair… dont 5,8 % naturellement.
- 58 % d'entre elles se colorent les cheveux (contre 2 % des hommes).

Hécatombe sur la brosse

Sans parler du spectre de la calvitie. Ces
poignées de cheveux victimes de la brosse
jour après jour, c'est atterrant ! Rassurez-
20 vous : c'est normal que 50 à 100 cheveux
restent chaque jour sur le tapis. Ça fait partie
du cycle des cheveux : ceux qui tombent
sont remplacés. Il y a des moments où la
chute s'accentue. Une femme perd des
25 cheveux en période de modifications
hormonales : puberté, grossesse,
ménopause. Et puis, il y a les chutes
saisonnières. Vos cheveux tombent
davantage en automne ? C'est normal.
30 Au printemps et en été, le soleil stimule la
sécrétion des hormones qui font pousser les
cheveux. Aux premiers froids, vous avez
la même réaction que les arbres… sans
vous dégarnir autant qu'eux !

Des atouts pour plaire

Bon plan

Les aliments qu'aiment vos cheveux
- Protéines, soufre, zinc, fer, vitamines B : voilà ce dont les cheveux ont besoin. Deux aliments les contiennent tous à la fois : les lentilles et les œufs.
- Sinon, vous les trouverez dans les poissons, viandes, laitages, céréales, fruits et légumes, etc. : bref, dans tout ce qui compose un menu équilibré.

courir à la pharmacie, il faut d'abord réviser ses menus. Certaines filles font des régimes à tort et à travers. Leurs cheveux sont les premiers à en faire les frais.

L'âge où ils souffrent

60 Vous mangez de façon équilibrée, et malgré tout vos cheveux sont fatigués ? Procurez-vous des produits fortifiants. Mais sachez que, malheureusement, vous n'êtes pas à l'âge idéal pour vos cheveux.
65 Transformations hormonales qui provoquent leur chute, excès de sébum qui les rendent gras… Là aussi, les coiffeurs le disent : les cheveux d'une adolescente ne sont pas encore ses cheveux de femme. Alors,
70 patience !

Comprendre

35 « J'ai des cheveux affreux. »
Vous pensez ? Pourtant, vous êtes outrée quand votre meilleure amie dit la même chose ! Vous enviez justement ses cheveux souples, éclatants, faciles à coiffer. Elle a
40 trop de chance… et elle ose se plaindre !

Jamais satisfaite !

On est rarement contente de ses cheveux. Sont-ils raides, on les voudrait bouclés. Bruns, on rêve d'être blonde. Il faut apprendre à faire avec ceux que vous avez !
45 Ça ne veut pas dire que vous devez vous résigner s'ils ont des défauts particuliers. Tous les coiffeurs vous le diront : il n'y a pas de problème, il n'y a que des solutions. Les cheveux, c'est comme le reste du corps.
50 Pour être beaux, ils n'attendent qu'un effort de votre part. Il faut bien les traiter, et tirer parti de leur nature pour les mettre en valeur.

Ne les affamez pas !

Le traitement commence à table ! Quand on a des cheveux maladifs ou des
55 ongles qui se portent mal, avant de

Conseils

Les secrets d'un shampoing réussi

D'abord, il faut choisir un bon shampoing adapté à la nature de ses cheveux. Attention aux idées reçues : ce

75 n'est pas parce que vous avez les cheveux ternes qu'ils sont forcément gras ! Pour le savoir, demandez à un coiffeur ou à une coiffeuse : il faut lui montrer ses

80 cheveux au moins deux jours après un shampoing, sinon il ou elle ne peut rien voir ! Ils sont effectivement gras ? Utilisez un shampoing qui absorbe

85 l'excès de sébum (shampoing à l'argile, en particulier). Secs ? Misez sur une crème nourrissante, un concentré en vitamines et lipides. Fins ? Optez pour des produits à

90 base de protéines de blé et d'avoine pour les rendre plus épais. Des pellicules ? Utilisez un shampoing antipelliculaire doux qui assainit le cuir chevelu. Enfin, faites un bon rinçage (il faut sentir ses cheveux crisser

95 sous les doigts) : mal rincés, les cheveux sont toujours ternes.

Dominique Alice Rouyer, « Ne vous arrachez pas les cheveux ! », *Le dico des filles*, © Fleurus, 2002.

Vrai/Faux

Les cheveux poussent indéfiniment.
Faux. Un cheveu pousse de 1 à 1,5 cm par mois mais a une durée de vie limitée. C'est pour cela que vos cheveux dépassent rarement une certaine longueur, malgré vos efforts.

La calvitie, c'est un problème d'homme.
Vrai. La perte de cheveux est due à l'action d'hormones mâles, les androgènes, sur les follicules pileux. Or les œstrogènes, hormones femelles très nombreuses chez la femme, combattent l'effet des androgènes.

Les cheveux, c'est fragile.
Faux. Un cheveu peut supporter un poids de 100 g. Théoriquement, une chevelure moyenne pourrait porter 12 t ! Mais le cuir chevelu aurait du mal à résister…

Un shampoing quotidien abîme et graisse les cheveux.
Faux. Il vaut mieux laver ses cheveux tous les jours avec un shampoing très doux plutôt que de laisser son cuir chevelu étouffer sous l'excès de sébum.

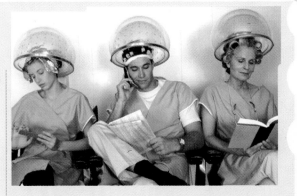

Les garçons soignent aussi leur chevelure. Elle est loin l'époque du salon de barbier ! Aujourd'hui les salons de coiffure sont unisexes. Aussi la publicité s'adresse de plus en plus aux garçons et les fabricants de cosmétiques l'ont bien compris !

Les garçons comme les filles sont sollicités par toutes sortes de produits, dont l'emballage et la marque de commerce s'ajoutent à la valeur réelle du contenu et coûtent parfois très cher !

La scène du balcon

ACTE III, SCÈNE VII

ROXANE, CHRISTIAN, CYRANO,
d'abord caché sous le balcon.

ROXANE, *entr'ouvrant sa fenêtre.*

Qui donc m'appelle ?

5   CHRISTIAN

Moi.

ROXANE

Qui, moi ?

CHRISTIAN

Christian.

10

ROXANE, *avec dédain.*

C'est vous ?

CHRISTIAN

Je voudrais vous parler.

15   CYRANO, *sous le balcon, à Christian.*
Bien. Bien. Presque à voix basse.

ROXANE

Non ! Vous parlez trop mal. Allez-vous-en !

CHRISTIAN

20   De grâce !…

ROXANE

Non ! Vous ne m'aimez plus !

CHRISTIAN, *à qui Cyrano souffle ses mots.*
M'accuser, — justes dieux ! —

25 De n'aimer plus… quand… j'aime plus !

ROXANE, *qui allait refermer sa fenêtre, s'arrêtant.*
Tiens ! mais c'est mieux !

CHRISTIAN, *même jeu.*
L'amour grandit bercé dans mon âme inquiète…
30 Que ce… cruel marmot prit pour… barcelonnette !

La scène du balcon est célèbre. Elle fait partie de la pièce de théâtre *Cyrano de Bergerac*, comédie d'Edmond Rostand, écrite en 1897. Cyrano, le personnage principal, est secrètement amoureux de Roxane. Même s'il a un grand cœur et beaucoup d'esprit, Cyrano se déprécie parce qu'il a un nez particulièrement imposant. Dans la scène du balcon, il souffle à un autre amoureux de Roxane, Christian de Neuvillette, les mots qui expriment en fait ses propres sentiments amoureux.

ROXANE, *s'avançant sur le balcon.*
C'est mieux ! — Mais, puisqu'il est cruel, vous fûtes sot
De ne pas, cet amour, l'étouffer au berceau !

CHRISTIAN, *même jeu.*
35 Aussi l'ai-je tenté, mais… tentative nulle :
Ce… nouveau-né, Madame, est un petit… Hercule.

ROXANE
C'est mieux !

CHRISTIAN, *même jeu.*
40   De sorte qu'il… strangula comme rien…
Les deux serpents… Orgueil et… Doute.

ROXANE, *s'accoudant au balcon.*
                    Ah ! c'est très bien.
— Mais pourquoi parlez-vous de façon peu hâtive ?
45 Auriez-vous donc la goutte à l'imaginative ?

CYRANO, *tirant Christian sous le balcon, et se glissant à sa place.*
Chut ! Cela devient trop difficile !…

ROXANE
                    Aujourd'hui…
50 Vos mots sont hésitants. Pourquoi ?

CYRANO, *parlant à mi-voix, comme Christian.*
                    C'est qu'il fait nuit,
Dans cette ombre, à tâtons, ils cherchent votre oreille.

ROXANE
55 Les miens n'éprouvent pas difficulté pareille.

CYRANO
Ils trouvent tout de suite ? oh ! cela va de soi,
Puisque c'est dans mon cœur, eux, que je les reçois ;
Or, moi, j'ai le cœur grand, vous, l'oreille petite.
60 D'ailleurs vos mots à vous, descendent : ils vont vite.
Les miens montent, Madame : il leur faut plus de temps !

ROXANE
Mais ils montent bien mieux depuis quelques instants.

CYRANO
65 De cette gymnastique, ils ont pris l'habitude !

ROXANE
Je vous parle, en effet, d'une vraie altitude !

CYRANO
Certes, et vous me tueriez si de cette hauteur
70 Vous me laissiez tomber un mot dur sur le cœur !

Edmond Rostand est un poète et auteur dramatique français (1868-1918). Une de ses pièces, *Cyrano de Bergerac*, a connu un grand succès populaire à son époque. Encore aujourd'hui, on la monte et on l'a adaptée de nombreuses fois au cinéma.

ROXANE, *avec un mouvement.*

Je descends.

CYRANO, *vivement.*

Non !

75 ROXANE, *lui montrant le banc qui est sous le balcon.*

Grimpez sur le banc, alors, vite !

CYRANO, *reculant avec effroi dans la nuit.*

Non !

ROXANE

80 Comment… non ?

CYRANO, *que l'émotion gagne de plus en plus.*

Laissez un peu que l'on profite…

De cette occasion qui s'offre… de pouvoir

Se parler doucement, sans se voir.

85 ROXANE

Sans se voir ?

CYRANO

Mais oui, c'est adorable. On se devine à peine.

Vous voyez la noirceur d'un long manteau qui traîne,

90 J'aperçois la blancheur d'une robe d'été :

Moi je ne suis qu'une ombre, et vous qu'une clarté !

[…]

Extrait de Edmond Rostand, *Cyrano de Bergerac*, 1898.

Le comédien Guy Nadon a interprété avec brio le rôle de *Cyrano de Bergerac* au TNM en 1996. Pour ce même rôle, il faut aussi souligner la performance magistrale de Gérard Depardieu au cinéma en 1990 dans une réalisation du Français Jean-Paul Rappeneau.

Le stress

[...]

Il y a un bon stress et un mauvais stress. Le premier apporte une force créatrice qui permet de soulever les montagnes. C'est grâce à lui que l'on peut rassembler ses énergies avant une compétition ou un examen, par exemple.

Le second, au contraire, bloque les énergies, provoque une grande fatigue, perturbe la confiance en soi. Il est dû à des problèmes familiaux ou scolaires, à des vexations, à des injustices ou à une succession de petits accrocs qui vous contrarient.

[...]

À l'origine du stress, il y a parfois des facteurs sur lesquels vous n'avez aucune prise. Mais certaines astuces peuvent vous permettre de limiter les dégâts.

➤ Lorsque vous en avez le choix, ne vous fixez pas plusieurs objectifs importants en même temps. En période d'examens, ne vous mettez pas en tête de séduire la fille la plus inaccessible du lycée ou le gars le plus séduisant du quartier. Si vous entrez dans une nouvelle école, évitez en même temps de vous fixer un défi sur le plan sportif.

➤ Dans vos projets, prévoyez toujours une solution de rechange. Ainsi vous ne serez pas face au vide, si vos idées apparaissent irréalisables.

➤ Définissez vos priorités : Qu'est-ce qui est urgent ? Qu'est-ce qui est indispensable ? Qu'est-ce qui est utile ? Qu'est-ce qui est superflu ? En répondant à ces questions, vous vous apercevez que peu de choses sont réellement indispensables. Vous pouvez donc étaler vos objectifs dans le temps.

[...]

Différents exercices

➤ Le yoga permet de se détendre en quelques instants et de faire une brève coupure. Assis ou assise, le dos droit, fermez les yeux et posez délicatement les index sur la ligne des cils. Avec les pouces, bouchez-vous les oreilles. Relevez légèrement la langue et appuyez-la contre le palais, bouche fermée. Vous percevez ainsi très bien votre souffle. Respirez tranquillement sept fois. Retirez ensuite doucement les mains et ouvrez les yeux.

➤ Le défoulement est un autre moyen de lutter contre le stress. Partez dans la nature, marchez et criez à n'en plus pouvoir. Ou chantez très fort en improvisant et racontez votre rogne à voix haute. Exprimez vos sentiments d'une manière ou d'une autre. Si vous ne pouvez trouver un endroit isolé, enfermez-vous dans une voiture, portes et fenêtres closes : personne n'entendra vos exclamations et vos cris. La course à pied est aussi efficace si vous trouvez une bonne vitesse de croisière. Prolongez suffisamment l'effort pour vous installer dans un rythme qui vous est propre. À ne pas négliger non plus, le moyen qui demande le moins d'effort : dormir. Un bon sommeil permet de mieux résister au stress.

70 Ces suggestions sont efficaces, à court terme déjà. Mais il existe d'autres moyens qui vous conviendront peut-être davantage : nager, faire de l'escalade, chanter dans une chorale... À vous de faire votre choix. Avec
75 un peu d'intuition, vous trouverez la discipline qui vous permettra de vous recharger. Une condition reste cependant essentielle : que l'activité choisie ne vienne pas se greffer sur un horaire déjà surchargé,
80 ce qui ne ferait qu'augmenter votre course quotidienne... et votre stress. Si, malgré ces activités, vous ne résistez toujours pas au stress, parlez-en à quelqu'un de votre entourage ou à un médecin. Il vous sera
85 ainsi plus facile de déceler et de maîtriser les raisons de votre stress en en parlant.

Extraits adaptés de Marie-José Auderset
et Jean-Blaise Held,
« Le stress », *Bien dans sa tête, bien dans son corps*,
© De La Martinière Jeunesse, 1995.

Un trop-plein d'énergie et de stress ? Rien ne vaut une bonne séance de défoulement.

L'air d'un clown de cirque

Nous y étions, au matin de ma première communion, et le seul fait de regarder mes souliers me donnait des sueurs froides.

Maman m'avait aidé à revêtir mon beau costume neuf — j'aurais préféré un pantalon long, mais nous n'en avions pas le droit à l'école
5 Bruchési : les filles en robes courtes, les garçons en culottes courtes —, elle avait ensuite attaché autour de mon cou une énorme boucle en poult de soie blanche qui ressemblait à un chou pour orner un cadeau et agrémenté le revers de ma veste d'un brin de muguet.

J'aimais bien le costume malgré la culotte courte, mais je haïssais
10 chacun des embellissements qu'elle y avait apportés. J'avais l'impression d'être une poupée trop déguisée. Comment affronter toute mon école attifé
15 de la sorte ? J'étais habillé en garçon, mais avec des décorations de fille !

Ma grand-mère n'eut qu'un mot en me voyant sortir de la
20 chambre à coucher que je partageais toujours avec mes parents :

« Y y manque juste un nez rouge, à c't'enfant-là, pour avoir
25 l'air d'un clown de cirque. Mais c'est vrai que les bouffons, eux autres, leurs souliers sont trop grands au lieu d'être trop petits ! »

Le livre *Bonbons assortis* constitue un ensemble de récits évoquant l'enfance de Michel Tremblay.

Dans l'extrait proposé, l'auteur rapporte le souvenir de sa première communion. À l'époque, cette célébration était une journée exceptionnelle, où les enfants étaient particulièrement bien coiffés et bien vêtus.

Un jeune communiant dans les années 1950 au Québec.

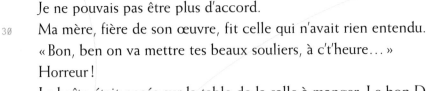

Je ne pouvais pas être plus d'accord.

30 Ma mère, fière de son œuvre, fit celle qui n'avait rien entendu.

« Bon, ben on va mettre tes beaux souliers, à c't'heure... »

Horreur !

La boîte était posée sur la table de la salle à manger. Le bon Dieu lui-même était contre moi, il n'avait pas exaucé le souhait que j'avais 35 fait avant de m'endormir : le chat des voisins n'était pas entré par la fenêtre pendant la nuit pour venir pisser sur les maudits souliers de cuir verni. Ils étaient toujours là, enveloppés dans leur papier de soie, trop luisants, exactement comme des souliers de fille. Si le soleil se reflétait là-dessus, on ne verrait que ça de toute la journée ! Sur le trottoir 40 comme à l'église.

En glissant mes pieds dedans, j'eus l'impression d'entrer dans le tordeur de la machine à laver. Incapable de faire un pas, je regardais les deux souliers en me disant :

« J'vas pas passer toute la journée là-dedans, ça se peut pas ! »

45 Ma grand-mère se berçait dans sa chaise à bascule.

« Tu vois ben que c't'enfant-là est pas capable de marcher avec ça dans les pieds ! On dirait qu'y est infirme ! T'aimes mieux que ton enfant passe pour un infirme que d'y faire porter des souliers qui y font ! »

Prise d'un doute, maman se pencha sur moi, le front barré d'une 50 ride que je ne lui connaissais pas encore.

« C'est-tu vrai, Michel ? Si y te font mal, dis-lé à moman, a'te chicanera pas pis on va t'en mettre des vieux... »

Je me vis m'approcher de la sainte table non seulement déguisé en clown de cirque mais, en plus, sans souliers neufs, et je prétendis une 55 ultime fois, d'une petite voix pas du tout convaincue, que mes souliers étaient parfaits.

Ma grand-mère soupira en haussant les épaules.

« Y est aussi fou qu'elle. Tout ce qui manquerait, ça serait qu'y mouille pis que les sautadis souliers rapetissent ! »

Extrait de Michel Tremblay, « Le soulier de satin »,
Bonbons assortis, © Leméac/Actes Sud, 2002.

Né en 1942 à Montréal, Michel Tremblay s'est d'abord fait connaître avec son théâtre. En 1968, sa pièce *Les belles-sœurs* révolutionnait l'histoire culturelle du Québec. Dans cette œuvre, le dramaturge donnait la parole à des femmes de milieux modestes, dans une langue populaire, ce qui fit scandale. Michel Tremblay a aussi écrit une œuvre romanesque importante, dont le cycle des *Chroniques du Plateau Mont-Royal*. Auteur prolifique, il a écrit une trentaine de pièces de théâtre et une vingtaine de récits et de romans.

Vaincre sa timidité : mode d'emploi

Pour devenir moins timide, voici quelques conseils à utiliser sans modération.

Ta mission : être moins timide.

Tes accessoires : de l'assurance, des
5 sourires et une volonté de fer.

➤ Oblige-toi à accepter toutes les invitations qu'on te propose.

➤ Fais le pari que tu adresseras la parole à au moins 10 personnes dans la journée.

10 ➤ Lève systématiquement le doigt quand le professeur demande qui veut aller au tableau.

➤ Trouve-toi superbe en te regardant le matin dans le miroir.

15 ➤ Ne donne que des informations intéressantes et positives sur toi quand tu te présentes à quelqu'un. N'hésite pas à dire « je ».

➤ Fais des compliments et accepte ceux
20 des autres en faisant attention à tes réactions quand tu en reçois.

➤ Expose tes réserves ou tes réticences face à une situation que tu juges désagréable.

25 ➤ Observe d'autres timides pour ne pas avoir les mêmes comportements qu'eux.

➤ Ne réponds pas simplement par « oui » ou par « non » aux questions posées mais développe tes réponses.

30 ➤ Fais des critiques en exprimant ce que tu ressens (je suis déçu, je n'aime pas beaucoup…).

Michel Coudeyre, *Timide moi ? jamais !*,
© Millepages, 2000. (Collection Test à test)

Des atouts pour plaire

17

Visite de propreté à l'école

A l'école du village de la Santé, on ne néglige jamais la visite de propreté. Tous les matins, le maître passe dans les rangs et les mains s'étendent devant ses yeux: des mains gercées, des mains sales, des mains douces, des mains nettes.

Qu'est-ce que le maître préfère?

La peau nette et douce sans doute, et les ongles propres.

"Quand faut-il se laver les mains à l'eau tiède savonneuse? répète le maître tous les matins.

— Toujours avant de manger.

— Après avoir été à la chambre de toilette.

— Chaque fois qu'on a touché un animal ou un objet souillé.

— Et que faut-il pour éviter les gerçures?

— Bien assécher ses mains; porter des gants ou des mitaines quand il fait froid."

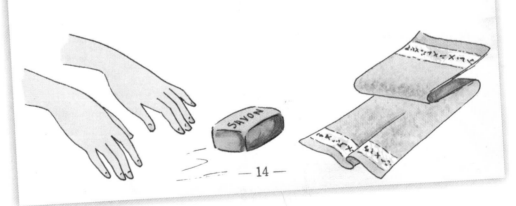

— 14 —

Quelle mauvaise habitude !

Sœur Directrice fait subir un examen dans la classe de Claire et de Chantal. Elle visite les cahiers et elle voit, en même temps que l'écriture, les doigts rongés de quelques élèves.

"Ah! dit-elle, quand j'aurai besoin de petites filles pour présenter un objet à des visiteurs, je devrai regarder les doigts. Il y en a ici qui sont bien laids et je devine pourquoi.

Vous n'y avez pas pensé. Ronger ses ongles, cela donne une bien mauvaise apparence à vos doigts et vous le regretterez plus tard.

De plus, les enfants qui rongent leurs ongles, mettent dans leur bouche des saletés, des germes, des morceaux d'ongles et ce n'est pas propre."

Claire regarde Chantal qui rougit un peu; maman lui fait le même reproche depuis quelque temps. Mais c'est fini, elle veut se corriger.

— 23 —

Congrégation des Sœurs des Saints Noms de Jésus et de Marie, *La santé, source de joie. Manuel d'hygiène*, 2ᵉ et 3ᵉ années, Outremont-Montréal, 1952.

La santé, source de joie est un manuel scolaire qui a été publié en 1952. Ce livre, qui présentait des conseils de santé, de sécurité et de propreté, a marqué des générations d'écoliers au Québec. Dans les pages reproduites, il est question de la *sœur directrice* et aussi du *maître*, des mots qu'on n'utilise plus aujourd'hui pour désigner le personnel d'une école. À l'époque, c'étaient majoritairement des religieux et des religieuses qui éduquaient les jeunes à la santé et aux règles de bienséance. De nos jours, le manuel *La santé, source de joie* fait sourire, mais il témoigne des changements de valeurs et de mentalités dans notre société depuis un demi-siècle.

Jeux de lumières

Se regarder, c'est apprendre à se connaître. Si vous n'appréciez pas trop votre reflet, pensez à aménager le miroir, tamisez la lumière : certains sont si violemment éclairés
5 que même un Apollon ou une reine de beauté y aura une mine de déterré. Et regardez d'abord cette petite particularité dont on vous fait compliment et que vos amis (les vrais) vous envient. Mais il ne faut
10 pas fractionner non plus le corps et l'esprit, les yeux et le regard, la bouche et son sourire, car après tout il existe une harmonie en chacun. Si le miroir nous renvoie une image statique, les autres en revanche nous
15 perçoivent bien différemment, en plein mouvement, en pleine vie.

Points de vue

Les photos ou les films vidéo peuvent révéler nos façons d'être et de faire, mais là aussi rares sont ceux et celles qui s'aiment
20 en se voyant. On peut paraître intimidé, maladroit, peu à notre avantage, selon l'habileté du photographe ou du cinéaste amateur ! Cela démontre qu'on ne se connaît pas très bien. C'est la même chose
25 pour la voix. La première fois qu'on s'entend au magnétophone, non seulement on ne se reconnaît pas, mais on pense même qu'il s'agit de quelqu'un d'autre ! Et puis on s'apprivoise…

Extrait de Catherine Dolto, « Jeux de lumières », *Dico ado, les mots de la vie*, © Gallimard Jeunesse, 2001.

Le Corbeau et le Renard

Les animaux ont inspiré depuis fort longtemps de grands auteurs comme Ésope, fabuliste grec qui vécut au VIe siècle avant Jésus-Christ. L'œuvre ci-dessus date de la moitié du XVIIIe siècle et représente une fable d'Ésope : « Le Renard et les Raisins ».

Maître Corbeau, sur un arbre perché,
Tenait en son bec un fromage.
Maître Renard, par l'odeur alléché,
Lui tint à peu près ce langage :
5   Et bonjour, Monsieur du Corbeau.
Que vous êtes joli ! que vous me semblez beau !
Sans mentir, si votre ramage
Se rapporte à votre plumage,
Vous êtes le Phénix des hôtes de ces bois.
10 À ces mots, le Corbeau ne se sent pas de joie ;
Et pour montrer sa belle voix,
Il ouvre un large bec, laisse tomber sa proie.
Le Renard s'en saisit, et dit : Mon bon Monsieur,
Apprenez que tout flatteur
15   Vit aux dépens de celui qui l'écoute.
Cette leçon vaut bien un fromage, sans doute.
Le Corbeau honteux et confus
Jura, mais un peu tard, qu'on ne l'y prendrait plus.

Jean de La Fontaine, *Fables* (entre 1668, 1678, 1694).

Poète français, Jean de La Fontaine (1621-1695) est surtout connu pour ses fables, qui mettent en scène des animaux. Il a su, en se servant de ces personnages, parler des travers des humains et donner des petites leçons de morale qui ont séduit des millions de lecteurs à travers les siècles.

« Que vous êtes joli ! », c'est un magnifique compliment. Mais dans cette fable de La Fontaine, ce compliment s'avère être le piège d'un beau parleur. Il faut peut-être se méfier des gens qui cherchent trop à plaire...

Des atouts pour plaire

L'enfer de Zabée

Il y a au moins une bonne chose ici. J'ai ma propre chambre, et elle n'est pas si mal. Par la grande fenêtre, je peux voir le jardin dans la cour arrière du manoir. Mon lit est grand et confortable. J'ai la sainte paix, quoi !

5 Mais ce soir, en revenant de la période d'étude, j'ai vu qu'une fille occupait le lit en face du mien. Je n'ai pas pu la voir comme il faut ; deux infirmières et un médecin étaient penchés sur elle. De plus, le rideau était tiré autour du lit. J'ai quand même vu une tige de métal au bout de laquelle était suspendu un sac en plastique.

10 — C'est qui ? ai-je demandé à madame Généreux.

Elle m'a menée jusqu'à mon lit.

— Une nouvelle patiente, Zab.

— Mais c'est ma chambre, ai-je protesté.

— Eh bien, a-t-elle répondu, tu vas devoir la partager, maintenant.

15 Ça te fera du bien d'avoir de la compagnie. Qui sait ? Vous deviendrez peut-être de bonnes amies.

— N'y comptez pas trop, ai-je bougonné.

Le médecin a poussé le rideau de quelques centimètres. C'était écrit Stéphane Robin sur son sarrau, mais tout le monde l'appelle docteur

20 Stéphane. Je l'ai reconnu tout de suite. Plus beau que ça, tu meurs. Il a de grands yeux noirs et un teint café au lait. Il a levé les yeux du dossier qu'il lisait et m'a souri.

— Salut, Zabée, m'a-t-il dit.

J'ai senti que je rougissais jusqu'à la racine des cheveux. S'il y a une

25 chose que je déteste, c'est bien de rougir en face des garçons.

— Elle va rester ici combien de temps ? ai-je demandé en pointant l'autre lit.

L'enfer de Zabée met en scène une jeune fille, Zabée, qui souffre de boulimie. Dans l'extrait proposé, l'adolescente est admise au Manoir de l'Espoir, une résidence destinée aux jeunes ayant des troubles alimentaires. Elle y fera une rencontre étonnante, celle d'une fille anorexique, surnommée « mademoiselle Perfection ».

— C'est difficile à dire.

— Oui, mais, à peu près ?

30 — Désolé, a-t-il dit en riant.

Une idée m'a traversé l'esprit.

— Qu'est-ce qu'elle fait dans la même chambre que moi ? Vous n'êtes pas un cardiologue ?

Il s'est assis près de moi, sur le bord de mon lit, et a dit :

35 — Elle est anorexique et sa tension artérielle est tellement basse qu'elle a perdu connaissance dans l'escalier, à l'école. La bosse sur sa tête, ce n'est pas grave. Mais nous devons nous assurer que son rythme cardiaque se stabilise. C'est pourquoi elle est branchée à un moniteur. Quand le taux de potassium est trop bas, cela peut causer des 40 irrégularités cardiaques dangereuses.

L'enfer de Zabée est une traduction du roman *Dying to Eat*, publié en 1992. Son auteure, Elizabeth Benning, s'est documentée auprès de spécialistes en troubles alimentaires au Chippenham Medical Center de Richmond, en Virginie, pour écrire son livre.

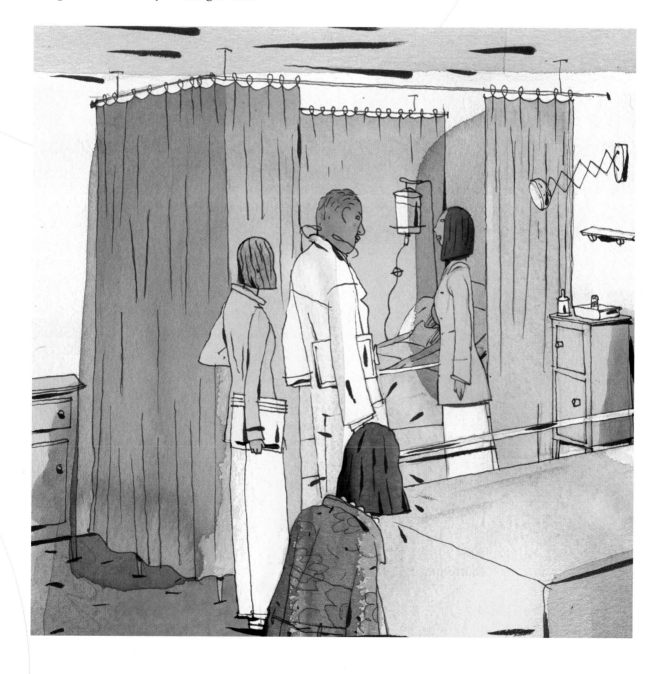

Je me suis tortillée un peu.

— Évidemment, ça ne peut pas se produire chez les boul… chez les gens qui ont le même problème que moi, pas vrai?

— J'ai bien peur que oui, Zabée. Les rages de bouffe et les purges
45 peuvent sérieusement altérer la chimie de ton corps.

J'ai décidé de changer de sujet.

— Alors, c'est quoi, la bouteille suspendue près de son lit?

— Un gavage. Une alimentation nasogastrique, si tu préfères. On insère, dans le nez, un mince tube qui descend le long de l'œsophage
50 jusque dans l'estomac.

« Ouache! Dégueulasse! » ai-je pensé.

— Dans le nez? ai-je répété.

— C'est la meilleure manière de nourrir un patient qui est en crise, comme elle. Ce liquide contient du glucose, des lipides, des protéines,
55 des vitamines, des minéraux… bref, tout. […] Mais dis-toi qu'on n'utilise les gavages que dans des cas extrêmes. Si tu continues à travailler fort pour guérir, tu n'auras jamais à t'inquiéter de ça, a-t-il dit en se levant.

— Maintenant, pas de musique forte ici pour quelque temps,
60 d'accord? Elle va avoir besoin de repos.

Je me suis contentée de grogner.

Après le départ du docteur et des infirmières, je me suis approchée sur la pointe des pieds du rideau blanc qui sépare nos lits. Avec prudence, j'ai jeté un coup d'œil de l'autre côté. Mes yeux ont suivi le
65 tube jusqu'au nez de la fille. C'était tellement épouvantable que j'ai dû fermer les yeux pendant une minute. Puis je les ai ouverts tout grands, parce que je venais de me rendre compte de quelque chose!

Cette fille, je la connaissais. C'était Laurence Quesnel. Je la connaissais depuis que nous étions toutes petites, et elle avait toujours
70 eu le don de me mettre les nerfs en boule. Tu vois, Laurence a toujours eu un tout petit défaut absolument détestable pour une fille comme moi: elle est parfaite! En fait, Laurence, c'est « mademoiselle Perfection » en personne!

Je n'en croyais pas mes yeux. Comment? Laurence Quesnel?
75 Anorexique? Incroyable! C'est vrai, elle est incroyablement mince. Mais, après tout, un tas de filles sont minces.

Aimer une fille comme Laurence? Elle ne vous rendait pas la tâche facile.

Extrait de Elizabeth Benning, *L'enfer de Zabée*, Les éditions Héritage, 1995 (1992).
Traduit de l'anglais par Monique Paradis.

➤ À qui confierais-tu un très grand secret ?

➤ Avec qui aimerais-tu sortir pour aller danser ?

➤ Avec qui pourrais-tu étudier ou faire un travail scolaire ?

➤ Qui paraît plus colérique ?

➤ Qui pourrait te faire rire aux éclats ?

➤ Avec qui aimerais-tu discuter de choses de la vie ?

➤ À qui prêterais-tu 20 $?

➤ Qui a l'air d'avoir de bonnes manières ?

➤ Qui choisirais-tu pour t'accompagner en vacances ?

➤ Qui a l'air le plus heureux ?

➤ Qui a l'air courageux et brave ?

➤ Qui a l'air peureux ?

➤ Qui a l'air paresseux ?

Faut-il vraiment se fier aux apparences ? Faut-il vraiment accorder de l'importance au langage non verbal ?

M comme dans Mode

« La mode, c'est ce qui se démode. »

(Coco Chanel)

Bonne année, Grand Nez

Tous les matins, c'est la même histoire! L'inévitable m'attend dans le miroir de la salle de bain. J'ai beau ne pas regarder, je finis toujours par me rencontrer et découvrir mon double avec horreur. Pour rien au monde je ne veux voir mon nez! Je hais mon nez! Un gros nez
5 enraciné au milieu d'un visage qui ne me semble pas si mal, n'était-ce cette masse de chair insolente qui éteint l'expression de mes yeux. De grands yeux, brun foncé, si foncés, diraient certains sans hésiter, qu'ils sont noirs!

Vous croyez que mon sourire est fabuleux? Vous avez raison, mais
10 lorsque je souris, mon nez se redresse comme s'il dédaignait ma parfaite dentition; par conséquent, je m'en abstiens, le plus souvent possible. J'ajouterai que l'effet de mon nez banalise les lignes de mon visage et ombre ma chevelure bouclée, dont on pourrait supposer qu'elle est blonde tant elle est pâle. Je hais mon nez sous tous ses angles et tous
15 ses aspects. Bref, je suis allergique à mon nez! Il m'empêche de vivre agréablement et cette allergie persiste une saison après l'autre…

Je fuis les miroirs et, parole de Charles Charest, jamais ne permettrai à quiconque d'en accrocher sur les murs de ma chambre. Bien que ma mère ait tenté à plusieurs reprises d'en installer, je les ai
20 tous fait disparaître de façon mystérieuse et définitive. Ne croyez surtout pas que je m'apitoie sur mon sort ou que je sois égocentrique. Non! J'ai des yeux pour voir et des oreilles pour entendre! Je suis capable de discernement et de réalisme, voilà la vérité!

Il n'est pas nécessaire que j'observe minutieusement les visages qui
25 m'entourent pour constater que tout le monde a une imperfection, plus ou moins apparente. Mais aucune n'est vraiment comparable à la mienne : la plupart des gens peuvent vivre d'espoir en y remédiant de façon temporaire ou permanente et certains vivent même dans la

certitude qu'ils bénéficieront un jour d'une guérison complète. Vous
30 voulez des exemples ? Facile, j'en ai des milliers ! Bon, il y a les poilus
qui peuvent éliminer leurs poils en les arrachant un à un et, finalement,
être satisfaits. Je sais bien qu'ils repousseront, mais quand même ! Il y a
les sourires en broche qui disparaîtront dans un an ou deux. Non, pas
les sourires, mais les broches ! S'ajoutent les binoclards qui peuvent
35 toujours enlever leurs lunettes à volonté, quitte à rentrer dans les murs !
Il ne faudrait pas oublier les boutonneux. Les boutons, c'est vraiment
laid mais ça ne dure pas toujours ! Ils partiront avec l'âge et en
attendant on peut les camoufler avec de bons produits. Ensuite, il y a
les allergiques… aux fleurs, aux abeilles. Peu importe, ce ne sera qu'une
40 question de jour ou de saison !… Ensuite ? Ah ! Je pourrais continuer
jusqu'à demain matin, mais je pense que maintenant, vous saisissez
mieux mon problème puisque moi, mon nez est à jamais indissociable
du reste de mon visage. C'est irrévocable ! Mon nez est inéluctable et
permanent : il sera là jusqu'à ma mort… et peut-être que je vivrai
45 très vieux !

L'auteure québécoise de
romans jeunesse Karmen
Prud'homme est née en
Abitibi, en 1956. *Bonne
année, Grand Nez* est
son premier roman.
En 2000, elle a publié
La treizième carte.

Extrait de Karmen Prud'homme, *Bonne année, Grand Nez*,
© Hurtubise HMH, 1998. (Collection Atout)

Je transpire !

Tu es gêné par ton odeur et tu as peur qu'elle gêne les autres, surtout les filles à qui tu aimerais plaire, peut-être. C'est que tu te préoccupes de ton corps, et ça, c'est très bien !

On est inégal devant ce phénomène : certains transpirent beaucoup, d'autres peu. Aujourd'hui, tu es embêté par ta transpiration alors que quand tu étais petit tu t'en moquais, ou tu transpirais moins. C'est vrai, en grandissant, ton corps se modifie et les hormones qui vont te permettre de devenir un homme se multiplient. Ce bouleversement entraîne une augmentation passagère de la transpiration… Ajoutons enfin qu'en général si on transpire plus quand il fait chaud, on sue aussi quand on est inquiet et un peu angoissé. Est-ce ton cas ?

À toi de jouer !

➤ N'hésite pas à utiliser des déodorants, ils ne sont pas réservés aux filles ! Ces produits masquent les odeurs avec un parfum. Il existe aussi des anti-transpirants, qui régulent la transpiration sur plusieurs jours, que ce soit celle des bras ou des pieds. Demande conseil à tes parents, à la pharmacienne ou au pharmacien.

➤ Lave-toi régulièrement, deux fois par jour si tu estimes que c'est nécessaire. Et surtout, change de sous-vêtements et de tee-shirt chaque jour. Plus tu prendras soin de toi, plus tu te sentiras mieux dans ta peau !

➤ Est-ce que tu n'exagères pas un peu ? Demande à un bon copain ce qu'il en pense… Tu préfères peut-être ne pas trop approcher les filles sous prétexte que tu sens mauvais plutôt que de t'avouer que tu es mort de trouille… Allez, courage, lave-toi comme il faut et lance-toi !

➤ Tu transpires vraiment beaucoup ? Ce n'est pas non plus un drame : nous vivons dans une société qui n'aime pas beaucoup les odeurs du corps… […]

Adapté de Emmanuelle Rigon et Bernadette Costa-Prades,
Comment survivre quand on est un garçon,
© Albin Michel, 2003.

La Belle et la Bête

Le soir, comme elle allait se mettre à table, elle entendit le bruit que faisait la Bête, et ne put s'empêcher de frémir.

« La Belle, lui dit ce monstre, voulez-vous bien que je vous voie souper ? »

5 — Vous êtes le maître, répondit la Belle en tremblant.

— Non, reprit la Bête ; il n'y a ici de maîtresse que vous ; vous n'avez qu'à me dire de m'en aller si je vous ennuie, je sortirai tout de suite. Dites-moi : n'est-ce pas, que vous me trouvez bien laid ?

— Cela est vrai, dit la Belle, car je ne sais pas mentir ; mais je crois
10 que vous êtes fort bon.

— Vous avez raison, dit le monstre ; mais, outre que je suis laid, je n'ai point d'esprit : je sais bien que je ne suis qu'une bête.

— On n'est pas bête, reprit la Belle, quand on croit n'avoir point d'esprit : un sot n'a jamais su cela.

15 — Mangez donc, la Belle, lui dit le monstre, et tâchez de ne vous point ennuyer dans votre maison ; car tout ceci est à vous. J'aurais du chagrin si vous n'étiez pas contente.

— Vous avez bien de la bonté, dit la Belle. Je vous avoue que je suis bien contente de votre bon cœur : quand j'y pense, vous ne me
20 paraissez plus si laid.

— Oh ! dame oui ! répondit la Bête, j'ai le cœur bon, mais je suis un monstre.

— Il y a bien des hommes qui sont plus monstres que vous, dit la Belle ; et je vous aime mieux avec votre figure que ceux qui, avec la
25 figure d'homme, cachent un cœur faux, corrompu, ingrat.

[...]

La Belle passa trois mois dans ce palais avec assez de tranquillité. Tous les soirs, la Bête lui rendait visite, l'entretenait pendant le souper

La Belle et la Bête est un conte, caractérisé par sa fin heureuse et ses éléments de merveilleux. Il s'agit d'une histoire d'amour. Pour sauver la vie de son père, une jeune fille est contrainte de vivre dans le château de la Bête, un être au physique repoussant. Au fil du temps, la Bête révèle les bons côtés de sa personnalité. La Belle découvre alors que la beauté est parfois bien cachée et qu'il faut aller au-delà des apparences.

Les trois extraits proposés montrent comment, au fil du récit, la Belle s'est tranquillement éprise de cet être laid.

Jeanne-Marie Leprince de Beaumont (1711-1780) est née à Rouen, en France. En 1745, elle quitte son mari pour aller vivre en Angleterre où elle devient institutrice et écrivaine. Elle y publie de nombreux ouvrages pour la jeunesse, dont *La Belle et la Bête* qui est devenu un classique universel. Ce conte a été adapté par Jean Cocteau (1946) et les dessinateurs de Walt Disney (1991).

avec assez de bon sens, mais jamais avec ce qu'on appelle *esprit* dans le monde.

30   Chaque jour la Belle découvrait de nouvelles bontés dans ce monstre ; l'habitude de le voir l'avait accoutumée à sa laideur, et, loin de craindre le moment de sa visite, elle regardait souvent à sa montre pour voir s'il était bientôt neuf heures ; car la Bête ne manquait jamais de venir à cette heure-là.

    […]

35   […] La Bête avait disparu, et elle ne vit plus à ses pieds qu'un prince plus beau que l'Amour, qui la remerciait d'avoir fini son enchantement.

    Quoique ce prince méritât toute son attention, elle ne put s'empêcher de lui demander où était la Bête. « Vous la voyez à vos pieds, lui dit le prince. Une méchante fée m'avait condamné à rester 40 sous cette figure jusqu'à ce qu'une belle fille consentît à m'épouser, et elle m'avait défendu de faire paraître mon esprit. Ainsi il n'y avait que vous dans le monde assez bonne pour vous laisser toucher par la bonté de mon caractère, et en vous offrant ma couronne, je ne puis m'acquitter des obligations que je vous ai. »

Extraits de Jeanne-Marie Leprince de Beaumont, *La Belle et la Bête*, 1757.

Affiche de Christian Bérard,
La Belle et la Bête, 1947.

Quel genre de copain ou de copine êtes-vous ?

Pour avoir des copains, il faut être soi-même un bon ou une bonne camarade. Si vous avez du mal à vous faire des amis, c'est peut-être que vous commettez de petites erreurs. Les questions ci-dessous vous permettront de faire le point.

1 Vous sentez-vous nul ou nulle ?

Si vous vous rabaissez ou si vous vous sentez inférieur ou inférieure, les autres viendront moins facilement vers vous. En revanche, si vous vous montrez plus à l'aise et démontrez de l'assurance, ils s'intéresseront davantage à vous.

2 Êtes-vous exclusif ou exclusive ?

Vous avez peut-être tendance à vous montrer très vite exclusif ou exclusive : vous attendez de l'autre qu'il ou elle soit disponible en permanence, vous êtes jaloux ou jalouse dès qu'il ou elle passe un bon moment avec d'autres.

Pourtant, si vous vous montrez moins possessif ou possessive, il ou elle vous trouvera sans doute moins rabat-joie !

3 Passez-vous votre temps à critiquer les autres ?

Les gens aiment qu'on les apprécie. Ils n'ont pas envie qu'on mette systématiquement le doigt sur leurs défauts, leurs faiblesses. Ils préfèrent qu'on voie leurs bons côtés.

4 Attendez-vous toujours de l'autre qu'il ou elle fasse le premier pas ?

Vous risquez d'attendre longtemps. Si vous êtes particulièrement timide, vous pouvez donner l'impression de ne pas avoir besoin des autres, de préférer vous tenir à l'écart. En allant vers eux, vous montrez votre disponibilité, votre volonté de créer des liens.

5 Êtes-vous prêt ou prête à donner un coup de main, à aider les autres, sans qu'on vous le demande ?

C'est une forme de générosité que tout le monde apprécie. Si vous réussissez bien dans un domaine scolaire par exemple, offrez votre soutien à ceux qui ont plus de difficultés. C'est un très bon moyen pour prendre confiance en vous et pour lier connaissance.

6 Vous montrez-vous dynamique dans les activités de votre classe ?

Il se peut qu'on oublie de vous proposer de participer à une activité. Cela ne signifie pas qu'on vous rejette. Mais si vous ne vous mettez jamais en avant, les autres peuvent s'imaginer que vous ne leur témoignez pas d'intérêt.

7 Êtes-vous tolérant ou tolérante ?

Si vous acceptez qu'on puisse avoir une idée différente de la vôtre, vous faites preuve d'ouverture. Or il s'agit là d'une qualité indispensable pour se faire des amis.

Adapté de Marie-José Auderset et Jean-Blaise Held, « Quel genre de copain êtes-vous ? », *L'ado et les autres*, © De La Martinière Jeunesse, 1996.

Sapo

Ce sont les Gaulois qui
inventent le savon. Enfin,
plus exactement, ils
inventent l'ancêtre du
5 savon. Leur *sapo* de
l'époque est en réalité une
sorte de pommade où l'on
retrouve de la graisse de
chèvre mélangée à des
10 cendres de bouleau. Ce
mélange est ensuite enrichi
en potasse par un traitement à la chaux.
Lorsque l'on cuit ces cendres avec cette
graisse, on obtient une sorte de savon noir,
15 qui sert aussi à fixer cheveux et
moustaches.

Notre savon actuel existe tel quel environ
depuis un siècle. À la place de la potasse,
on utilise alors de la soude extraite d'une
20 plante épineuse de la famille des

Charlie Chaplin dans une scène du film
Pay Day (1921).

chénopodiacées. Elle pousse sur le littoral
méditerranéen et se nomme soude, comme
l'ingrédient qui s'y cache. Notons que le mot
« alcali » employé pour désigner des
25 substances basiques provient de
l'expression *al-qàly* qui signifie soude
en arabe.

Extrait de Lydia Ben Ytzhak, « La naissance du savon »,
Petite histoire du maquillage, © Stock, 2000.

À la recherche de mon talent

Le don

Il paraît que dans une famille,
le septième enfant a un don.
Ici, la septième est une fille.
5 *Elle s'appelle Rose, c'est son nom.*
Elle cherche toujours son don.
Elle n'est pas très bonne en musique,
ni en arithmétique, ni en mécanique.
Elle n'est bonne qu'à rêver.
10 *Quel est son don ? Le savez-vous ?*
Vous qui l'aimez, le savez-vous ?

Après un moment de silence, tout le monde se mit à applaudir.

— Bravo, Rose, dit ma mère en m'embrassant.

— Ton don est évident, poursuivit mon père. C'est l'écriture.
15 Je crois que tu deviendras un écrivain.

Je le regardai ébahie. Pour moi, les écrivains étaient des êtres hors du commun, qu'on ne pouvait songer à rejoindre dans leur monde à part. Quand je lisais leurs livres, j'avais l'impression d'entrer dans un pays hors d'atteinte, mais tellement désirable ! Je regardai mon père
20 dans les yeux :

— Vous le croyez vraiment ?

— J'en suis sûr. Les talents créateurs sont communs dans cette famille.

— C'est normal, avec de tels parents…
25 Pendant qu'on partageait le gâteau, Marcel est venu me rejoindre.

— Quelqu'un m'a parlé de toi, me souffla-t-il.

— Ah oui ?

— Ouais. Mon ami Tony. Il paraît que vous avez déjà fait une promenade ensemble.

Le roman *Le don de la septième* nous fait vivre le quotidien d'une famille montréalaise, à l'été 1945. Dans cette famille de 12 enfants, la septième est la narratrice. Tout au long de l'histoire, elle cherche à définir sa personnalité et surtout à donner du sens à sa vie d'adolescente. Sa grand-mère lui a déjà dit que le septième enfant d'une famille possède un don particulier. Mais quel est ce don ?

L'extrait proposé présente la conclusion du roman. Il s'agit du moment où, le jour de ses 13 ans, la narratrice lit un poème qui révèle le fameux « don de la septième ».

Née en 1936, à Montréal, Henriette Major a consacré sa vie à l'écriture. Elle a fait du journalisme et conçu des manuels scolaires, mais elle s'est surtout fait connaître avec ses livres pour les jeunes enfants.

30 — Bof! ça s'est passé comme ça, par hasard…

— Il voudrait te rencontrer de nouveau, ce soir. Je vous accompagnerai, avec ton amie Paule, si elle est d'accord.

— Quoi?

J'avais peine à imaginer Marcel, tout en muscles, avec la frêle Paule.

35 Mais ce soir-là, je la vis rougir alors qu'il s'approcha d'elle.

Extrait de Henriette Major, *Le don de la septième,*
© Soulières éditeur, 2003. (Collection Graffiti)

Cette famille québécoise compte 12 enfants. On peut imaginer tous les talents qui pouvaient cohabiter dans une si grosse maisonnée!

Ta rose est unique
au monde

Ainsi, le petit prince apprivoisa le renard. Et quand l'heure du départ fut proche :

« Ah ! dit le renard… Je pleurerai.

— C'est ta faute, dit le petit prince, je ne te souhaitais point de mal,
5 mais tu as voulu que je t'apprivoise…

— Bien sûr, dit le renard.

— Mais tu vas pleurer ! dit le petit prince.

— Bien sûr, dit le renard.

— Alors tu n'y gagnes rien !

10 — J'y gagne, dit le renard, à cause de la couleur du blé. »

Puis il ajouta :

« Va revoir les roses. Tu comprendras que la tienne est unique au monde. Tu reviendras me dire adieu, et je te ferai cadeau d'un secret. »

Le petit prince s'en fut revoir les roses :

15 « Vous n'êtes pas du tout semblables à ma rose, vous n'êtes rien encore, leur dit-il. Personne ne vous a apprivoisées et vous n'avez apprivoisé personne. Vous êtes comme était mon renard. Ce n'était qu'un renard semblable à cent mille autres. Mais j'en ai fait mon ami, et il est maintenant unique au monde. »

20 Et les roses étaient bien gênées.

« Vous êtes belles, mais vous êtes vides, leur dit-il encore. On ne peut pas mourir pour vous. Bien sûr, ma rose à moi, un passant ordinaire croirait qu'elle vous ressemble. Mais à elle seule elle est plus importante que vous toutes, puisque c'est elle que j'ai arrosée. Puisque
25 c'est elle que j'ai mise sous globe. Puisque c'est elle que j'ai abritée par le paravent. Puisque c'est elle dont j'ai tué les chenilles (sauf les deux ou trois pour les papillons). Puisque c'est elle que j'ai écoutée se plaindre, ou se vanter, ou même quelquefois se taire. Puisque c'est ma rose. »

Dans *Le petit prince*, un aviateur se retrouve quelque part dans le désert, avec de l'eau pour seulement huit jours. Il tente de réparer son avion lorsque surgit devant lui un petit bonhomme qui veut lui faire dessiner un mouton. C'est le petit prince. Ainsi naît l'amitié entre les deux personnages.

Dans l'extrait proposé, le petit prince s'entretient avec un autre personnage, le renard, de qui il apprend un des plus grands secrets de la vie.

Antoine de Saint-Exupéry
(1900-1944) est un écrivain
et un aviateur français.
En 1943, alors qu'il créait
le personnage du petit
prince, c'était la Deuxième
Guerre mondiale. Son
expérience de la guerre
a nourri chez lui le besoin
de trouver une signification à
l'activité humaine.

Et il revint vers le renard :

30   « Adieu, dit-il…

— Adieu, dit le renard. Voici mon secret. Il est très simple : on ne voit bien qu'avec le cœur. L'essentiel est invisible pour les yeux.

— L'essentiel est invisible pour les yeux, répéta le petit prince, afin de se souvenir.

35   — C'est le temps que tu as perdu pour ta rose qui fait ta rose si importante.

— C'est le temps que j'ai perdu pour ma rose…, fit le petit prince, afin de se souvenir.

— Les hommes ont oublié cette vérité, dit le renard. Mais tu ne

40 dois pas l'oublier. Tu deviens responsable pour toujours de ce que tu as apprivoisé. Tu es responsable de ta rose…

— Je suis responsable de ma rose… », répéta le petit prince, afin de se souvenir.

Extrait de Antoine de Saint-Exupéry, *Le petit prince*, © Harcourt, Inc., 1943,
réédité par Consuelo de Saint-Exupéry en 1971 et réimprimé avec la permission de l'éditeur.

Vos vêtements vous ressemblent-ils ?

C'est parfois une idée fixe : avec ce blue-jean-là et pas un autre, ces bottes, ce blouson, c'est sûr, vous serez radicalement transformée, plus belle, plus libre, plus
5 heureuse. Dans cette tenue miraculeuse, dès demain, vous aborderez une nouvelle vie. L'idée de porter ces vêtements-là, précisément, vous comble de joie ; vous avez hâte de les mettre.

10 On a tous connu ces moments-là, où l'on attribue soudain à certains vêtements un véritable pouvoir de transformation ou de « sublimation » de nous-mêmes. Ça fait aussi partie de l'importance secrète qu'on attache
15 quelquefois à notre apparence.

Vos vêtements vous ressemblent. Ils révèlent ce que vous êtes, la vision que vous avez de vous-même, l'état dans lequel vous vous trouvez, votre façon de vous traiter
20 vous-même, de vous occuper de vous. Ils trahissent votre malaise ou expriment votre bien-être.

Quelquefois, on se sent tellement moche, tellement mal dans son corps qu'on s'habille
25 pour se cacher. Quand on est triste ou déprimée, on a tendance à s'habiller de la manière la plus neutre possible. Au contraire, quand on se sent mieux, on commence toujours par mieux s'habiller, on

30 cherche à se mettre en valeur. Le vêtement exprime aussi notre rapport au monde. Parfois on s'habille pour plaire au monde, parfois on s'habille contre le monde, pour le choquer. Quand on ne sait pas toujours très
35 bien se définir soi-même, on a du mal à trouver sa façon de s'habiller. On tâtonne. On change. Mais cela n'a pas d'importance.

Ce n'est pas toujours évident de savoir s'habiller, de savoir ce qui vous va.
40 Indépendamment de ses goûts à soi, on est conditionnée par la mode, certaines contraintes familiales, des contraintes budgétaires et d'autres contraintes plus personnelles : ses complexes ! […]

45 Certains jours, on se sent si mal dans sa peau « qu'on ne sait pas quoi se mettre sur

Des atouts pour plaire

c'est trouver les vêtements qui vous ressemblent, dans lesquels vous vous sentez bien, en accord avec vous-même.
60 Un vêtement qui vous va, c'est d'abord un vêtement qui va à votre personnalité, même si celle-ci évolue. Vous vous habillez en fonction de vos humeurs, de vos états d'âme, de vos crises, de vos
65 enthousiasmes, et alors ? Suivez votre mouvement, vous trouverez votre style.

S'habiller comme on a envie

Certaines arpentent les boutiques pendant des heures pour trouver exactement le même blouson en jean que leurs copines.
70 D'autres, au contraire, chercheront en vain les petites adresses qui ne font pas les mêmes habits que tout le monde. Certaines sont adeptes des marques, d'autres s'en fichent royalement.

75 On peut s'habiller pour ressembler aux autres ou au contraire pour se démarquer du groupe. On peut aussi s'habiller pour se camoufler, se protéger, dissimuler l'incertitude qu'on a de soi-même ou, au
80 contraire, pour se montrer, mettre en valeur ce qu'on trouve de joli chez soi. À certains moments où l'on se sent fragile, les vêtements sont comme une seconde peau, et c'est pour cette raison que nous y
85 attachons autant d'importance.

Si vous n'en avez pas envie, vous n'êtes pas obligée de suivre au pied de la lettre les diktats de la mode. Vous pouvez parfaitement vous habiller au gré de votre
90 fantaisie à vous. Vous n'êtes pas non plus contrainte de vous abonner à un « style ». Votre façon de vous habiller peut refléter les différentes facettes de votre riche caractère !

le dos », on se change trente-six mille fois dans le quart d'heure sans trouver le vêtement qui nous va. D'autres jours, on se
50 sent plus à l'aise et on se trouve très bien avec un simple jean et un pull-over.

Moins que le vêtement lui-même, c'est la manière de le porter qui importe : que ce soit un jean troué ou une jupe droite, que
55 vous soyez petite, grande, ronde, mince, classique ou excentrique, trouver votre style,

Extrait de Élizabeth Jacquet, « Les vêtements »,
Les jeunes filles et leur corps, © De La Martinière
Jeunesse, 1994.

« S'aimer soi-même,

c'est se lancer dans

une belle histoire

d'amour qui durera

toute la vie. »

(Wilde)

Tout comme Brummell, l'écrivain Oscar Wilde
(1854-1900) était un dandy anglais. Son œuvre
traite du pouvoir de l'individu et de son
identité. La citation proposée ici résume bien
l'importance qu'il accordait à l'estime de soi.

La toilette et le maquillage

De la puanteur aux parfums les plus suaves, les odeurs sont toujours associées au XVIIe siècle. On se méfiait de l'eau qui, croyait-on, abîmait la peau, et la plupart des gens évitaient de se baigner trop souvent. Les moyens pour combattre les odeurs corporelles désagréables consistaient à se frictionner la peau à l'aide de serviettes sèches et à changer fréquemment de linge : on croyait que mettre une chemise blanche propre suffisait à absorber la sueur et la crasse.

Le parfum était un autre substitut de la propreté. Pour masquer les mauvaises odeurs, les gens portaient des pommes d'ambre, de petits bijoux contenant de l'ambre gris et du benjoin qui étaient suspendus au cou ou à la ceinture ; ou encore des bourses en taffetas de soie remplies de poudre parfumée ou de petits sachets odorants. Certaines grandes demeures anglaises disposaient de leurs propres salles de distillation, où des domestiques — dont c'était parfois la seule occupation — veillaient à la fabrication et à la mise en flacon des parfums. Le parfum avait aussi une fonction thérapeutique. On suçait des pastilles aromatiques pour se nettoyer les dents. Sous l'impulsion de Colbert, la France mit en place une florissante industrie de la parfumerie. Louis XIV s'entourait à Versailles d'odeurs agréables. Le parfumeur Martial, favori du roi, disposait de ses propres appartements pour mélanger les senteurs. Des jets d'eau de fleur d'oranger jaillissaient des fontaines et des coussins parfumés étaient disposés dans toutes les pièces du château.

Les hommes et les femmes utilisaient des mouchoirs et des gants parfumés. [...], tout — des chiens au tabac à priser en passant par les pierres précieuses —, absolument tout était imprégné de senteurs capiteuses à base d'épices, de musc et d'ambre gris.

En ce qui concerne le maquillage, les mouches introduites au XVIe siècle font toujours fureur aussi bien auprès des femmes que des hommes. Ces petits morceaux de velours ou de soie adoptent les tailles et les formes les plus variées : on trouve des mouches rondes, en forme de losange, d'étoile ou encore de croissant. On les gardait dans son sac ou dans des coffrets à mouche. Comme d'autres cosmétiques, les mouches étaient vendues par des marchands ambulants.

Dans toute l'Europe, les femmes et les hommes se fardent, une pratique que désapprouvent aussi bien le clergé que les penseurs de l'époque. Les lèvres rouges et pulpeuses, les sourcils sombres bien dessinés et les yeux clairs et brillants forment le portrait de l'idéal féminin. En revanche la blondeur est enfin démodée et on lui préfère des cheveux noirs ou bruns.

Sous le règne de Louis XIII, les femmes avaient les cheveux soigneusement tressés. L'une des favorites de Louis XIV, Mlle de Fontanges, va lancer une coiffure

70 qui connaîtra un succès considérable. Un
jour de chasse royale, Mlle de Fontanges,
dont la magnifique coiffure ornée de plumes
et de rubans s'était défaite dans le feu de
l'action, ramassa ses cheveux sur la tête
75 et les maintint avec sa jarretière ou avec
un ruban de soie. Les dames de la cour
imitèrent la favorite : les boucles, qui
retombaient jusque-là sur les épaules, furent
ramenées sur le haut de la tête, donnant
80 naissance à la *coiffure à la Fontanges*.
Cette coiffure atteindra des hauteurs
considérables, formant de complexes
échafaudages de boucles et de tortillons
maintenus par des fils métalliques, qui
85 grandissaient les femmes de 15 ou 20 cm.
La coiffure des jeunes filles se composait
de boucles légères retombant à quelques
centimètres au-dessous de l'oreille.

Parallèlement à la montée des créateurs de
90 mode, les coiffeurs prennent aussi une
grande importance. Ce qui ne manquait pas
de scandaliser le clergé, qui menaçait
d'excommunication les femmes qui se
feraient coiffer par des hommes.

95 Les hommes portent les cheveux longs.
C'est à la cour de Louis XIII qu'apparaît la
cadenette, une mèche de cheveux que le
galant attachait avec un ruban pour signifier
sa flamme à sa bien-aimée. Cependant le
100 port de la perruque, pour les hommes
comme pour les femmes, commence à être
à la mode vers 1660. En 1665, beaucoup
d'hommes portent la perruque. Pour la reine
Margot de France, qui était chauve, un tel
105 accessoire n'était pas superflu. Louis XIV
avait une abondante chevelure, mais mettait
des perruques pour se grandir. Le roi lança la
vogue de l'imposante perruque *en crinière*,
dite aussi *in-folio*, avec des boucles étagées
110 qui tombaient dans le dos. Cette mode
durera pendant au moins un siècle. Colbert
sut tirer profit de l'engouement croissant pour
les perruques en prélevant un impôt sur leur
commerce. Il fallait importer les cheveux pour
115 faire les perruques — qui présentaient des
couleurs naturelles — mais celles-ci étaient
ensuite exportées et rapportaient des
revenus non négligeables. Louis XIV ne
portait ni la barbe ni la moustache, ce qui
120 influencera encore une fois l'apparence
masculine sur tout le continent.

Extrait de Bronwyn Cosgrave, « La toilette et le maquillage »,
Histoire de la mode, © Maxi-Livres, 2002 (2000).
Traduit de l'anglais par Divina Cabo.

Hyacinthe Rigaud (1659-1743), *Louis XIV,
roi de France*, 1701.

Le roi Louis XIV aimait afficher sa puissance
et sa richesse à travers le choix de ses
vêtements. Mais à son époque, un tel attrait
pour l'habillement n'était pas le fait de
la majorité. Ce n'est qu'au XXe siècle que
les gens commenceront à consacrer temps
et argent à soigner leur image et que
le phénomène de la mode se démocratisera.

comme dans Yeu

« Le regard permet aux timides de se toucher avec les yeux. »

(Simon Berryer, dit Sim)

Leslie Howard et Norma Shearer dans une adaptation cinématographique (1936) de *Roméo et Juliette* (1594), du poète dramatique anglais William Shakespeare (1564-1616).

Charlie Chaplin (1889-1977), auteur, acteur et cinéaste américain d'origine britannique, et Virginia Cherril dans le film *City Lights* (1930).

John Lennon (1940-1980), parolier principal des Beatles (1962-1970), groupe britannique de musique pop, et son épouse, Yoko Ono.

Le sommeil

Qu'en est-il de vos nuits ? Un bon sommeil se juge par le réveil et non par sa durée. Si vous vous réveillez en forme, il n'y a rien à dire. Dans le cas contraire, vous ne dormez
5 sans doute pas suffisamment. Peut-être pensez-vous que rester de longues heures au lit est une perte de temps. Rien n'est moins sûr. Einstein en est la preuve. Il ne « fonctionnait » bien qu'avec dix heures de
10 sommeil.

Quoi qu'il en soit, les besoins en sommeil varient d'une personne à l'autre. De plus, il y a des couche-tôt et des couche-tard. Et on ne peut pas toujours respecter son rythme
15 naturel. C'est dire que les « coups de pompe » peuvent être fréquents. Pour y échapper, rien ne vous oblige à vous coucher tous les soirs en début de soirée. Mais essayez tout de même de dormir plus
20 longtemps le week-end : la grasse matinée

est un très bon moyen d'éviter un déficit chronique de sommeil.

Il faut pour cela que vous ayez une chambre tranquille… ou que vous mettiez des boules
25 *Quies*. Un sommeil matinal constamment entrecoupé ne permet pas de bien récupérer.

Êtes-vous insomniaque ?

Faites-vous partie de ces gens qui, au moment du coucher, n'en finissent pas de
30 chercher le sommeil ? Couchés dans leur lit, ils ruminent les problèmes de la journée pendant que les heures s'égrènent.

Ou êtes-vous du genre à vous réveiller vers 2 ou 3 h du matin et à vous faire un souci
35 d'encre pour le lendemain ? Vous ne cessez de vous tourner et retourner nerveusement dans votre lit, et vous réussissez enfin à vous rendormir… peu avant que le réveil sonne.

Des atouts pour plaire

[...]

⁴⁰Pour prendre le problème à bras-le-corps et remettre votre horloge interne à l'heure, voici quelques suggestions :

➤ Commencez par installer l'espace où vous dormez, faites votre nid : ⁴⁵l'emplacement du lit est important. Déplacez-le jusqu'à ce que l'endroit vous convienne. Des spécialistes ont constaté qu'un bébé déposé sur une couverture aura tendance à mettre sa tête en ⁵⁰direction du nord, si on le laisse s'installer pour dormir.

➤ Aérez votre chambre avant de vous coucher.

➤ Faites de l'exercice durant la journée : ⁵⁵votre esprit est sollicité par les problèmes intellectuels, votre corps trop souvent mis au repos forcé.

➤ Un bain chaud détend et prépare au sommeil. Cinq ou six gouttes d'essence ⁶⁰de pin augmentent son effet. La douche, plus rapide, est bénéfique aussi.

➤ Ne regardez pas la télévision avant le coucher. Elle augmente les tensions.

➤ Buvez chaque jour deux ou trois tasses ⁶⁵d'une infusion calmante tiède : tilleul, fleur d'oranger, aubépine, passiflore.

➤ Écoutez une cassette de relaxation pour vous endormir.

➤ Couchez-vous dès les premiers signes ⁷⁰d'un début de cycle : bâillements, fatigue, paupières lourdes.

➤ Si vous vous réveillez au cours de votre sommeil, ne vous énervez pas, lisez en attendant le début d'un nouveau cycle. ⁷⁵En effet, lire quelques pages est souvent un bon truc pour trouver le sommeil.

➤ Si votre insomnie est provoquée par des soucis, attaquez-vous sans tarder au problème pour autant que cela soit ⁸⁰possible.

Les autres causes de fatigue

En dehors du manque de sommeil, la fatigue peut avoir des causes multiples. Si elle survient vers 11 h le matin, c'est probablement que vous n'avez pas ⁸⁵suffisamment mangé au petit déjeuner.

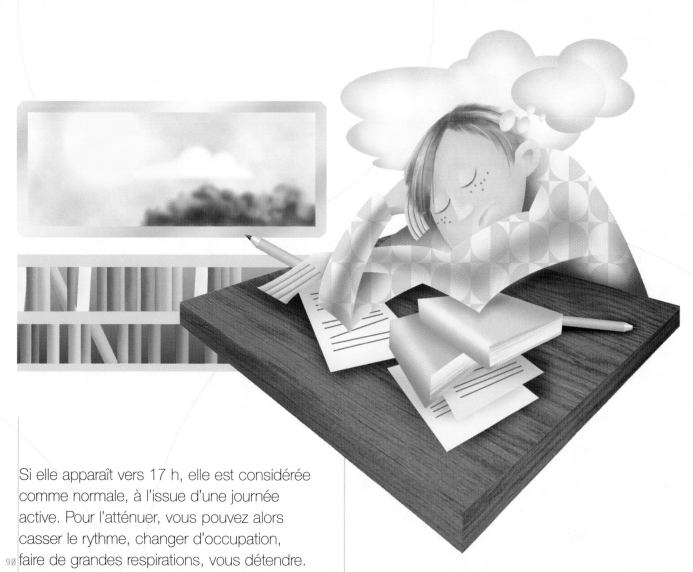

Si elle apparaît vers 17 h, elle est considérée comme normale, à l'issue d'une journée active. Pour l'atténuer, vous pouvez alors casser le rythme, changer d'occupation,
90 faire de grandes respirations, vous détendre.

Demandez-vous aussi si vous n'avez pas trop d'activités. Certains ont un agenda si chargé qu'ils n'ont pas une minute pour rêver.

D'autres passent plus d'une heure dans le
95 métro, le bus ou la voiture pour aller jusqu'au lycée. Ce qui est aussi pénible.

D'autres encore travaillent durant les vacances ou les loisirs pour gagner un peu d'argent. Ils en ressentent fréquemment les
100 effets néfastes, si l'activité est éprouvante. C'est particulièrement le cas dans les restaurants ou le travail à la chaîne.

Notez enfin que si vous avez beaucoup grandi ces derniers temps, il est normal que
105 vous éprouviez une sensation de fatigue.

Combattre la fatigue ne signifie pas pour autant adopter une vie de moine. C'est à chacun et à chacune de trouver un juste milieu. Une petite fatigue n'est pas néfaste,
110 surtout si l'on a bien profité de la vie le jour précédent. Mais une grosse fatigue permanente devient handicapante. On perd son influx, on a des difficultés à se concentrer. Dans les cas graves, on peut
115 tomber dans la déprime, perdre tout plaisir de vivre.

Extrait adapté de Marie-José Auderset et Jean-Blaise Held, « La fatigue », *Bien dans sa tête, bien dans son corps*, © De La Martinière Jeunesse, 1995.

Dossier 2

« Demain, dès l'aube, à l'heure où blanchit la campagne,
Je partirai. […]
J'irai par la forêt, j'irai par la montagne[3]. »
(Hugo)

« Vous êtes maintenant suffisamment lesté pour un long et singulier voyage[1]. »
(Baudelaire)

« Dans un voyage, le plus long est de franchir le seuil[2]. »
(Varron)

1. Charles Baudelaire, *Les paradis artificiels*, 1860.
2. Varron (-116 – -27), *L'économie rurale*.
3. Victor Hugo, *Les contemplations*, Livre IV, 1856.

Le vent dans les voiles

« Pour mon goût, voyager c'est faire à la fois un mètre ou deux, s'arrêter, et regarder de nouveau un nouvel aspect des mêmes choses[4]. » (Alain)

Est-ce qu'on arrive bientôt ?[5]

après

Veni, vedi, vici[6]. » (César)

« Une fois en route tout se simplifie. On ne mange pas toujours bien ; il faut parfois endurer la poussière ou la chaleur, ou la pluie, ou le froid ; les gîtes manquent de confort. Rien de tragique là-dedans[7]. » (David-Néel)

« Ce ne sont pas les histoires qui importent, mais le ton sur lequel elles sont racontées[8]. » (Bobin)

4. Alain, « Les voyageurs », *Propos*, 1956.
5. C'est la phrase qu'on entend toujours de la bouche des voyageurs fatigués.
6. Locution latine de Jules César. En français : « Je suis venu, j'ai vu, j'ai vaincu. »
7. Alexandra David-Néel, *Journal de voyage. Lettres à son mari*, tome 2, Plon, 1975-1976. Lettre datée du 12 juillet 1918.
8. Christian Bobin, *Tout le monde est occupé*, Mercure de France, 1999.

Sous un ciel d'Afrique

Mes premières images de l'Afrique : des enfants qui jouent dans la cour d'immeubles de ciment aux couleurs défraîchies, des femmes voilées qui marchent d'un pas
5 pressé, des hommes qui discutent devant un café d'où s'échappe une musique arabe. Nous sommes à Taourirt, une petite ville du nord du Maroc. Le rallye commence demain, et nous devons atteindre le bivouac,
10 le campement qui se déplacera avec les participantes pendant toute la course. Je sens les papillons voleter dans mon estomac à l'idée d'entreprendre ce rallye que je prépare depuis 10 mois.

15 À notre arrivée, nous réglons les derniers détails et rencontrons nos « concurrentes » autour d'un feu de camp. Nous échangeons tranquillement quelques propos avec les Québécoises rencontrées pendant les cours

20 d'orientation et de mécanique. Mais le froid finit par avoir raison de nous. Les doigts engourdis malgré mes gants, je me réfugie sous la tente pour ma première nuit.

Jour 1

« Bonjour les fiiiilles ! » La voix de
25 Dominique Serra, la fondatrice du Rallye, résonne entre les tentes sur fond de tam-tam. Ma montre indique 5 heures et il fait toujours nuit, mais je n'ai pas une minute à perdre. Un saut aux toilettes, aménagées
30 avec les douches dans un camion qui ressemble à un conteneur, et me voilà prête pour le petit-déjeuner. Sous la tente cafétéria, la nervosité des filles est palpable.

Pendant qu'on se rassemble pour le grand
35 départ, l'inquiétude me gagne. J'ai peur de ne pas avoir bien assimilé toutes les notions de navigation et d'orientation. Pour la première fois de ma vie, je devrai me fier aveuglément à ma petite sœur, ma copilote.

En 2000, la journaliste québécoise Catherine Crépeau et sa sœur Isabelle relèvent avec succès le défi du Rallye Aïcha des gazelles.
En 10 jours, elles réussissent à terminer toutes les étapes de cette course en 4 x 4.

Dans l'article «Sous un ciel d'Afrique», écrit sous la forme d'un journal de bord, Catherine Crépeau raconte ses péripéties quotidiennes.

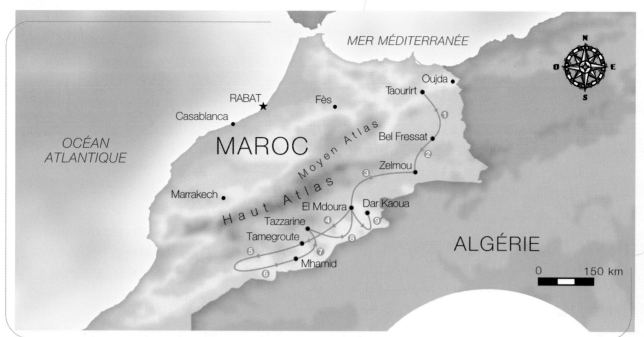

Le Rallye Aïcha des gazelles existe
depuis 1990. Chaque année, des femmes
de 20 à 60 ans doivent traverser le
désert du Sahara, dans sa portion
marocaine, à la frontière de l'Algérie.
Les concurrentes conduisent des 4 x 4
et sont en équipe de deux. Elles ne
peuvent se guider qu'avec une boussole,
de vieilles cartes et un compas, et
elles doivent trouver le maximum de
balises en parcourant le moins de
kilométrage possible. La course de
2500 km s'échelonne sur 8 ou 9 jours.

40 C'est notre tour de partir. Le drapeau
s'abaisse. J'appuie sur l'accélérateur… et
j'arrête 20 mètres plus loin, pour qu'Isabelle
sorte et prenne le cap avec la boussole.
Elle nous oriente vers le premier point de
45 contrôle. Nous roulons dans une plaine où
la sécheresse a creusé de profonds sillons
dans la terre durcie. La balise, un simple
drapeau rouge, flotte à une centaine de
mètres, droit devant.

50 Les deuxième, troisième et quatrième balises
sont aussi faciles à trouver. Une première
journée réussie, est-ce un bon présage
pour le reste de la course?

Jour 2

« Bonjour les fiiiilles! » Quatre heures.
55 Une fois la tente démontée dans la noirceur,
nous allons manger. Pendant qu'Isabelle
trace notre trajet de la journée, je charge
les bagages dans la camionnette, passe
à la citerne faire le plein d'essence et
60 ramasse une douzaine de litres d'eau.
La routine s'installe.

[…]

Isabelle vérifie le cap, compte les kilomètres
parcourus. Le drapeau devrait être entre
les collines parsemées d'arbustes qui nous
65 entourent. Problème : il n'y est pas. J'arrête
le véhicule. Isabelle veut aller d'un côté,
moi de l'autre. Le ton monte.

[…]

On déballe les rations sous vide fournies
par l'organisation, les mêmes que les
70 soldats reçoivent et qui ont une durée de vie
de 10 ans. Au menu aujourd'hui : poulet aux
olives et paella. Rassasiées, on regarde
la situation avec calme et on se résigne à
rentrer au bivouac. Bredouilles.

Jour 3

75 « Nous n'y arriverons jamais ! » Je tourne
en rond, à la recherche du damné drapeau.
La seule chose que je vois, c'est la route qui
mène au village voisin, d'où Isabelle pourra
tracer un nouveau parcours.

80 Malheureusement, une falaise de 20 mètres
se dresse dans la direction que nous
devrions emprunter. Conclusion : retour
au bivouac.

Pour une seconde journée, je rentre déçue
85 et frustrée de n'avoir pas achevé l'épreuve
quotidienne. Mais la beauté de la route qui
serpente le long d'un canyon, au fond
duquel s'étale une palmeraie de carte
postale, agit comme un baume.

Jour 4

90 La plaine rocailleuse est recouverte d'une
brume de chaleur. Difficile de trouver un
point de repère à l'horizon. Indécise, Isabelle
consulte les navigatrices des trois autres
équipages qui, comme nous, tentent de
95 trouver le chemin le plus court vers la balise.

Les navigatrices s'entendent pour emprunter
la piste jusqu'au village. Ma sœur et moi les
distançons ensuite et nous nous retrouvons,
une vingtaine de kilomètres plus loin, seules
100 devant des montagnes rocheuses. Je vois
un passage entre deux montagnes, mais
des dunes de sable le rendent impraticable.
Pas question de faire demi-tour. Ça va
passer ! Je roule à flanc de montagne,
105 complètement de travers. Le véhicule glisse
sur les rochers. Je suis trempée de sueur.
Vissée au volant, je n'ai qu'une pensée :
« Si la porte du camion touche au sable,
je ne pourrai plus sortir d'ici. »

110 Cinq cents mètres plus loin, je rétablis le
véhicule. Quel soulagement ! Fière de mon
coup, je saute du camion, engloutis un
demi-litre d'eau, et ma sœur et moi
remontons à bord. En face de nous s'étend
115 un champ de roches volcaniques. À peine
plus grosses que mon poing, elles ont des
pointes mortelles pour les pneus. Paf !
une crevaison. Mais c'est presque avec
le sourire que nous sortons le pneu de
120 secours, ragaillardies par notre exploit.

Jour 5

L'organisation décrète une journée
de repos. […]

Jour 6

Du sable, rien que du sable !
Ça devient hallucinant.
125 Je redouble d'attention,
analysant la couleur du
sable pour trouver les
endroits plus foncés qui,
ai-je appris, supportent
130 le poids du véhicule.
J'essaie de rouler sur
la crête des dunes et de
les franchir dans le sens
du vent, comme on me
135 l'a expliqué. Tout va bien,
jusqu'à ce que les dunes,
ramollies sous la chaleur, nous
engloutissent sans pitié. Le camion
est enlisé, il fait 40 degrés et on a notre
140 voyage !

Le jour tombe. Avec une dizaine d'équipes,
nous improvisons un campement dans une
oasis. Les villageois nous reçoivent avec
chaleur […]. Et, le summum, ils nous offrent
145 la douche ! Enfin, façon désert : de jeunes
garçons vident des bouteilles d'eau sur
ma tête. Après une telle journée, même les
rations de l'armée sont succulentes… […]

Jour 7

Je suis assise dans le sable et je sanglote
150 d'épuisement. Il est 16 heures, je n'ai pas
mangé depuis le matin, le soleil m'écrase
(il fait près de 60 degrés), et le camion vient
de s'ensabler pour la troisième fois en moins
de trois heures. Il est en équilibre au haut
155 d'une dune dont la pente descendante frôle
les 45 degrés. Cette fois-ci, une séance de
pelletage ne sera pas suffisante. Comble de
l'ironie : la balise n'est qu'à 50 mètres
devant nous !

160 La peur et la fatigue me paralysent. Je suis
hantée par l'image d'un ancien participant
du raid Paris-Dakar rencontré avant la
course, qui est handicapé après avoir fait
des tonneaux dans les dunes. Ma sœur
165 tente de me rassurer. Appelée en renfort,
l'équipe de dépannage m'encourage à
continuer. Mon orgueil prend le dessus,
je me glisse derrière le volant et me laisse
tirer en bas de la dune… pour découvrir
170 que j'ai une crevaison !

Jour 8

« Bonjour les fiiiilles ! » Le lever est pénible.
J'ai l'estomac à l'envers, je manque de

sommeil et je suis tellement couverte de
poussière que j'arrive à peine à me glisser
175 les doigts dans les cheveux. Je n'ai vraiment
pas le goût de partir. Mais l'esprit de
compétition est le plus fort. Heureusement,
les pistes qui sillonnent les cultures et
les oueds (rivières saisonnières) nous
180 conduisent presque à la deuxième balise.
Elle est là, à quelques mètres. Encouragée,
je m'engage ensuite sur l'herbe à
chameaux… et je fonce dans une dune. […]
Le sable s'entasse jusque sous le moteur et
185 l'herbe bloque les roues. […] Nous n'avons
d'autre choix que d'appeler l'assistance
mécanique avec notre émetteur-récepteur.

Jour 9

Dernière journée. Enfin… ou déjà? J'hésite.
Tout ce que je sais, c'est que je suis
190 déterminée à trouver les trois balises et à finir
la compétition en beauté. La journée
se déroule à la vitesse de l'éclair. Nous
trouvons balise sur balise et, rendues à
la dernière, nous posons fièrement pour
195 la postérité. Nous avons la 19e position,
sur 52 équipages qui ont pris le départ.
Quand même pas mal, non? […]

Épilogue

Ça fait déjà trois ans maintenant que ce
rallye a eu lieu et, pourtant, je continue
200 d'en parler presque quotidiennement.
En 10 jours, j'ai partagé avec ma sœur mes
faiblesses et mes certitudes, des moments
de découragement, des crises de larmes,
mais aussi des joies et des fous rires
205 incroyables. Nous sommes aujourd'hui plus
proches que jamais et prêtes à repartir pour
le désert. Parce qu'une fois qu'on a été
gazelle, on n'a qu'une seule envie :
recommencer !

Extrait de Catherine Crépeau, « Sous un ciel d'Afrique »,
© *Châtelaine*, août 2003.

Une Parisienne sur le toit du monde

Pendant trois ans, Alexandra […],
cinq serviteurs et sept mules vont marcher
dans les déserts, dans le froid ou
la sécheresse. Se souvenant de son passé
5 d'artiste, Alexandra joue son rôle à
la perfection, donnant à qui le souhaite
bénédictions ou prédictions…
Mille péripéties ponctuent leur voyage […].

En vain, la petite troupe se heurte aux
10 autorités anglaises et ne parvient pas à
pénétrer au Tibet.

« Yongden, je me refuse à accepter cette
défaite, nous allons redémarrer autrement :
c'est seuls, sans suite ni bagages, que nous
15 pourrons entrer au pays défendu.

— Je pourrai vous faire passer pour
ma mère accompagnant son lama de fils
en pèlerinage.

— C'est une bonne idée. Pour cela, je vais
20 teindre mes cheveux avec de l'encre
de Chine.

— Et vous pourriez vous barbouiller le visage
avec de la braise mélangée à du cacao. Votre

visage est hâlé par le soleil et le vent, mais pas
25 assez pour passer pour une vieille Tibétaine.

— Et ainsi je paraîtrai crasseuse ! Quand
je pense que je vais devoir me passer de
mon fidèle tub !

— Tout doit tenir dans deux baluchons.

30 — Nous cacherons, dans nos ceintures, des
cartes, une montre et une boussole, ajoute
Alexandra.

— Et vive l'aventure ! » conclut Yongden qui, à
vingt-quatre ans, ne regrette pas d'avoir
35 choisi de suivre celle qui lui tient lieu de mère
et de maître.

Pour être l'authentique guenilleuse tibétaine
qui accompagne son fils lama en pèlerinage,
Alexandra mendie de porte en porte en
40 chantonnant des formules pieuses. Des
femmes remplies de bonnes intentions lui
tendent des déchets de viande sur un pan
de leur robe ayant, depuis des années, servi
de torchon ou de mouchoir ! La vieille mère
45 remercie en tirant la langue, selon la
coutume tibétaine…

Dans les années 1920, la Française Alexandra David-Néel (1868-1969) est la première Européenne qui parvient à explorer le Tibet. Son exploit est d'autant plus spectaculaire que la région était patrouillée par des soldats étrangers et que l'enceinte sacrée de Lhassa était réservée aux pèlerins tibétains.

Dans cet extrait de la biographie romancée *Alexandra David-Néel*, on raconte comment cette femme audacieuse a fait preuve de ruse pour atteindre son objectif. Elle est accompagnée de Yongden, son fidèle compagnon de voyage, qu'elle a adopté comme un fils, et qu'elle a rebaptisé Albert.

L'orgueilleuse Alexandra accepte la crasse
et le plus élémentaire des conforts pour
atteindre son but : Lhassa !

50 Les deux voyageurs avancent dans le froid
à flanc de montagne.

« Qu'est-ce donc accroché à cet arbre ?

— C'est un vieux bonnet d'agneau,
complètement usé, et il sent si mauvais !
55 dit Albert en le décrochant avec un bâton.

— Donne-le-moi. Je passerai avec lui plus
inaperçue qu'avec mon turban, et… il me
protégera du froid. »

Albert fait une grimace dégoûtée. Mais
60 bientôt de gros nuages descendent sur
les montagnes, une neige glacée cingle
leurs visages, une nuit très noire tombe
rapidement.

« Nous ne distinguons plus le sentier.
65 Enfonçons nos longs bâtons ferrés
solidement dans le sol, puis asseyons-nous
sans bouger de crainte de glisser jusqu'au
fond de la vallée.

Le Tibet est un vaste territoire
de 1 450 000 km² qui abrite
une population de plus de
2 300 000 habitants. Cette région de
l'Asie est située sur le plateau du nord
de l'Himalaya, là où l'altitude dépasse
souvent les 5000 m. Le climat est donc
très froid : l'été, les températures
oscillent autour de 10 °C. Les terres
sont pauvres et les paysans travaillent
très fort pour y faire pousser des
céréales et y élever des yacks et
des chevaux.

Malgré l'aridité du territoire,
le Tibet a toujours été très convoité
par les étrangers. Étant donné sa
position stratégique, les militaires
anglais, chinois, russes et japonais ont
patrouillé le Tibet afin d'y établir
leurs forces.

De 1578 jusqu'à la moitié du XXᵉ siècle,
le Tibet était une nation dirigée par
un dalaï-lama, installé au palais de
Potala. En mai 1951, le pays est envahi
par la Chine. Le dalaï-lama actuel,
Tenzin Gyatso, se réfugie en Inde en
1959. Les Tibétains qui tentaient de
se libérer sont alors violemment
réprimés par l'armée chinoise. Encore
de nos jours, le dalaï-lama milite
partout dans le monde pour
l'indépendance de son pays.

— C'est le moment ou jamais de mettre
votre bonnet d'agneau », répond Albert en
s'agrippant fermement aux bâtons et
à sa mère.

À trois heures du matin, un pâle quartier
de lune se lève et les voyageurs peuvent
continuer leur descente…

Souvent ils se trompent, reviennent sur leurs
pas et trouvent enfin le bon chemin.

Ils franchissent des cols à quatre mille cinq
cents mètres ; des vents terribles balaient
les sommets.

Pour Noël 1923, ils ont la chance de voir
leurs pas les mener à une cabane.

« Quand tu découvriras la France, tu seras
éberlué devant les préparations de Noël,
la débauche de nourriture et de cadeaux !

— Cela fait des jours que nous n'avons
que du thé à consommer, ne me faites pas
trop rêver !

— Écoute, nous sommes à l'abri dans ce
refuge de bergers. Il y a de la bouse de
yacks pour faire chauffer de la neige :
nous allons faire un réveillon royal ! Il reste
des petits morceaux de cuir après la
réparation de nos bottes : faisons-les bouillir
et tu me donneras des nouvelles de ce
bouillon de Noël ! »

Après quatre mois de la plus fabuleuse
« promenade » à travers des paysages
grandioses, Alexandra et Albert n'ont plus
que la peau sur les os.

Mais, après une dernière tempête de sable
qui leur cache un moment la superbe vue
sur les toits d'or du palais de Potala, les
deux voyageurs poussent des cris de joie :

« Nous sommes à Lhassa, victoire aux dieux,
les démons sont vaincus ! s'écrie Yongden.

— Mon succès est complet, mais même
si on m'offrait un million pour recommencer
dans les mêmes conditions, je crois que
je refuserais », répond Alexandra, épuisée.

Ils arrivent en pleine liesse populaire des
fêtes du nouvel an.

Extrait de Évelyne Morin-Rotureau, *Alexandra David-Néel*,
© PEMF, 2003. (Collection Histoire d'Elles)

Alexandra David-Néel déguisée en Tibétaine, au
centre, et Yongden-Albert à sa gauche, en février
1924. Amaigris et sales, ils ont relevé tout un
défi : être au pied du palais de Potala, dans la
ville sainte de Lhassa.

Monter vers Chlifa

Dans *La route de Chlifa*, un jeune immigrant, Karim, éprouve de la difficulté à s'intégrer à la société québécoise. Il traîne avec lui les douloureux souvenirs de son pays d'origine, le Liban, qu'il a quitté après y avoir tout perdu pendant la guerre des années 1980.

L'extrait proposé se situe dans la deuxième partie du roman, lorsque Karim est au Liban. Il fuit Beyrouth ravagée et entreprend un long périple à pied, à travers les montagnes, vers la ville de Chlifa. Il est accompagné de Maha et d'Antoine Milad. Maha est une jeune fille rebelle qui prend soin d'un bébé dont la mère a été tuée au cours d'un bombardement. Antoine Milad est l'homme qui les a guidés vers la montagne et qui a permis aux jeunes adolescents d'éviter les nombreux barrages érigés par les soldats.

Ils ont marché jusqu'à un pont au cœur de la verdure, un vieux pont arabe qui trace un arc gracieux au-dessus du Nahr el-Kelb. Ils ont décidé de prendre une dernière bouchée ensemble avant de se séparer, avant que Milad reparte vers Beyrouth et qu'eux entreprennent leur
5 longue route vers Chlifa.

Après le goûter, Milad serre Karim avec force contre lui. Il embrasse Maha sur le front.

« Adieu, mes enfants. Bon courage et bonne route. »

Aucun des deux ne songerait à s'offusquer de ce « mes enfants », pas
10 même Maha qui, la veille, s'est pourtant rebiffée en se faisant traiter de petite fille. Karim est étrangement ému de quitter cet homme que, deux jours plus tôt, il ne connaissait encore que de nom. Quant à Maha, elle a la main crispée sur la carte postale de la Dame à la licorne que lui a donnée Antoine Milad.

15 « En attendant de trouver ton rêve, ma belle », a simplement dit Milad en la lui tendant. Et les yeux de Maha se sont remplis de larmes.

Les adolescents ont arrimé leurs sacs sur leurs épaules. Jad, entortillé dans un grand châle, est solidement attaché
20 à la poitrine de Karim.

« Je vais vous regarder partir », indique Milad d'une voix brusque.

Maha et Karim traversent le vieux pont puis, sans un regard en arrière, ils tournent à droite et s'éloignent le long de la crête qui surplombe la gorge du Nahr el-Kelb. La végétation est si dense
25 qu'Antoine Milad les perd bientôt de vue.

« Que Dieu vous protège », murmure-t-il avant de s'éloigner à son tour.

Ils marchent d'abord d'un pas vif, comme habités d'un sentiment d'urgence, tendus vers le but lointain qu'ils se sont fixé et qu'ils
30 semblent vouloir atteindre le plus vite possible.

Le soleil, déjà haut dans le ciel, tape durement sur les jeunes épaules tendues sous les courroies des sacs à dos.

Les marcheurs s'enfoncent dans un paysage qui s'écarte peu à peu devant eux. Ils sont enveloppés de silence, assaillis d'odeurs inconnues.
35 Des odeurs de terre, d'eau, de fleurs et d'arbres. Des odeurs de paix, songe Karim en respirant à pleins poumons. La stridulation d'un grillon perce soudain le silence, et Maha s'arrête, ravie.

« Je crois bien que c'est la première fois que j'en entends un pour de vrai.
40 — Évidemment, ça repose du sifflement des balles.

— On vient à peine de partir, et ça semble déjà si loin… »

L'écrivaine Michèle Marineau est née en 1955 à Montréal. C'est en 1988 qu'elle publie son premier roman, *Cassiopée et l'été polonais*, pour lequel elle remporte le prix du Gouverneur général. Jusqu'à présent, elle a une dizaine de titres à son actif, dont *La route de Chlifa*, qui a eu un succès important à l'étranger, puisqu'il a été traduit en anglais, en danois et en néerlandais.

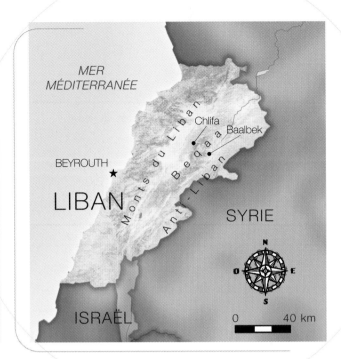

Comptant plus de trois millions d'habitants, le Liban longe la Méditerranée sur 200 km. Ce pays présente quatre ensembles de reliefs : deux plaines et deux systèmes montagneux. Le climat est de type méditerranéen, mais il offre de nombreuses variantes en raison de la diversité des reliefs.

Le terrain, qui monte doucement mais régulièrement, est cahoteux, parsemé de pierres, de hautes herbes, de trous et de bosses qui rendent la progression difficile. Les sacs lourdement chargés ne facilitent pas

45 non plus la tâche à Karim et Maha, qui n'ont pas l'habitude d'un tel effort. Au bout d'un moment, ils éprouvent des tiraillements dans les mollets, les cuisses et le dos. Leur respiration s'accélère, ils sentent leur cœur qui bat jusque dans leur tête, jusque dans le bout de leurs doigts.

« À ce rythme-là, on ne tiendra pas le coup très longtemps, laisse

50 soudain tomber Maha d'une voix essoufflée.

— Ou on est bons pour les Jeux olympiques.

— On s'arrête un peu ?

— Si tu n'en peux vraiment plus, on va s'arrêter, c'est sûr. Mais j'avais plutôt pensé faire une pause à la grotte de Jeita, qui ne devrait

55 plus être très loin. C'était un lieu particulièrement couru des touristes.

— Parce qu'on fait du tourisme, à présent ? demande Maha d'une voix railleuse.

— C'est ce qu'on appelle joindre l'utile à l'agréable », répond Karim d'un ton sentencieux.

60 Maha lève les yeux au ciel.

« Allons-y pour le tourisme », soupire-t-elle.

Extrait de Michèle Marineau, *La route de Chlifa*, © Éditions Québec/Amérique Jeunesse, 1992.

Sur la piste du lion

C'est en *makoro*, une pirogue traditionnelle, que nous quittons le terrain de camping. Plus stable qu'un canot, cette embarcation est creusée à même le tronc de l'arbre
5 « à saucissons », dont le bois est très résistant. Tel un gondolier vénitien, le piroguier reste debout à l'arrière de la barque. Il dirige celle-ci avec une *ngashi*, une pôle d'ébène qui lui permet de
10 manœuvrer dans l'eau peu profonde.

Notre guide et conducteur s'appelle Kutlwano Mohowe — K.T. pour les intimes. Il parle anglais, me donne du *sir* et ne fait pas ses 39 ans. K.T. appartient à la tribu
15 des BaYei, maîtres des lieux depuis deux siècles et demi. Il accompagne chasseurs d'images et amateurs de sensations fortes depuis une dizaine d'années.

20 K.T. nous emmène sur Chief's Island, une île de 1000 kilomètres carrés, où son père et son grand-père ont chassé avant qu'elle ne devienne une réserve faunique dans les années 60. Nous avons à peine le temps
25 de débarquer que nous repérons déjà

nos premiers animaux (et vice versa) : des impalas qui se nourrissent d'herbes humides à l'ombre d'un ébénier. Leurs défenses en forme de lyre sont si fantaisistes qu'on les
30 dirait… empruntées à un décor rococo !

Un peu plus loin, un petit troupeau de gazelles à longues oreilles nous épie. Nous les observons longuement avant qu'elles ne s'envolent dans un ballet soigneusement
35 chorégraphié : plié, jeté, sortie côté jardin.

Les girafes sont moins farouches. Nous réussissons à nous approcher d'une mère qui donne la tétée à un girafeau qui s'est réfugié sous elle. Mais soudain, la madone

Dans l'article «Sur la piste du lion», le journaliste québécois Michel Arseneault relate son expérience de camping... au Botswana. En suivant la piste du roi des félins, il a vécu une aventure exceptionnelle, celle d'un safari dans la savane africaine avec une amie, Judith, elle aussi journaliste, et leur guide, Kutlwano Mohowe. Outre les lions, Michel et Judith ont fait des rencontres étonnantes dans la réserve faunique de Moremi, considérée comme l'une des plus belles d'Afrique australe.

du règne animal s'enfuit. Nous n'avons
pourtant pas bougé! Nous interrogeons K.T.
du regard. La réponse tombe comme un fer
à repasser : «Le lion est dans les environs.»

Nous pressons le pas. Les pieds noyés
jusqu'aux chevilles, les chaussures autour
du cou, nous traversons des marécages.
Nous marchons dans le sens contraire du
vent pour éviter que le fauve ne repère notre
odeur. (Je commence à regretter de m'être
aspergé de lotion.)

J'écarquille les yeux. Judith sourit de toutes
ses dents. En file indienne derrière K.T.,
nous empruntons le sentier sablonneux où
le félin serait passé. Les empreintes sont
faciles à identifier. Les «fumées» (les
excréments de bêtes sauvages) sont
luisantes et odorantes. Le doute — l'espoir?
— n'est plus permis. Le lion n'est plus
très loin.

Le soleil, haut dans le ciel, défonce
la couche d'ozone. Sous ma casquette,
je commence à trouver qu'il fait chaud.

Grand comme la France,
le Botswana est un pays
d'Afrique australe. Il compte
1,5 million d'habitants.
Outre l'agriculture, on y
trouve des richesses minières
(diamant et cuivre) et une
importante industrie
touristique en raison de
sa faune et de sa flore
exceptionnelles.

L'écran solaire hydratant me dégouline le
long de la nuque. Judith me fait remarquer
qu'il ne fait que 30 degrés…

Nous grimpons sur une termitière qui, tel
un château fort, domine la savane. Cachés
derrière une «tour», nous observons ce qui
se trame dans les hautes herbes. K.T.
repère des mouvements. Nous pouvons
enfin l'apercevoir; le lion est là, tout près.
«Non, dit Judith. Il n'est pas là; elle est là!»
C'est une lionne, m'explique-t-elle, une
chasseresse plus dangereuse encore que
le mâle!

La reine des animaux n'est pas seule. Nous
finissons par distinguer cinq lions, mâles et
femelles. D'un geste du doigt, K.T. nous

montre pourquoi nous n'avons pas été
80 dévorés, pardon, aperçus : les lions
contemplent plutôt le déjeuner sur l'herbe
qui les attend : un troupeau de 200 buffles,
bufflonnes et buffletins ! (C'est ce qui
s'appelle avoir l'embarras du choix…)

85 Pour la première fois, notre guide se montre
légèrement inquiet : « Le buffle — et non
le lion — est l'animal le plus dangereux
d'Afrique », nous explique-t-il. Myope comme
une taupe, mais doté d'un odorat très
90 développé, ce bovidé charge tout ce
qui bouge.

K.T. nous invite à le suivre dans un silence
parfait. Là, j'avoue que je suis resté
perplexe. Si on faisait du bruit, on risquait
95 de déclencher un *Stampede* de Calgary,
version africaine. Si on n'en faisait pas,
on risquait de mettre le pied sur un
serpent… Douloureux dilemme.

Je suis prêt à faire demi-tour. Mais K.T. et
100 Judith, eux, pressent le pas ! Ils ne vont
quand même pas me laisser seul avec mon
douloureux dilemme ! Je les rattrape au pas
de course et fonce, avec eux, sur le
congrès de buffles.

105 Je finis par comprendre que nous filons en
fait vers un arbre à la silhouette torturée qui
porte le joli nom de « figuier étrangleur
africain ». K.T. nous dit d'y grimper
immédiatement. *Yes, sir !* Cela doit faire au
110 moins 20 ans que je n'ai pas fait ça. Mais
sentant déjà le souffle chaud de la bête
lumineuse sur mes mollets, je me sens
pousser des crampons et je grimpe sans
difficulté aucune ! […]

115 K.T. interrompt mon ascension : pas besoin
de me hisser tout à fait au sommet,
m'explique-t-il, le cousin du bœuf de
l'Ouest ne grimpe pas aux arbres… Bon,
j'avais compris. Mais de mon perchoir, j'ai
120 pu observer un fabuleux spectacle : un
troupeau de 200 buffles s'enfuyant, non à la
vue de deux touristes mais de cinq lions,
dans un énorme nuage de poussière.

De retour au terrain de camping, crevé mais
125 ravi, je raconte cette histoire aux nouveaux
arrivants qui s'apprêtent à faire le même
circuit que nous.

Extrait de Michel Arseneault, « Sur la piste du lion »,
© *Elle Québec*, mai 1995, n° 69.

Les douze travaux de Cox

Elle cache sous ses rondeurs une volonté insoupçonnable et une force broyante dont même certaines croyances scientifiques ne viennent pas à bout. En ce début d'octobre 1985, Lynne Cox, une jeune Californienne, se jette dans les eaux glacées de l'Alaska ; sans combinaison isotherme, sans se recouvrir de graisse. « Toute immersion de ce type supérieure à quinze minutes est inévitablement mortelle », affirment les spécialistes. Lynne ressort de l'eau trente minutes après y être entrée. Vivante. Souriante. Tout juste souffre-t-elle d'un soupçon d'hypothermie. Elle a parcouru 1600 mètres.

Pour cette ancienne et la plus jeune championne de la traversée de la Manche, l'élément liquide est une seconde peau, les océans une parure. Depuis des années, elle entretient un secret espoir : nager en moins de quatre-vingts jours dans toutes les mers du monde, conquérir la planète en douze étapes à la seule aide de ses bras et de ses jambes. Un pari fou, au cours duquel elle va tenter et réussir quelques premières, qu'elle entreprend le 1ᵉʳ août 1985 dans le Pacifique, en Californie. Tournant dans le sens ouest-est, elle descend le Potomac à Washington, longe les côtes d'Islande, franchit le détroit de Gibraltar. La voici en Méditerranée, où elle aligne les kilomètres en Sicile, en Grèce, en Turquie avant de partir à l'assaut de la mer de Chine.

En 1985, la championne américaine de natation Lynne Cox n'a que 23 ans quand elle entreprend sa folle aventure : nager dans toutes les grandes mers du monde en moins de 80 jours. Elle s'inspire des célèbres 12 travaux du héros grec Héraclès, puisqu'elle prévoit faire son tour du monde en 12 longues étapes. Pour ce qui est de la durée de son périple, c'est *Le tour du monde en 80 jours*, de Jules Verne, qui l'anime. Douze exploits, en 80 jours ! Le pari était insensé. Mais elle en était capable. Elle avait déjà traversé la Manche en 9 heures, alors qu'elle n'avait que 15 ans.

Mais c'est dans la partie terminale de son odyssée que Lynne Cox accumule les exploits. Avant même de faire plier l'Alaska, elle éblouit le Japon, réalisant dans la même journée la traversée des cinq lacs qui bordent le mont Fuji. Une incroyable performance physique accomplie dans des conditions extrêmes. Tout se passe bien pour les trois kilomètres du lac Motosu, franchis en quarante-six minutes. Il lui faut le même temps pour venir à bout des deux kilomètres du lac Shopi, du fait d'un violent vent d'orage et sous les déferlements de pluie.

La pluie, elle la retrouve, avec en prime du brouillard, pour traverser le lac Sai, en trente et une minutes seulement pour trois kilomètres. Une heure dix pour les quatre kilomètres du lac Kawaguchi, quinze de moins pour les quatre kilomètres du lac Yamanaka ; au terme de cette sensationnelle journée qui augure bien de ce qui va se passer en Alaska, Lynne Cox peut aller se reposer. Le retour à la case départ s'effectue à San Francisco, où elle relie le Golden Gate au pont d'Oakland en une heure cinquante, poussant ensuite la coquetterie jusqu'à aller faire quelques brasses dans un secteur interdit, non loin du pénitencier d'Alcatraz. Enfin, Lynne n'est pas américaine pour rien : c'est au large de New York, en partant à la rencontre de la statue de la Liberté, autour de laquelle elle tourne victorieusement et joyeusement, qu'au mois de novembre elle met la touche finale à son étonnant périple en douze épisodes, devenant à son tour, après quelques autres, la petite fiancée d'une Amérique toujours frénétiquement en quête d'esprit pionnier.

Gérard Ejnès, « Les douze travaux de Cox »,
Les grands défis de l'aventure : exploits sans limites,
© Éditions de l'Angle Aigu, 1989.

Le miracle du morpho bleu

La voix, sourde et rauque, détonne au milieu du brouhaha de la forêt tropicale. « Ça suffit, maintenant ! Tu marches ! » dit l'homme au petit garçon qu'il porte sur ses épaules.
5 Et il le dépose avec précaution sur le sol. L'enfant regarde l'homme, puis son filet à papillons vide, et de grosses larmes roulent sur ses joues.

La scène se déroule en décembre 1987,
10 près de Xel-Ha, au Mexique. L'homme s'appelle Georges Brossard, entomologiste et muséologue. L'enfant, David Marenger, est un jeune patient en phase terminale de l'Hôpital Sainte-Justine de Montréal. Ce duo
15 étrange a été réuni grâce à la Fondation Rêves d'enfants. David, 6 ans, a exprimé un dernier souhait : capturer un morpho bleu, splendide papillon tropical aux ailes iridescentes. Et qui, mieux que
20 Georges Brossard, pouvait conduire l'enfant au cœur de la jungle, jusqu'au mythique lépidoptère ?

Mais, après quatre jours passés à transporter le petit garçon sur son dos à
25 travers d'étroits sentiers, par une chaleur lourde avoisinant les 40 degrés, l'entomologiste a fini par perdre son flegme. Il leur reste seulement deux jours pour trouver le morpho bleu, et Georges Brossard
30 commence à trouver que David n'y met pas tellement du sien. « Allons, tu n'es pas malade à ce point. Fais l'effort de te lever, et nous allons le trouver, ce papillon ! »

En 1978, le notaire québécois Georges Brossard a 39 ans quand il entreprend un long voyage qui le mène en Thaïlande. C'est là qu'il découvre une passion qui bouleversera sa vie : les insectes. Dès lors, il abandonne le notariat et, pendant une vingtaine d'années, il visite 110 pays et recueille plus de 500 000 spécimens. En 1989, il fait don d'une large part de sa collection personnelle afin de fonder l'insectarium du Jardin botanique de Montréal. Georges Brossard a voulu ainsi initier le grand public à l'entomologie.

En fait, l'entomologiste québécois est frustré
35 de ne pouvoir trouver le morpho bleu, alors
qu'il pensait que quelques heures lui
suffiraient. En revanche, il a eu largement
le temps d'observer l'enfant. Et, même si
les médecins ont retiré une tumeur maligne
40 de son cerveau et s'avouent impuissants à
stopper sa leucémie, Georges Brossard a
l'intuition que l'état de David n'est pas aussi
dramatique que les examens le laissent
supposer.

45 Soudain, comme pour confirmer les
pensées de son compagnon de route,
le petit garçon se lève et, lançant un regard
de défi à l'entomologiste, ramasse son filet
et avance d'un pas chancelant le long
50 du sentier.

[...]

Le crépuscule tombe sur la forêt tropicale.
Georges Brossard et David Marenger,
épuisés par une quête apparemment sans
issue, s'assoient dans l'herbe pour souffler
55 un peu. Tout à coup, avant que l'un ou
l'autre prenne conscience de ce qui se
passe, une chatoyante créature bleue se
matérialise sur la main du petit David.
Le garçon effleure du bout des doigts
60 les ailes veloutées et examine les écailles
iridescentes. Le morpho bleu! Son rêve
vient de devenir réalité.

Trois jours plus tard, un David rayonnant est
accueilli à l'aéroport de Montréal par les
65 membres de sa famille, émus jusqu'aux
larmes et stupéfiés par le changement.
« Ce fut pour moi aussi un moment très
touchant, se souvient Georges Brossard.
Je n'ai pas pu m'empêcher de pleurer
70 avec eux. »

Depuis les années 2000, David
Marenger a franchi le cap de la
vingtaine, resplendissant de
santé. En 2004, il a vu le conte
de fée de son enfance transposé
dans le film *Le papillon bleu*,
réalisé par Léa Pool. « Basé sur
une histoire vraie. Pete Carlton,
âgé de 10 ans, souffre d'un
cancer. Avant de mourir, il rêve
de pouvoir attraper le plus beau
papillon du monde, *Mariposa Azùl*,
qui ne se trouve que dans les
forêts tropicales d'Amérique du
Sud. Sa mère tente de convaincre
Alan Osborne, un entomologiste
réputé, d'amener son fils dans
la forêt tropicale. Dans les
profondeurs mystérieuses de la
jungle, Pete et Alan doivent
faire face à de nombreux
obstacles. » Marc Donato
interprétait le rôle de l'enfant
Pete Carlton, Pascale Bussières
jouait le rôle de la mère, et
William Hurt incarnait
l'entomologiste Alan Osborne.

À son retour de la forêt tropicale, David est examiné par les médecins, qui constatent que toute trace de leucémie a disparu. Pour sa mère, Yolande Laberge, il n'y a là aucun 75 mystère. « Georges Brossard a offert un rêve à mon fils. Et, quand un rêve se réalise, l'espoir revient. C'est cet espoir qui a sauvé David. »

Aujourd'hui, David Marenger [...] 80 est complètement guéri. Il se souvient avec affection de celui qu'il appelait autrefois son « second père ». Quant à Georges Brossard, [...] il 85 accomplit toujours des miracles, bien qu'il en accorde tout le crédit à ses amis à six pattes.

© 1999, Heather Grace, condensé de *Canadian Wildlife* (automne 1999), Don Mills, Ontario.

Heather Grace, « Le jour où Georges Brossard et ses amis à six pattes ont accompli un miracle », *Sélection du Reader's Digest,* juillet 2001. Reproduit avec la permission de *Canadian Wildlife*.

La région de Xel-Ha, au Mexique, est située dans la péninsule du Yucatán, près de la station touristique de Cancún. On trouve dans cette région une végétation luxuriante qui en fait un paradis pour les entomologistes.

Sains et saufs

Trois enfants qui s'étaient égarés en forêt dans le parc de la Mauricie en fin d'après-midi vendredi ont été retrouvés sains et saufs hier midi par un hélicoptère de
5 la Sûreté du Québec.

Les enfants, deux sœurs âgées de 9 et 11 ans ainsi que leur cousin de 9 ans, avaient quitté leurs parents vendredi vers 16 h, peu de temps après leur arrivée au
10 terrain de camping du lac Mistagance. Les enfants se sont aventurés pour une courte randonnée au moment où leurs parents s'affairaient à monter les tentes.

Vendredi, des recherches avaient été
15 effectuées jusqu'à la tombée de la nuit, mais sans succès. Dès la levée du jour hier, les recherches ont repris à l'aide d'un maître-chien et d'un hélicoptère de la Sûreté du Québec équipé d'une caméra infrarouge.
20 Soixante-dix personnes, dont une quarantaine de policiers de la SQ, des gardiens du parc ainsi qu'une équipe de spécialistes en recherche en forêt ont participé à la battue.

25 Malgré leur nuit à la belle étoile, les enfants se portaient bien lorsque les policiers les ont enfin rejoints. Ils se trouvaient dans une clairière, à un peu plus de deux kilomètres de leur camping.

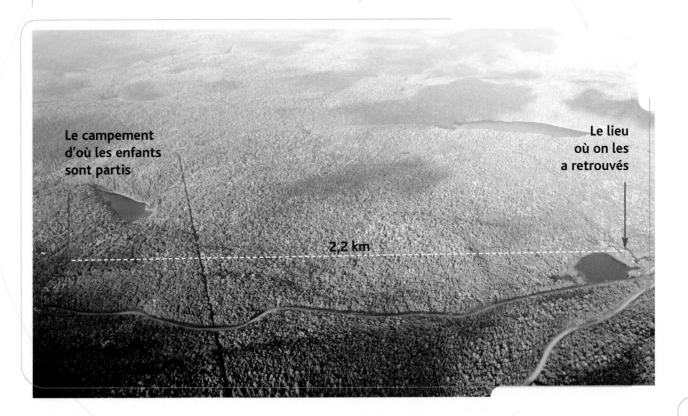

Le campement d'où les enfants sont partis

Le lieu où on les a retrouvés

2,2 km

La forêt boréale, comme celle que l'on trouve dans la région de la Mauricie, est un écosystème sauvage où il vaut mieux ne pas s'aventurer en solitaire! Il est en effet facile de perdre ses repères et de ne plus pouvoir retrouver son chemin à travers les épinettes, les mélèzes et les sapins!

30 Selon le directeur du parc, Albert Van Dijk, ils ont fait preuve de débrouillardise malgré leur jeune âge. Après s'être rendu compte qu'ils étaient perdus et qu'ils passeraient probablement la nuit en forêt, ils ont cassé 35 des fougères afin de se faire un lit et de couper l'humidité du sol. Ils se sont ensuite serrés les uns contre les autres afin de conserver leur chaleur et se sont endormis. Le fait qu'ils soient demeurés ensemble a 40 grandement facilité les recherches.

Des ambulanciers les ont examinés à leur sortie de la forêt et ont jugé que leur état ne nécessitait pas leur transport à l'hôpital.

Inquiets et angoissés, leurs parents ont 45 passé une bien plus mauvaise nuit que leurs petits.

Raymond Gervais, « Sains et saufs », © *La Presse*, dimanche 17 août 2003.

Conseils pour une excursion en forêt

Avant le départ

➤ Que vous vous apprêtiez à partir en camping ou à faire une simple petite balade, prévenez quelqu'un de vos intentions.

➤ Apprenez à lire une carte et à vous servir d'une boussole.

➤ Prévoyez des pauses fréquentes pour vous situer et noter des points de repère.

➤ Portez des vêtements chauds et dans lesquels vous êtes à l'aise, de bonnes chaussures de marche et un chapeau.

➤ Ne partez jamais en solitaire dans la forêt. Rappelez-vous qu'en groupe, les chances de survie sont nettement plus grandes.

➤ Emportez un sifflet. Trois petits coups de sifflet sont le signe internationalement reconnu comme appel de détresse.

➤ Emportez toujours de l'eau.

Si vous ne retrouvez plus votre chemin

➤ Si vous avez l'impression de ne plus être capable de retrouver votre chemin, surtout, ne paniquez pas. Cela ne ferait qu'empirer les choses. Arrêtez-vous et reposez-vous un moment. Cette pause vous permettra de récupérer et vous aidera à réfléchir.

➤ Si vous n'arrivez pas à vous rappeler le trajet que vous avez fait durant les quinze dernières minutes, il vaut mieux rester sur place. Si, après avoir analysé la situation, il vous semble préférable de repartir, ne le faites qu'à la clarté du jour. Cependant, n'oubliez pas que tout nouveau déplacement risque de brouiller les pistes et diminuera votre énergie.

40 ➤ Si vous vous trouvez sur un sentier, restez-y. Si vous êtes hors sentier, trouvez un endroit où vous serez plus facilement repérable : emplacement surélevé, clairière, bord d'un cours d'eau, etc.

45 ➤ Évitez de manger des plantes que vous ne connaissez pas et qui risqueraient de vous rendre malade.

➤ Protégez-vous du vent et de la pluie. Des vêtements humides ou mouillés vous 50 feront perdre votre chaleur corporelle beaucoup plus rapidement.

➤ Ne sous-estimez pas le temps requis pour la préparation d'un abri.

➤ N'essayez jamais de franchir un marais ou 55 un cours d'eau.

➤ Comme il est impossible de prévoir le temps que les secours mettront à vous retrouver, préservez vos forces le plus possible.

Adapté de Johanne Barrette, «Annexe», *Les sept ennemis*, © Éditions Michel Quintin, 2002.

Une bête courageuse

Nous avons marché dans le boisé sans monter sur le glacier, car la tempête était trop forte. L'aquilon arrivait de face, la pluie et la neige nous fouettaient le visage, rendant la respiration difficile. Après une marche laborieuse à travers les fourrés enchevêtrés, nous nous sommes
5 abrités sous les branches les plus basses d'un grand pin Douglas et j'ai pu observer la tempête qui faisait rage avec une force démentielle. À un moment donné, le tourbillon déchaîné faisait des plis dans le vent et s'engouffrait avec tant de force dans une crevasse que j'entendis la glace se fissurer. La pression propulsait à l'extrémité de la crevasse l'eau
10 accumulée au fond, emportant d'énormes blocs de glace qui éclataient en mille morceaux avec fracas. Des explosions causées par quelque géant qui se serait amusé à dynamiter les glaces ! La rafale sifflait dans les moindres interstices, qui devenaient des instruments à vent dans la plus grande cathédrale de l'univers. Un sérac, une immense tour de
15 glace d'environ trente mètres de hauteur, s'est écroulé, renversé comme une pièce d'échec par une trombe de neige mouillée. Un véritable champ de bataille.

Dans *Le glacier*, le narrateur est John Muir (1838-1914), un explorateur écossais qui a vécu aux États-Unis. Il nous raconte son odyssée à travers l'Alaska en 1880. Muir et quelques compagnons partent pour explorer un glacier. Parmi eux se trouve Stickeen le chien, un « petit nabot poilu » qui démontre un goût de l'aventure hors du commun.

Après avoir repris notre souffle, nous avons foncé de nouveau dans la tourmente. Plus tard, le vent se calmant, une embellie se fit sentir.

20 Un peu moins abrupte qu'ailleurs, une pente de glace grisâtre coupait la ligne menaçante du monument blanc. Des marches taillées grossièrement à la hache permirent à Stickeen de me suivre.

Dans un état de pur ravissement, les yeux brillants de plaisir, il batifolait, folâtrait dans toutes les directions. Pirouettes et cabrioles

25 bouffonnes transformaient la surface glacée en un merveilleux terrain de jeu. La course à obstacles se dessinait autour de gigantesques crevasses. Il les contournait à peine avant de les enjamber et, si leur nombre venait à diminuer, il les retraversait aller et retour.

La neige et la glace jaillissaient en frisettes derrière lui par la force

30 propulsive de ses griffes. Pour se reposer, il s'allongeait sur la bordure des gouffres béants, la tête surplombant légèrement le vide, comme pour me narguer, me provoquer. Ah! le faraud! J'avais la conviction que le concept glacier-danger n'existait pas dans sa petite tête. On aurait dit qu'à chaque instant, de bienveillants esprits s'occupaient

35 de lui. Sa confiance en eux semblait illimitée.

Il faut cependant préciser que nous n'en étions pas à notre première excursion sur les bancs de glace. Un autre jour, par temps doux et

Marc Laberge est né à Québec en 1950. Touche-à-tout, photographe et aventurier, écrivain et conteur, il a beaucoup voyagé. Si le monde entier le fascine, il ne néglige pas son propre pays. Il s'est intéressé à l'imaginaire des Amérindiens. Il a également publié des contes qui témoignent du folklore québécois et a parfois donné des spectacles. Avec *Le glacier*, il a remporté le prix Saint-Exupéry en 1995.

L'Alaska est un immense territoire au nord-ouest de l'Amérique du Nord qui présente des paysages à couper le souffle. Les glaciers de la côte et les montagnes au sud ont attiré de nombreuses équipes d'explorateurs. Aujourd'hui, plus de 600 000 personnes vivent dans cet État américain. C'est surtout au XIXᵉ siècle que l'Alaska s'est développé, alors que des milliers de gens s'y sont rendus, croyant y faire fortune en cherchant des pépites d'or.

ensoleillé, nous nous étions promenés sur un glacier dont la surface était toute concassée par la chaleur. Nous marchions depuis déjà

40 quelques heures quand, m'étant retourné machinalement pour m'assurer que Stickeen suivait toujours, j'ai remarqué qu'il laissait des traces de sang derrière lui et que les coussinets de ses pattes étaient tout tailladés par la glace… J'ai pris mon mouchoir, je l'ai déchiré en quatre et lui ai fait des petits mocassins. Pendant tout ce temps, avec

45 ses pattes mutilées et quasiment dépecées, il n'avait pas dit un mot, pas même gémi de douleur. Il avait continué en endurant son mal, valeureux, résolu. Quel courage ! On aurait dit un philosophe intrépide sachant très

50 bien que, pour vivre des moments exceptionnels en ce bas monde, il faut absolument accepter les efforts et les obstacles.

Extrait de Marc Laberge, *Le glacier*,
© Éditions Québec/Amérique Jeunesse,
1995. (Collection Clip)

«Ne te moque pas de ma demeure
La poutre en est inclinée et la chambre petite
Mais la lune qui brille sur la montagne est à moi[1].»
(Heum Sin)

«Une chambre d'enfant à ranger,
c'est une vie à construire [...][3].»
(Pennac)

Ramasse tes affaires![2]

1. Heum Sin (1566-1628), poète coréen.
2. Qui n'a jamais entendu cette phrase?
3. Daniel Pennac, *Messieurs les enfants*, Gallimard, 1997.

Un espace pour rêver

« Ma demeure est haute,
Donnant sur les cieux ;
La lune en est l'hôte,
Pâle et sérieux[4] »
(Desbordes-Valmore)

« Pour explorer le champ des possibles, le bricolage est la méthode la plus efficace[5]. »
(Reeves)

« Quel dommage que la peinture coûte si cher ![6] »
(Van Gogh)

4. Marceline Desbordes-Valmore, « Ma Chambre », *Bouquets et prières*, 1843.
5. Hubert Reeves, *L'espace prend la forme de mon regard*, Les Éditions L'Essentiel, 1995.
6. Vincent Van Gogh, *Lettres à Théo*, août 1888.

Grâce aux lettres que Vincent Van Gogh (1853-1890) a échangées avec son frère Théo et plusieurs peintres dont Paul Gauguin, il est possible de retracer le cheminement de l'artiste et sa façon de travailler. Lorsqu'il peint *La chambre de Vincent à Arles*, Van Gogh vient d'emménager dans sa « Maison jaune » en Provence. À partir d'un croquis de cette chambre qu'il joint à sa lettre, le peintre néerlandais a produit trois versions de ce tableau.

Arles, octobre 1888

Mon cher Théo,

Enfin je t'envoie un petit croquis pour te donner une idée de la tournure que prend le travail. […]

5 *C'est cette fois-ci ma chambre à coucher tout simplement, seulement la couleur doit ici faire la chose et en donnant par sa simplification un style plus grand aux choses, être suggestive ici du repos ou du sommeil en général. Enfin la vue du tableau doit reposer la tête ou plutôt l'imagination.*

Les murs sont d'un violet pâle. Le sol est à carreaux rouges.

10 *Le bois du lit et les chaises sont jaune beurre frais, le drap et les oreillers citron vert très clair.*

La couverture rouge écarlate. La fenêtre verte.

La table à toilette orangée, la cuvette bleue.

Les portes lilas.

15 *Et c'est tout. Rien dans cette chambre à volets clos.*

La carrure des meubles doit maintenant encore exprimer le repos inébranlable. Les portraits sur le mur et un miroir et un essuie-mains et quelques vêtements. Le cadre — comme il n'y a pas de blanc dans le tableau — sera blanc.

Cela pour prendre ma revanche du repos forcé que j'ai été obligé de prendre.

20 *J'y travaillerai encore toute la journée demain, mais tu vois comme la conception est simple. Les ombres et ombres portées sont supprimées, c'est coloré à teintes plates et franches comme les crépons.*

[…]

Je te serre bien la main.

Vincent

Extrait de Vincent Van Gogh, *Correspondance générale* (Arles – 21 février 1888-3 mai 1889), © Gallimard, 1990.

Vincent Van Gogh,
Autoportrait.
Saint-Rémy, septembre 1889.
Huile sur toile.
Paris, Musée d'Orsay.

L'extérieur et l'intérieur de la « Maison jaune », place Lamartine, à Arles, constituent pour Van Gogh des sujets de peinture. Il peint sa chambre en 1888 à Arles, mais cette version se détériore lors du transport. Il en repeint deux autres de mémoire à Saint-Rémy (dont la version qui offre les teintes les plus colorées à la page 77).

Mon cher Gauguin,

[…]

Eh bien, cela m'a énormément amusé de faire cet intérieur sans rien, d'une simplicité à la Seurat. À teintes plates, mais grossièrement brossées, en pleine pâte, les murs lilas pâle, le sol d'un rouge rompu et fané, les chaises et le lit jaune de chrome, les oreillers et le drap citron vert très pâle, la couverture rouge sang, la table à toilette orangée, la cuvette bleue, la fenêtre verte. J'aurais voulu exprimer un repos absolu par tous ces tons très divers, vous voyez, et où il n'y a de blanc que la petite note que donne le miroir à cadre noir [...].

[…]

Tout à vous,
Vincent

Vincent Van Gogh,
La chambre de Vincent à Arles.
Saint-Rémy,
septembre 1889.
Huile sur toile.
Paris, Musée d'Orsay.

Extrait de Vincent Van Gogh, *Correspondance générale* (Arles – 21 février 1888-3 mai 1889),
© Gallimard, 1990.

Dans la version ci-dessus, Van Gogh croyait évoquer le repos en choisissant des couleurs fortes, mais la perspective exprime un sentiment angoissant. Quand on visualise la ligne qui forme le pied du lit et celles du mur au fond et de la petite table, elles ne sont pas parallèles. Les coins du lit et de la table ne sont pas situés contre le mur du fond. Donc, le mur du fond de la chambre n'est pas perpendiculaire aux murs sur les côtés. Le plancher est fuyant vers l'avant, les meubles sont de biais, les toiles (différentes selon les versions) suspendues de travers.

Frappez
avant d'entrer !

Définition

Dans la maison,
votre chambre est
un territoire sur lequel
vous régnez en
5 maître, contrairement
aux autres pièces
que vous partagez
avec toute
la famille.

S'informer

10 Une chambre rien qu'à vous,
vous pouvez l'installer et la
décorer à votre guise, avec des
photos ou des textes, des plantes ou des
fleurs et même, il faut bien le dire, avec votre
15 joyeux bazar qui peut aller de la moquette
portemanteau au lit artistiquement défait. Bref,
votre chambre est le reflet de votre
personnalité : romantique ou délurée, déco
minimaliste ou bric-à-brac pittoresque,
20 lumières tamisées ou spots multicolores,
musique douce ou techno. Là, personne ne
choisit à votre place, personne n'entre sans
votre permission, et personne (ou presque !)
n'exige que vous rangiez. La plus petite
25 mansarde sous les toits devient ainsi votre
empire !

Colocataire d'un demi-royaume

Lorsqu'on doit partager sa chambre avec
ses sœurs ou ses frères, ce n'est pas

30 toujours très drôle, même si l'entente est
bonne, et qu'il y a souvent de franches
parties de rigolade ! Une chambre à deux,
c'est forcément moins intime qu'une
chambre à soi, et il y a des moments où l'on
ressent une énorme envie de solitude. Sans
35 compter que l'on n'a pas toujours le même
âge, ni les mêmes préoccupations, ni les
mêmes goûts que sa ou son colocataire !

Bons plans

Spécial chambre partagée

➤ Faites-vous votre petit coin bien à vous,
tout le monde en a besoin : installez votre
40 armoire ou vos étagères de façon à
délimiter votre territoire, ou mettez une
tenture, un voilage (moins étouffant et
tout aussi efficace !) ou un paravent entre
les deux espaces. Personnalisez-le avec
45 des lumières (spots ou petites lampes) ou
une couleur particulière (tissu sur le mur,
par exemple).

➤ Respectez votre colocataire, elle ou il
vous respectera : mettez un casque si
50 vous voulez écouter de la musique, ne
touchez pas à ses affaires, laissez-lui ses

moments de solitude de temps en temps
quand c'est nécessaire. Entendez-vous
sur le rangement : ce qui vous paraît
55 inacceptable ne l'est pas forcément pour
l'autre, et inversement. Si vous faites
attention l'une ou l'un à l'autre,
la cohabitation sera plus douce !

Comprendre

C'est une chance d'avoir une chambre à soi,
60 et quand on n'en a pas, on en rêve ! C'est le
refuge, l'antre, l'igloo, l'oasis ou le bunker où
vous pouvez fuir le monde quand il est trop
dur, vous détendre loin des autres, et même
crier, pleurer, taper des pieds et des
65 poings… pour reprendre votre calme. C'est
aussi le lieu où vous travaillez, où vous
repensez à ce que vous avez vécu dans la
journée, où vous bâtissez vos projets
d'avenir.

Tous les rêves sont permis

70 C'est là encore que vous rêvez, que vous
avez toutes les audaces. C'est là que vous
écrivez vos espoirs les plus fous dans votre
journal, que vous dessinez, que vous lisez,
bref que vous vous occupez de vous ! Dans
75 votre chambre, vous pouvez vous retrouver
seule ou seul, rentrer en vous-même, faire
le point sans fard et sans bluff. À d'autres
moments, votre chambre devient le salon où
vous recevez vos amis et leurs confidences,
80 où vous riez de bon cœur de vous-même —
et plus souvent des autres ! —, loin des
oreilles indiscrètes.

Respect !

Votre chambre, c'est un peu votre maison,
en attendant d'en avoir une pour de vrai.
85 Vous êtes en droit d'exiger que votre intimité
soit respectée, qu'on frappe avant d'entrer,
qu'on n'y pénètre pas en votre absence et
que votre mère ou votre père ne l'occupe
pas régulièrement sous prétexte de ranger.

Gare à l'excès « Robinson » !

90 N'oubliez jamais, cependant, que vous
n'habitez pas une île déserte au milieu du
Pacifique, mais l'une des pièces de la
maison familiale. Vos parents ont le droit
d'être reçus chez vous de temps à autre !
95 Et celui de refuser que votre petit royaume
devienne une sorte d'antichambre de la
poubelle, sous prétexte de souveraineté et
de liberté absolue.

Savoir en sortir

Votre chambre ne doit pas non plus être le
100 moyen de rester toujours invisible.
Barricadez-vous dedans lorsque vous en
avez besoin. Mais sachez aussi en sortir
pour partager la vie familiale… ou en ouvrir
la porte à tel ou tel membre de la famille,
105 pour bavarder au calme loin du brouhaha de
la maison. On peut goûter dans sa chambre
sans oublier que les repas de famille
existent, qu'ils ne sont pas seulement
une corvée mise au point pour faire perdre

Un espace pour rêver

110 du temps. On peut lire dans sa chambre, mais aussi ailleurs ; écouter de la musique dans sa chambre, ou la partager avec ses frères et sœurs dans le salon ; méditer pensivement dans sa chambre et, soudain, 115 aller prendre part à la conversation passionnée dont on capte des bribes venant de la cuisine !

Bons plans

Faites respecter votre intimité

➤ Inscrivez sur la porte : « Frappez avant d'entrer. »

120 ➤ Trouvez-vous un coin secret, placard, boîte, table de nuit, qui ferme à clé.

➤ Quand vous voulez être seule ou seul, accrochez sur votre porte une pancarte « Ne pas déranger ». Mais si vous voulez

Savoir-vivre

Attention à vos « voisins » : votre planète fait partie d'une galaxie habitée !

- Veillez à ne pas mettre la musique trop fort ou trop tard.
- Assurez un minimum de nettoyage, pour éviter que de mauvaises odeurs se propagent ou que de charmantes petites bêtes envahissent le salon.
- Éteignez les lumières et la musique quand vous partez.

125 que ce soit respecté, n'en abusez pas : il doit y avoir des moments où on peut oser vous demander une entrevue !

➤ Le respect, c'est réciproque : si vous respectez le coin secret des autres, 130 ils respecteront le vôtre.

Adapté de Dominique Alice Rouyer, « Frappez avant d'entrer ! », *Le dico des filles*, © Fleurus, 2002.

Zone interdite

Le panneau sur la porte de sa chambre ne vous étonne pas vraiment. Vous aviez connu « frapé avan d'entré » il y a quelques années. Vous notez qu'il a fait des progrès en

5 orthographe et que l'injonction est nettement plus ferme. Hé oui, votre enfant est en train de vous signifier qu'il n'est plus un bébé… Souvent, la première porte qui claque est celle de sa chambre, une sortie bruyante qui

10 signe son entrée en adolescence. À cet âge, la chambre devient une tanière où l'adolescent se retranche pour digérer à l'abri du regard parental toutes ses métamorphoses liées à la puberté.

15 Il a besoin d'un espace à lui, d'une bulle où il puisse se rouler en boule.

L'état des lieux reflète souvent son chamboulement intérieur : une chambre rangée

20 au cordeau traduit un besoin de mettre de l'ordre dans sa tête ; une pagaille

25 sans nom, plus fréquente, expose son tumulte personnel aux yeux de tous. La chambre devient, quoi qu'il en soit, son lieu de vie favori : il y mange

30 des biscuits affalé sur son lit, il y dort, il y écoute sa musique préférée (souvent), il y travaille (parfois). Aujourd'hui, il peut même, grâce au sans-fil, y téléphoner tranquillement pendant des heures, alors que nous étions

35 obligés, à son âge, de nous accroupir dans le couloir, cordon trop court oblige…

Mais dans le fond les choses n'ont pas vraiment changé. Souvenez-vous : les fringues jetées en tas, les piles de 45-tours

40 devenus des CD, les cours et les livres qui jonchent le sol, les ours en peluche, restes d'enfance, qui côtoient la trousse de maquillage toute neuve, bref, un joyeux désordre où une mère ne reconnaîtrait pas

45 son petit… Et si, justement, c'était le but recherché ? Par son perpétuel fouillis, l'adolescent brouille les pistes et signifie qu'il est là chez lui, qu'il faut désormais compter avec un individu qui a le droit d'avoir des

50 secrets. C'est sa façon à lui de protéger son besoin d'intimité.

Extrait de Bernadette Costa-Prades, « Zone interdite »,
© *Nouvel Observateur*, hors série, n° 41, 2000.

Les parents ont parfois bien du mal à comprendre pourquoi leurs enfants se réfugient dans leur chambre à coucher. Ils oublient que cette pièce est à l'image d'une tanière: un lieu où l'on se retrouve avec soi-même.

Dans l'extrait proposé, une psychologue s'adresse aux parents afin de leur expliquer l'importance de la chambre pour les adolescents.

Un espace à construire

Contrairement à l'adulte, l'enfant passe beaucoup de temps dans sa
5 chambre. Il y joue, bouquine, fait ses devoirs, y reçoit ses copains, s'y réfugie pour vivre ses chagrins et ses joies… Sa
10 chambre doit donc pouvoir satisfaire ces attentes. Si vous avez plusieurs enfants, évitez le plus possible de les faire cohabiter au sein d'une même pièce. Il vaut mieux, assurent les pédiatres,
15 deux petites chambres, où chaque enfant bénéficiera d'un espace bien à lui, plutôt qu'une grande chambre commune. Il n'existe pas de règles strictes pour organiser, meubler ou décorer une chambre
20 d'enfant. Cela dépend naturellement de l'espace dont vous disposez, de la hauteur des plafonds, de votre mobilier, de l'âge de l'enfant, de ses goûts, de ses désirs, de vos moyens financiers… bref, cela dépend de
25 chacun et surtout de l'enfant qui va y vivre. Voici quelques conseils simples et de petites astuces […] pour utiliser au mieux espace, lumière, couleurs, matières et faire de la chambre de votre
30 enfant un lieu harmonieux et agréable à vivre…

Premiers conseils

➤ Il est préférable de ne pas se lancer tête baissée dans les travaux d'aménagement. « La chambre idéale », si
35 longtemps rêvée et imaginée, se révèle parfois peu réaliste au moment de caser les meubles. Vous pouvez, si vous le souhaitez, faire appel à un architecte d'intérieur. Il vous
40 accompagnera dans votre recherche, vous bâtirez ensemble les diverses possibilités d'aménagement et aurez ainsi tout le temps de choisir la
45 chambre qui vous convient.

➤ Essayez de tenir compte des particularités de la chambre. Si vous disposez d'une grande hauteur sous
50 plafond, pourquoi ne pas en profiter pour monter les rangements vers le haut et libérer ainsi le

maximum de place au sol pour les jeux
et les loisirs ? Si vous disposez de niches
ou de recoins, ou d'une pièce
mansardée, pourquoi ne pas installer
des placards ou une bibliothèque… ?

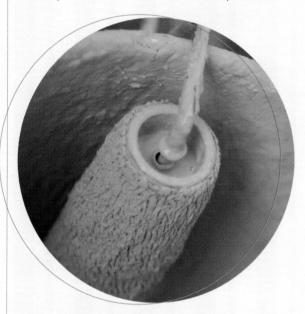

➤ Évitez peut-être une décoration trop
définitive. Car les goûts changent avec
l'âge. Privilégiez plutôt des meubles
évolutifs qui grandiront avec l'enfant. […]
L'enfant pourra, au fil du temps,
changer l'ambiance de sa chambre,
la recomposer selon ses envies et ses
nouveaux besoins sans que vous soyez
dans l'obligation de renouveler le mobilier.

[…]

Les matériaux

Des matériaux naturels comme le bois
procurent un sentiment de bien-être. Ils sont
plus chauds, plus accueillants et ils « sentent
bon ». Or, l'enfant est très sensible aux
odeurs. Sa chambre évoquera alors pour
lui la nature !

➤ Choisissez de préférence des meubles
aux surfaces résistantes, faciles à
nettoyer ou à entretenir.

[…]

L'éclairage

[…]

➤ L'éclairage d'une chambre
est primordial. La vue est
aujourd'hui le sens le plus
sollicité. C'est l'éclairage
qui donne la respiration
d'une chambre, son
ambiance et son
« âme ». Suivant
l'objectif recherché,
vous préférerez un
éclairage général ou plusieurs
éclairages très localisés. Grâce aux
luminaires, vous pouvez agrandir la
chambre ou au contraire la rapetisser à la
taille d'un enfant, la rendre plus intime, en
optant pour des éclairages plus doux et
moins nombreux. L'éclairage peut aussi
métamorphoser le mobilier, même le plus
simple. Plusieurs sources d'éclairage sont
donc souvent souhaitables : elles
permettent de jouer avec les couleurs et
leur intensité et de changer d'ambiance
en fonction de l'activité et de l'heure.
Une chambre d'enfant devient comme
une scène de théâtre !

Le mobilier

[…]

➤ Amusez-vous ! Repeignez des meubles, transformez des « objets de récupération » en bibliothèques. Mais attention,
105 respectez toujours les règles élémentaires de sécurité. Si vous n'êtes pas très bricoleur, ne vous lancez pas dans des projets trop ambitieux ou alors faites-vous aider…

[…]

110 Pour bien étudier, un enfant doit jouir d'un espace séduisant, chaleureux et fonctionnel.

➤ Pour favoriser la concentration, le bureau et l'espace consacré au travail scolaire doivent occuper un territoire bien distinct.

115 ➤ Privilégiez, pour le bureau, un emplacement lumineux et ouvert : proche d'une fenêtre, par exemple, à la lumière

naturelle, mais pas directement sous les rayons du soleil.

120 ➤ Pensez à modifier l'espace-bureau selon que votre enfant est droitier ou gaucher. Éclairage à gauche s'il est droitier et à droite s'il est gaucher.

➤ Installez si possible des étagères
125 et des espaces de rangement accessibles depuis le bureau. Il est important que l'enfant puisse attraper

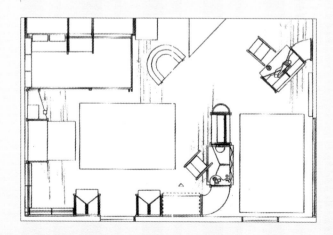

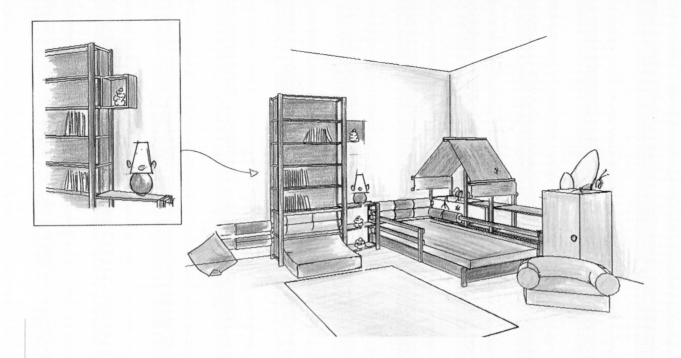

facilement dictionnaires, livres, cahiers, trousses…

130 Vous pouvez même, pourquoi pas, encastrer le bureau dans la bibliothèque.

➤ Vérifiez la hauteur du siège. Pour bien écrire et travailler sans se fatiguer, un enfant a besoin d'un siège confortable
135 et réglé à sa taille.

➤ Installez de préférence un éclairage directionnel sur le bureau, une lampe d'architecte par exemple. Cela permet de focaliser l'attention de l'enfant sur son
140 travail et évite qu'il ne soit distrait par les objets environnants.

➤ Le coin multimédia : la chambre des jeunes est souvent aujourd'hui un ministudio. Ordinateur, imprimante, chaîne
145 haute-fidélité, graveur de cédéroms… Elle devient parfois un lieu stratégique de la maison, où les parents sont conviés à des séances Internet, des envois de messages électroniques ou pour le
150 visionnage des dernières photos numériques prises pendant les vacances. Tout cela naturellement prend de la place. Le mieux est de prévoir une installation compacte où tout sera facilement
155 accessible et branché en réseau.

Extrait de Laurence Égill, « Le point de vue de l'architecte », *Chambre d'enfant : histoire, anecdotes, décoration, mobilier, conseils pratiques*, © Le cherche midi éditeur, 2002.

Le courrier des internautes

Bonjour Monsieur Poitras,

J'ai un garçon de douze ans et j'aimerais lui
faire une chambre de rêve où mon fils se
sentirait vraiment bien. Auriez-vous quelques
5 conseils à me suggérer pour qu'il s'y sente
bien ? Merci beaucoup. Comme le disent
si bien les ados, j'aimerais qu'il entre dans sa
chambre et qu'il dise « super maman ! »

Sophie Corbeil, Vaudreuil-Dorion

Chère Madame Corbeil,

Je vous suggère d'abord de bien l'écouter,
de le questionner sur ce qui l'intéresse,
l'allume, le fait vibrer. Ne précipitez pas vos
5 suggestions, proposez-lui plutôt de laisser à
maman le soin de bien réfléchir à tout cela
en lui promettant de lui revenir dans les jours
qui suivent. La « super maman » que vous
êtes a la responsabilité de le respecter mais
10 aussi de l'amener un peu plus loin, de
l'étonner même. Si ses goûts le portent vers
un monde imaginaire très fantaisiste, jouez la
carte de l'éclectisme, de la couleur, du rêve,
de l'inattendu. S'il est plutôt attiré par un
15 monde concret et rassurant, créez un
espace « cocooning » très sobre et douillet
avec plein de références à ses idoles et à
ses passions en vous assurant que chaque
chose sera bien mise en valeur. Dans tous
20 les cas, il faut s'éloigner de l'effet
capharnaüm et de l'esprit bric-à-brac que
les parents imposent souvent à leurs enfants
en cédant à tous leurs caprices. Faites
preuve de leadership, il vous respectera
25 d'autant plus.

Jean-Claude Poitras

Adapté de
http://mieuxvivre.sympatico.ca/jc-poitras/quest_archives.html

Le couturier québécois Jean-Claude Poitras est
un homme de goût, qui s'intéresse aussi à la
décoration. Depuis quelques années, il répond
au courrier des internautes qui désirent
procéder à des projets de décoration.

Dans l'extrait proposé, Jean-Claude Poitras
répond à une mère qui souhaite donner à son
fils une chambre de rêve.

Le **lit** : du Moyen Âge à aujourd'hui

À quoi sert un lit ? À dormir, bien sûr. Mais il a eu bien d'autres usages. À une époque, des lits pouvaient servir à recevoir ses invités le jour. On les appelait « lits d'apparat ». En
5 Égypte, de nombreux lits étaient à la fois lits de jour et d'apparat et lits pour dormir. Le lit pouvait aussi servir à manger. Les Romains avaient des lits de banquet où ils festoyaient, allongés. En bronze, en bois ou en argent,
10 certains lits pouvaient être somptueux.

Au Moyen Âge, on ne borde pas son lit…

Jusqu'à la fin du Moyen Âge, dormir dans un vrai lit est un privilège. On dort sur une paillasse.

Seuls les riches seigneurs possèdent un lit.
15 Il se démonte facilement pour être transporté de château en château. Il est dressé pour la nuit dans la pièce principale. Il est constitué d'un matelas de paille posé sur un cadre de bois dont le fond est formé de planches ou
20 de sangles, qu'on appelle « châlit » ! Les draps et la couverture tombent sur le châlit ; l'usage de border le lit ne viendra que plus tard.

… et l'on s'y tient au chaud !

Au début du XVe siècle, le lit fixe apparaît.
25 Il peut atteindre des dimensions impressionnantes, 3 m sur 4 m, car la coutume veut que l'on y dorme tout nu, à plusieurs, avec ses amis et ses invités. À sa tête, on place un dossier, qu'on appelait
30 le « *chevecel* » ou « *chevecier* » et qui deviendra, en français moderne, le chevet. La largeur des lits oblige les servantes à s'aider d'un bâton pour tendre les draps.

Pour se protéger du froid et des courants
35 d'air glacials, le lit est entouré de rideaux ou pentes et est surmonté d'un « ciel ». D'abord tenu au plafond par des cordages, le ciel du lit sera ensuite maintenu par quatre colonnes : c'est le lit à baldaquin, qu'on
40 appellera « lit à la française ».

Intérieur d'une chambre, au XVe siècle, où l'on voit l'écrivaine française Christine de Pisan donnant son livre.

Intérieur d'une chambre au XVIIe siècle.

Pas de vie privée dans la chambre d'apparat

Au Moyen Âge, il n'existe pas de pièces spécialisées comme aujourd'hui. Dans certaines maisons, la pièce principale sert à manger et à dormir. Dans d'autres,
45 la chambre est séparée de la pièce où l'on fait la cuisine. Mais où qu'il soit placé, le lit fait toujours l'objet d'une grande attention. Parfois même on le parfume! C'est là que l'on reçoit ses invités et dans les riches
50 demeures apparaît une chambre de parade ou d'apparat, avec un lit spécial pour recevoir, différent de celui où l'on se retire la nuit pour dormir. Cette chambre d'apparat, avec en son centre un lit somptueux, va jouer
55 un rôle de plus en plus grand aux XVIe et XVIIe siècles. Les rois, les reines, les grands seigneurs s'y coucheront et s'y lèveront en public jusqu'au début du XIXe siècle.

Des kilomètres de tissus!

Le lit est alors un meuble très orné. Ses
60 colonnes disparaissent sous de riches tissus, brodés ou tissés avec des fils d'or et d'argent. On pousse même le raffinement à changer cette garniture d'étoffe ainsi que celle des ensembles de sièges selon la saison: on parle
65 alors de meuble d'été et de meuble d'hiver.

[...]

Avec des anges ou des lances?

Selon les styles et les propriétaires, les lits du XVIIIe et du XIXe siècle se parent de belles sculptures, souvent en bois doré. Des angelots et des couronnes de fleurs pour les
70 belles courtisanes, des pommes de pin et des coquilles pour le lit de la salle de bains du petit appartement de Marie-Antoinette à Versailles, des faisceaux d'armes pour l'empereur Napoléon qui aime bien faire

Jean-Baptiste Gautier d'Agoty (1740-1786), *Chambre de Marie-Antoinette à Versailles*, 1780. Château de Versailles.

75 la guerre, des cygnes pour l'impératrice Joséphine… à chacun son goût! Comme les pièces sont de mieux en mieux chauffées, l'usage du ciel de lit et des rideaux se perd peu à peu.

Au XXe siècle, le lit fait de la gymnastique.

80 À la fin du XIXe et au XXe siècle, les créateurs oublient les modèles de leurs prédécesseurs pour créer des formes nouvelles. Après 1914 et le développement de l'industrie, le lit change. De nouveaux matériaux: aluminium,
85 tubes d'acier, plastiques, bois moulé, etc., de nouvelles techniques, de nouveaux modes de fabrication en série, mais aussi un nouveau type d'habitat urbain dans des espaces

Chambre de Joséphine (1763-1814)
au Château de Malmaison.

Chambre de Napoléon (1769-1821)
au Château de Malmaison.

rétrécis, donnent naissance aux
90 canapés transformables, aux lits pliants,
aux lits superposés…

Extrait de «La grande histoire du lit…»,
© *Le Petit Léonard*, n° 44, janvier 2001.

La chambre d'enfant
est une invention du
XIXe siècle, à la
période victorienne,
en Angleterre.

Mary Cassatt (1845-1926), *Breakfast in Bed*
(Déjeuner au lit), 1897.

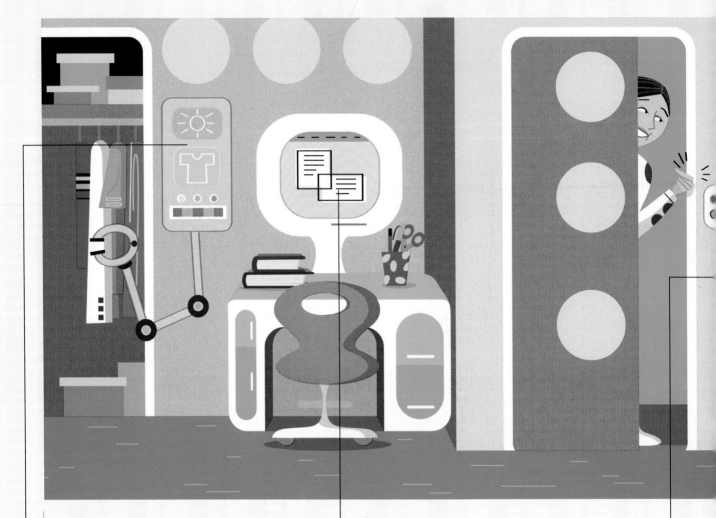

Le détecteur vestimentaire

Le détecteur vestimentaire affiche sur un écran les conditions météorologiques du jour et les vêtements adaptés au temps qu'il fait. Il propose une sélection de styles ou de
5 couleurs qui correspondent à l'humeur de l'utilisateur ou de l'utilisatrice. Synchronisé avec l'agenda électronique, le détecteur permet aussi un choix vestimentaire selon les activités prévues. Il est muni d'un bras
10 mécanique qui tend les vêtements.

L'écran multifonctionnel

L'écran multifonctionnel encastré dans le bureau se branche sur Internet. Il est très utile pour l'assistance aux devoirs, car il propose des outils (dictionnaire, atlas,
15 calculatrice). Cet écran permet de communiquer en direct en voyant son interlocuteur ou son interlocutrice. Idéal pour visionner des films et des documentaires, il peut même capter une image pour l'ajouter
20 au catalogue des affiches transformables !

La bibliothèque

La bibliothèque avec sélecteur contient les grands classiques de la littérature, toujours en format livre. Ils sont dotés d'une bande magnétique qui contient les renseignements
25 suivants : auteur ou auteure, année, genre, thèmes abordés. Ces données sont stockées dans le sélecteur, dont l'écran tactile permet des recherches par critères. La bande lumineuse qui éclaire les
30 rayonnages clignote devant le ou les livres sélectionnés.

Le lit

Le lit tout confort s'adapte aux positions successives afin de toujours maintenir un bon alignement de la colonne vertébrale.
35 Un laser analyse la peau et détermine la température idéale. La fibre du tissu se modifie afin d'assurer un confort maximal.

Les affiches au plasma

Les affiches au plasma sont transformables à l'infini. Elles permettent de choisir la
40 décoration de la chambre parmi une banque d'images illimitée et de les changer à la demande, selon l'humeur et les circonstances.

L'ours en peluche

L'ours en peluche est toujours rassurant.

La fenêtre intelligente

45 La fenêtre intelligente est constituée d'une matière synthétique transparente beaucoup plus performante que le verre. Elle s'obscurcit sur demande par commande vocale. Les jours de temps gris, cette fenêtre
50 amplifie la lumière qu'elle reçoit pour créer une atmosphère plus chaleureuse.

Odile Perpillou
Emanuele Setticasi

Un espace pour rêver

Sous l'Hôtel Commodore

De toute son existence, jamais Slake n'avait possédé une chambre à lui. En fait, il n'avait jamais possédé de chambre du tout, rien que la cuisine. Jamais un coin à lui, sauf une fois quand il avait habité un immeuble sur le toit duquel se trouvait un vieux pigeonnier abandonné.

5 Là, loin au-dessus des rues, au cours des après-midi de son enfance presque oubliée, il avait passé de nombreuses heures hors de portée des poings des copains et de la voix de sa tante.

Maintenant, loin *sous* les rues, il jouissait du confort d'une chambre bien à lui.

Le Robinson du métro, c'est Slake, un jeune New-Yorkais de 13 ans, qui est orphelin, myope, petit, solitaire, rêveur, mal aimé. Alors qu'il est pourchassé par des voyous, Slake se réfugie dans le tunnel d'un métro. Par chance, il découvre un trou dans un mur qui le conduit dans un petit espace bétonné, sous les fondations d'un grand hôtel de Manhattan. Slake s'y installera pendant 121 jours. Il en fera son chez-soi, fuyant ainsi la tante brutale qui l'hébergeait. Son grand sens de la débrouillardise lui permettra de survivre dans l'univers hostile du métro.

Dans l'extrait proposé, on décrit le repaire de Slake dans lequel est énumérée la somme impressionnante des objets qu'il trouve quotidiennement dans la rue. Or, un jour qu'il trie ses possessions, un sentiment angoissant l'envahit.

[…]

Tout ce que Slake empochait arrivait en fin de journée dans sa grotte, où il vidait ses poches pour disposer son dîner sur une table faite d'une grande boîte en carton. Au fil des jours, la grotte de Slake avait non seulement été élevée au rang de chambre à coucher et de salle à manger, mais s'était peu à peu transformée et décorée, parce que Slake n'était pas que vendeur de journaux et explorateur du métro : il était aussi devenu un véritable aspirateur. Il ramassait tout ce qu'il trouvait. Rien de ce qui pouvait être utilisé tel quel ou transformé en quelque chose d'autre ne lui échappait. Une telle quantité de trucs et de machins s'amoncela bientôt dans sa grotte, utiles, plus ou moins utiles, pouvant devenir utiles, ou auxquels Slake lui-même était incapable de découvrir une utilité, qu'il put finalement trier, choisir, faire le difficile et s'offrir le luxe extravagant de jeter des choses. Chaque jour il rapportait de nouvelles trouvailles à sa chambre sous l'Hôtel Commodore, et chaque jour il en remportait emballées dans un journal et les déposait dans une corbeille à papiers, où peut-être un plus nécessiteux que lui les récupérerait.

Slake ne se déplaçait plus que muni d'un sac en papier, lequel au cours de la journée accueillait bouts de ficelle et de fil de fer, élastiques, boutons, lacets et boucles de chaussures, et quantité d'autres choses qui, d'une façon ou d'une autre, pourraient être transformées en objets utilitaires ou décoratifs.

Un côté de la chambre devint l'entrepôt de Slake, qui jamais jusqu'alors n'avait possédé le moindre endroit où entreposer des choses, ni d'ailleurs possédé quoi que ce soit à entreposer. Il passait plusieurs heures chaque jour à trier, ranger, examiner ses trésors pour découvrir ce qu'ils avaient été et ce que, combinés entre eux, ils pourraient devenir. Il organisa, réorganisa, rejeta, et obtint finalement un classement assez satisfaisant qui se présentait comme suit :

Objets en verre : comprenant des miroirs fêlés ou brisés, des bouteilles à bière ou à liqueur et des flacons à médicaments, plusieurs verres de lunettes, des perles de couleurs tombées de colliers cassés, et un verre à boire, fêlé. Les miroirs lui servaient de miroir, les bouteilles servaient à garder les perles et d'autres petits objets et à conserver un œillet fané tombé d'une boutonnière. Les verres de lunettes eux-mêmes finirent par servir à quelque chose.

Objets en papier : comprenant des sacs, convenablement déchiffonnés et mis en tas, les serviettes du snack-bar, une réserve de journaux pour le lit et les paquets, des magazines illustrés destinés à être lus et à fournir des images pour la décoration des murs, des gobelets en papier. Les boîtes et emballages en carton provenant des poubelles des boutiques devinrent les meubles et les étagères de Slake.

Felice Holman est née aux États-Unis en 1919. Auteure prolifique, elle a publié plus de 21 livres dans son pays. En 1974, elle écrit *Slake's Limbo*, qui sera traduit en 1986 sous le titre *Le Robinson du métro*. Il s'agit d'un immense succès, que les éditeurs rééditent depuis des années.

Objets en métal : les agrafes de bureau et les épingles à cheveux ou de sûreté étaient les plus courantes. Slake les dépliait, les tordait, les repliait et les tressait pour obtenir des crochets ou autres objets utiles.

55 Les clés étaient nombreuses, elles aussi. Il les enfila sur un anneau et les porta attachées à sa ceinture. Il y avait encore des cintres à vêtement, des baleines de parapluie, une boucle de chaussure en cuivre, une grande boîte ronde sans couvercle, des fils de fer ayant servi à ficeler des caisses, et un certain nombre de gros boulons et écrous

60 trouvés le long des voies. La trouvaille la plus précieuse était une lame de canif qui devint un outil très utile pour transformer certaines choses en d'autres choses.

Objets artistiques : comprenant dix bonbonnes à peinture presque vides, de diverses couleurs, et un vaste assortiment de crayons et

65 crayons-feutre. Slake possédait aussi une colle extrêmement utile et de sa propre fabrication, obtenue en mélangeant avec du chewing-gum la graisse noire et épaisse comme du goudron que les rames du métro déposaient peu à peu le long des rails. Cette colle permettait de faire tenir n'importe quoi à n'importe quoi d'autre et servait aussi à réparer

70 les trous.

Vêtements : cet assortiment avait débuté par le gant de dame trouvé le premier jour (que Slake attacha par après à la tête de poupée en plastique pour en faire une marionnette). Il trouva un nombre considérable d'autres gants et moufles solitaires, de quoi ne plus avoir

75 froid aux mains jusqu'à la fin de ses jours, plus quelques foulards et écharpes, plusieurs ceintures, un chapeau, et une casquette plate à visière qui lui allait très bien. Il y eut aussi pendant quelque temps un soulier, mais Slake finit par s'en débarrasser parce qu'il se demandait sans cesse ce qu'était devenu le pied de ce soulier.

80 *Tout le reste* : ceci comprenait des boutons de toutes formes et dimensions, des boucles d'oreille, des ficelles, des allumettes, des talons de chaussures (hommes et dames), des cuillers et fourchettes en plastique, deux tubes de rouge à lèvres et trois portefeuilles en cuir, vides.

85 Un jour, alors qu'il triait ses possessions, Slake entendit tout à coup des bruits dans le tunnel : des voix, des cris, des coups de marteau sur du métal. C'était tout près, trop près ! L'oiseau dans la poitrine de Slake se mit à lui picorer les côtes. Slake identifia les bruits, il les avait déjà entendus auparavant : c'était une équipe d'entretien des voies vérifiant

90 les rails et la fixation des boulons. Ils allaient le découvrir !

Extrait de Felice Holman, *Le Robinson du métro*, © Éditions Duculot, 1986 (1974). (Collection Travelling) Traduit de l'américain par Jean La Gravière.

Du grenier
de la maison Chevalier

P ar l'unique lucarne, Marie voit défiler les bateaux sur le fleuve.
Elle tourne la tête vers l'ouest pour apercevoir, se découpant sur les
nuages roses qui bordent l'horizon, le chantier maritime où se dressent
les silhouettes sombres et silencieuses des navires en construction.

5   À la fin de cette première journée de labeur, la jeune fille n'a plus
la force de pleurer. Elle est fatiguée. Rompue.

Après le départ de son oncle, on a donné à Marie un petit logis
dans le grenier : une pièce d'à peine quatre mètres carrés, où se dresse
un lit de fortune. Une paillasse de plumes d'oie, difforme et peu
10 épaisse, est recouverte de deux draps de cotonnade usés et d'une
couverture de laine. Par terre, un tapis tissé égaie un peu l'endroit
de ses rouges et de ses bleus. À droite du lit, une chaise de bois mal
équarri se tient aussi droite qu'une sentinelle boiteuse.

Dame Chevalier a permis à sa jeune servante de piquer des images
15 saintes sur les murs de la mansarde. Mais Marie n'en possède aucune.
Cependant, son chapelet de billes de bois que son père lui a donné en
cadeau a trouvé refuge au-dessus de son lit. Après avoir troqué son
unique robe contre son costume de servante, elle la dépose, bien pliée
sur le dossier de la chaise.

20 Du plat de la main, Marie lisse le tablier en toile qu'elle porte par-
dessus la chemise unie dont elle a roulé les manches jusqu'à la hauteur
du coude. Un corsage de laine ainsi qu'une jupe plissée complètent
son habillement.

« Il faut que mes servantes aient belle allure ! » avait dit dame
25 Chevalier, en posant sur les cheveux de la jeune fille une coiffe beige.

Dans *L'orpheline de la
maison Chevalier*, Josée
Ouimet nous plonge au
XVIIIe siècle en Nouvelle-
France. Le personnage
principal, Marie, a
12 ans. Orpheline de père,
elle entre au service de
Jean-Baptiste Chevalier,
un riche marchand de
Québec, afin de
s'acquitter d'une dette
contractée par sa famille.

Dans l'extrait proposé,
la jeune servante se
repose de sa première
journée exténuante chez
ses maîtres. On y décrit
sa petite chambre...
dans le grenier.

Josée Ouimet est née à Saint-Pie-de-Bagot, en 1954. Après quelques années d'enseignement, elle se consacre à temps plein à l'écriture. Depuis 1995, elle a publié plus de 26 ouvrages, dont 23 romans jeunesse.

À regret, Marie avait échangé ses sabots de bois et ses bas de laine grise contre des bas de laine beaucoup plus fins et des souliers de cuir noir qui lui serraient les orteils.

— Il faut aussi porter ce mouchoir autour de ton cou ! avait ajouté 30 sa patronne. Lorsque l'hiver sera à nos portes, je te donnerai une cape de laine.

Marie n'avait rien dit. Pas un mot. Pas un merci. Espérant de tout son cœur qu'une fois la dette remboursée, l'hiver la ramènerait vêtue de ses hardes, auprès des siens…

Extrait de Josée Ouimet, *L'orpheline de la maison Chevalier*, © Hurtubise HMH, 1999.
(Collection Atout)

Quitter sa chambre

Plus tard,
allongée dans son lit,
elle s'étira le cou vers
l'arrière pour regarder le
5 vitrail de sa fenêtre. Comme
toujours, elle en imagina les
couleurs qui brillaient dans le noir et
qui se joignaient aux lumières de la ville. Sa mère l'avait fabriqué pour
son cinquième anniversaire. Polly avait demandé un arc-en-ciel, et elle
10 s'attendait à un arc-en-ciel semblable à ceux qu'on trouve sur les cartes
de souhaits — un arc de cercle découpé en sept bandes bien précises.
Sa mère avait plutôt utilisé de petits morceaux de verre de couleur vive
disposés comme les couleurs de l'arc-en-ciel, rouges dans la portion
supérieure, violet foncé dans la portion inférieure. Polly se souvenait du
15 moment où, en revenant de la maternelle, elle avait ouvert la porte de
sa chambre. L'arc-en-ciel était là, déjà en place. Plus tard, toute seule
dans sa chambre, elle s'était mise debout sur le lit et avait passé la
langue sur les morceaux de verre froid qui ressemblaient tellement à
des bonbons.

20   Quelques années auparavant, sa mère lui avait demandé si elle
voulait un nouveau vitrail pour sa fenêtre.

    « Celui-là a été fait durant ma phase "morceaux". Et puis, peut-être
voudrais-tu quelque chose de plus *adolescent*, disons ?

    — Quoi, par exemple ?

Comme un château de cartes raconte l'histoire de Polly, une adolescente de Vancouver, qui vit dans une famille monoparentale. Sa vie sera complètement chamboulée lorsque sa mère lui apprend que leur maison sera détruite. De plus, sa mère n'a pas de travail régulier et les appartements abordables sont difficiles à trouver. Polly se révolte contre sa condition familiale. Or, un séjour dans la famille de son oncle lui permettra de redéfinir ses propres valeurs.

L'extrait proposé précède le déménagement. Retirée dans sa chambre, Polly observe son décor familier. Elle se demande si elle pourra emporter le vitrail qui orne sa fenêtre et lui rappelle tant de souvenirs.

Un espace pour rêver

Sarah Ellis est née à Vancouver en 1952. Bibliothécaire, critique littéraire, chroniqueuse, conteuse, enseignante de littérature jeunesse, elle est maintenant auteure lauréate de livres pour la jeunesse. Elle a obtenu notamment le prix du Gouverneur général du Canada en 1991 pour son roman *Comme un château de cartes*.

25 — Je ne sais pas trop. Un motif de bouteille de shampoing, peut-être ? Ou un dessin incluant de l'argent ?

— Je t'interdis de toucher à ma fenêtre ! Je l'aime comme elle est. »

Polly se demanda si elles emporteraient la fenêtre en partant. Elles ne la laisseraient sûrement pas là pour qu'elle soit démolie avec le reste

30 de la maison. Elle jeta un regard sur sa chambre, qui n'était pas une chambre, en réalité, mais un immense placard converti en chambre. Celle-ci était à peine plus large que le lit. Une commode et un bureau avaient été construits à une extrémité. Polly en connaissait les moindres recoins pour les avoir regardés des milliers de fois. Ce lieu était peuplé

35 de souvenirs — le papier peint qui tombe sur la tête de sa mère pendant que celle-ci essaie d'en poser au plafond ; les heures passées sans bouger afin de ne pas réveiller les ours qui dorment sous le lit ; la commode qui s'envole et qui flotte autour de la chambre, un jour où Polly a de la fièvre. Polly se demanda si elle pourrait emporter ces

40 souvenirs dans ses bagages, ou s'ils resteraient imprégnés dans les murs, le bois et le verre. Elle examina longuement les lieux, tâchant d'en imprimer les moindres détails dans son esprit, jusqu'à ce que ses yeux se ferment malgré elle.

Extrait de Sarah Ellis, *Comme un château de cartes*, © Éditions Québec/Amérique Jeunesse, 1997.
Traduit de l'anglais par Michèle Marineau.

Claude Monet (1840-1926), *Saint-Georges Majeur au crépuscule*, 1908.

Il est midi

Il est midi
Dans ma chambre
En parfait désordre
Je fais la momie

Ma mère s'agite
Et me supplie
De faire mon lit

Je ne bouge pas d'un poil
Après tout c'est samedi

Louise Desjardins est née à Rouyn-Noranda en 1942. Elle a touché à la poésie, au roman, au cinéma, au manuel scolaire, à la biographie, etc. En 2002, elle conçoit un recueil de poésie, *Ni vu ni connu*, qui s'adresse aux adolescents.

Louise Desjardins, *Ni vu ni connu*, © Les éditions de la courte échelle, 2002.

« Croyez bien [...] que nous sommes vraiment six personnages, et très intéressants, de plus ![1] » (Pirandello)

« Les personnages jouent un rôle ; les êtres humains vivent leur vie[3]. » (Macdonald)

« À force d'aimer un livre, on finit par se dire qu'il vous aime[2]. » (Vedrés)

1. Pirandello, *Six personnages en quête d'auteur*, 1921.
2. Nicole Vedrés, *Paris, 6*[e], Mercure de France, 1965.
3. Margaret Macdonald, « Le langage de la fiction », *Poétique*, n° 78, 1989 (1954).

Des êtres de papier

« Les héros ont réponse à tout[4]. »
(Fouchet)

« [...] là est la vie, la palpitation, le frémissement humain[5]. »
(Hugo)

Chut...[6]

4. Max-Pol Fouchet, *Histoires pour dire autre chose*, Grasset, 1980.
5. Victor Hugo, *Les misérables*, 1862.
6. Mot entendu maintes fois dans une bibliothèque scolaire.

Les identités d'une orpheline

Marilla s'était précipitée au-devant de Matthew lorsque celui-ci avait ouvert la porte. Mais, lorsque son regard se posa sur cette étrange petite silhouette aux longues tresses rousses, attifée d'une robe informe, et qu'elle rencontra les yeux lumineux, passionnés de l'enfant, elle

5 s'arrêta d'un seul coup, stupéfaite.

« Qu'est-ce que c'est que ça, Matthew Cuthbert ? » s'écria-t-elle. « Où est le petit garçon ? »

« Il n'y avait pas de petit garçon », confessa Matthew, d'un air misérable. « Il n'y avait qu'*elle*. »

10 Il montra l'enfant d'un signe de tête, se rappelant qu'il ne lui avait jamais demandé son nom.

« Pas de garçon ! Mais il doit y avoir eu un garçon », insistait Marilla. « Nous avons fait demander à Mme Spencer de nous ramener un garçon. »

15 « Eh bien, elle ne l'a pas fait. C'est *elle* que Mme Spencer a amenée. J'ai demandé au chef de gare. Et j'ai dû la ramener ici. Je ne pouvais pas l'abandonner là-bas, peu importe d'où vient l'erreur. »

« Eh bien, en voilà une drôle d'affaire ! » s'écria Marilla.

Durant tout ce dialogue, l'enfant était restée silencieuse, les yeux

20 papillotant de Matthew à Marilla, les traits de plus en plus figés. Soudain, elle sembla saisir la signification profonde de ce qui venait d'être dit. Laissant tomber son précieux sac de voyage, elle bondit en avant, les mains jointes.

« Vous ne voulez pas de moi ! se lamenta-t-elle. Vous ne me voulez

25 pas, parce que je ne suis pas un garçon ! J'aurais dû m'y attendre. Personne n'a jamais voulu de moi. J'aurais dû savoir que c'était trop beau pour durer. J'aurais dû deviner que personne ne me voudrait jamais. Oh, qu'est-ce que je vais faire ? Je vais éclater en sanglots ! »

Elle éclata bien en sanglots, s'écrasa sur une chaise devant la table,
30 s'enfouit le visage dans les bras et se mit à pleurer à chaudes larmes.
Marilla et Matthew, debout, échangèrent un regard désarçonné
par-dessus le poêle. Ni l'un ni l'autre ne savait que faire. Enfin, Marilla,
gauchement, essaya d'endiguer ce gros chagrin.

« Allons, allons, il n'y a pas de quoi pleurer comme ça ! »

35 « Si, il y a de quoi ! » L'enfant leva prestement la tête, exhibant un
visage ruisselant de larmes, et des lèvres qui tremblaient. « *Vous* aussi,
vous pleureriez, si vous étiez orpheline et que vous arriviez à un
endroit que vous prenez déjà pour votre maison, pour apprendre qu'on
ne vous veut pas parce que vous n'êtes pas un garçon. Oh, c'est bien la
40 chose la plus *tragique* qui me soit jamais arrivée ! »

Les traits sévères de Marilla se détendirent quelque peu, esquissant
comme un sourire hésitant, plutôt rouillé par le manque d'habitude.

« Bon, bon, ne pleurons plus. Nous n'allons pas vous mettre à la
porte ce soir. Vous resterez ici le temps qu'il faudra pour tirer cette
45 histoire au clair. Comment vous appelez-vous ? »

L'enfant eut un instant d'hésitation.

« Pourriez-vous m'appeler Cordélia, s'il vous plaît ? » dit-elle
vivement.

« Vous appeler Cordélia ? C'est votre prénom ? »

50 « No-oo-oonn, pas exactement, mais j'aimerais bien m'appeler
Cordélia. C'est un nom d'une si grande élégance. »

« Je ne comprends rien à ce que vous me dites. Si vous ne vous appelez pas Cordélia, vous vous appelez comment ? »

« Anne Shirley », balbutia, à contrecœur, celle dont c'était le nom,
55 « mais, oh, de grâce, appelez-moi plutôt Cordélia. Mon nom n'a pas beaucoup d'importance pour vous, surtout si je ne reste que quelque temps… Et puis, Anne est un prénom si dépourvu de romantisme. »

« Romantisme, fadaises que tout cela ! » répondit Marilla, que ce genre de discours n'émouvait guère. « Anne est un bon prénom, solide,
60 raisonnable, ordinaire. Il n'y a aucune raison d'en avoir honte. »

« Oh, je n'en ai pas honte », expliqua Anne, « seulement je préfère Cordélia. J'ai toujours imaginé que mon nom était Cordélia, du moins depuis quelques années. Quand j'étais jeune, je m'imaginais que c'était Géraldine, mais maintenant je préfère Cordélia. Mais si vous m'appelez
65 Anne, de grâce, appelez-moi Anne avec un *e* à la fin. »

« Quelle différence cela fait-il, la façon dont on l'écrit ? » s'enquit Marilla, qui avait de nouveau son sourire un peu éraillé, tout en préparant le thé.

« Oh, mais ça fait *toute* la différence. Ça a tellement meilleure
70 apparence. Quand vous entendez prononcer un nom, est-ce que vous ne pouvez pas vous l'imaginer dans votre tête, tout comme s'il était imprimé ? Je peux, moi ; et A-n-n me semble horrible, alors que A-n-n-e a une allure autrement plus distinguée ! Pourvu que vous m'appeliez Anne avec un *e*, je ferai un effort pour ne pas exiger qu'on m'appelle
75 Cordélia. »

Extrait de Lucy Maud Montgomery,
Anne… La maison aux pignons verts, © Éditions Québec/Amérique, 1996.
(Collection Littérature d'Amérique)
Traduit de l'anglais par Henri-Dominique Paratte.

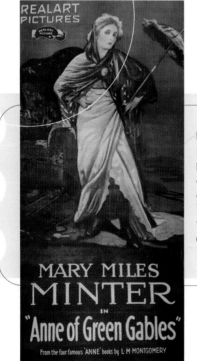

Des films et des séries télévisées ont mis à l'écran l'œuvre de Lucy Maud Montgomery. Le premier film, *Anne of Green Gables*, produit par Realart Pictures en 1919, était muet. Malheureusement, aucune copie du film n'a été retrouvée. Par ailleurs, il existe des affiches lithographiques qui mettent en vedette l'actrice qui joua le rôle d'Anne, Mary Miles Minter. Pour ce qui est des séries télévisées, elles ont été diffusées à la télévision de Radio-Canada en 1987 et en 2000.

La lecture d'une lettre

Par un après-midi de mars, un petit mot attendait Jeff sur la table de la cuisine, à son retour de l'école. L'écriture était celle de sa mère. À sept ans et demi, Jeff était assez grand pour la déchiffrer seul.

Mon Jeffie,

5   *Tu sais que je t'adore plus que tout au monde. J'aime venir te trouver dans ta chambre le soir et te lire des histoires. J'aime te faire un gros baiser sur chaque œil pour te souhaiter bonne nuit. Je m'en vais, mais je veux que tu saches : ce n'est pas comme si je t'abandonnais. Je te garderai dans mon cœur comme tu me garderas dans le tien, et peu importe si des milliers de kilomètres nous séparent, tu*
10 *ne crois pas ?*

    Tu trouveras au frigo de quoi te faire des hot dogs. Si tu ne sais plus comment on fait, demande un peu d'argent au Professeur à son retour et va t'acheter quelque chose. Mais il vaudrait mieux ne pas le déranger pour rien, alors essaie de te souvenir. Tu sais bien, tu es mon aide de camp, tu sais tout
15 *faire. Tu n'auras pas à demander, j'en suis sûre.*

    Je penserai à toi, ce soir, et j'aurai du chagrin, je le sens. Mais tu es grand maintenant, tu as moins besoin de moi que tous ces gens qui m'appellent. C'est à eux qu'il faut penser, Jeffie, à ces petits garçons comme toi qui ne mangent jamais à leur faim, qui se couchent l'estomac vide. Tu sais combien j'ai mal au
20 *cœur en songeant à cette injustice, comme à tant d'autres injustices — les enfants qui n'ont plus de parents, les sans-abri, ceux qui manquent de tout, les animaux sauvages menacés par l'homme, bref, ce qu'il faudrait changer dans le monde, les guerres, la pollution de l'air, de l'eau. Je n'ai pas le droit de rester sourde à cet appel, Jeffie, il faut que j'aille porter secours à ceux qui ont besoin*
25 *de moi. Que j'essaie de rendre ce monde meilleur, pour toi et tous les autres enfants de la terre. Tu es assez grand pour le comprendre. C'est une tâche tellement immense que je ne pourrai pas revenir te voir, alors il faut que je te dise au revoir. Adieu, mon petit garçon, mon Jeffie à moi.*

Le cœur bien gros,

30   *M.*

Dans *Le héron bleu*, Jeff, un garçon âgé de sept ans, est abandonné par sa mère, Melody. Enfant solitaire, il se retrouve avec son père, professeur taciturne. Après plusieurs années de séparation, Jeff redécouvre sa mère et l'idéalise. Mais lors de son deuxième séjour chez Melody, il prend conscience de réalités qui le blessent... Il retourne alors vers son père qu'il apprendra à aimer et à apprécier.

L'extrait se situe au début du roman alors que Jeff lit la lettre de départ de sa mère.

Cynthia Voigt est née à Boston, au Massachusetts, en 1942. Elle publie le premier roman de la série de la famille Tillerman, *Homecoming*, en 1981. Pour le deuxième roman, *Dicey's Song* (1984) — *La chanson de Dicey* (1987) —, elle remporte le prix Newbery. Le troisième roman, *A Solitary Blue* (1983) — *Le héron bleu* (1989) — sera suivi de plusieurs autres romans de la même série. Cynthia Voigt a également publié plus d'une vingtaine de romans pour la jeunesse.

M, ça voulait dire Maman, mais aussi Melody, son prénom à elle. Jeff lut le billet, le relut. Il avait du mal à comprendre. Et ce n'étaient pas seulement les mots difficiles qui l'arrêtaient. De quelle tâche immense il était question, il le savait parfaitement, sa mère lui en avait 35 souvent parlé. Elle disait que les hommes avaient rendu la terre malade, qu'ils empoisonnaient la nature. Elle disait qu'il fallait agir, que bientôt il serait trop tard ; sinon, les enfants comme lui n'auraient même plus de monde dans lequel grandir. Et Jeff savait aussi combien elle était triste lorsqu'elle parlait des rivières sales, des animaux en cage au zoo, des 40 trottoirs jonchés de détritus. Elle ne serait vraiment heureuse que lorsqu'elle pourrait « faire quelque chose », elle le lui avait dit bien des fois.

Mais pourquoi partir au loin ? Voilà ce que Jeff ne comprenait pas. Faire quelque chose, c'était bien, mais pourquoi s'en aller ? S'en aller 45 pour ne plus revenir ? Il en frissonnait soudain, comme si on venait de lui jeter sur les épaules un peignoir gorgé d'eau froide. Alors, bien malgré lui, il se mit à pleurer.

Extrait de Cynthia Voigt, *Le héron bleu*, © Castor Poche Flammarion, 1989 (1983). Traduit de l'américain par Rose-Marie Vassallo.

La peur
d'un enfant malade

La leucémie, c'est une drôle de maladie. Un jour, vous êtes
tellement maigre qu'on vous confond avec les barreaux de votre lit.
Le lendemain, vous ressemblez à une lune. Ce sont les médicaments qui
produisent cet effet. On gonfle comme une baudruche. Remarquez que
5 si ce n'était que ça, je ne me plaindrais pas. D'ailleurs, je ne me plains
pas… Si quand même ; un peu ! Parce qu'il y a tout le reste.

D'abord, les piqûres ; tellement de piqûres que vient un moment où
on ne sait plus où planter l'aiguille. Ça laisse des marques partout. J'ai
le corps comme une talle de bleuets.

10 Puis, il y a ces immenses machines de radiothérapie qui vous
bombardent de vibrations électromagnétiques dans le but de détruire
les poches de cellules cancéreuses. On a pris soin de les localiser,
ces poches cancéreuses, en traçant sur votre crâne une série de points
rouges réunis par des lignes. Ces points marquent avec précision les
15 endroits que la machine doit bombarder. On a l'air d'une carte
géographique ambulante.

Ce n'est pas très long
comme traitement, ça ne fait
pas très mal et ça ne règle pas
20 grand-chose. On espère
toujours que le mal régresse
devant ces machines grosses
comme des cathédrales. Mais le
cancer résiste. Il se cache
25 partout où il peut. Dans le sang,
les os, les muscles, le cerveau !
Oui, jusque dans le cerveau !

Ma vie zigzague, c'est
l'histoire d'un jeune
garçon, Charles Sabourin,
qui adore jouer au hockey.
Son rêve: rencontrer
Patrick Roy. Or, la
leucémie bouleversera son
enthousiasme et ses
rêves... Il fera néanmoins
des rencontres
inoubliables et apprendra
à mesurer l'importance
de l'amitié.

L'extrait présenté décrit
la maladie qui ronge la
vie de Charles, entre
les rechutes et les
rémissions.

Carlton Alfred Smith (1853-1946),
Bedtime, 1891.

Des êtres de papier

Orthopédagogue de formation, Pierre Desrochers a œuvré pendant plusieurs années auprès des enfants défavorisés de Montréal. Ses voyages au Vietnam, particulièrement ses liens avec des enfants et des familles de ce pays, lui ont ouvert de nouveaux horizons, qu'il souhaite aborder dans ses futurs ouvrages. Il a écrit trois œuvres pour adultes et deux romans jeunesse. *Ma vie zigzague* (1999) est son deuxième roman jeunesse.

Alors, pour être certain, on procède à ces affreuses ponctions lombaires. Avec une longue aiguille, on pénètre votre moelle épinière
30 et on en tire un peu de liquide afin de l'examiner. Ça me fait penser à ma mère quand elle aspire, avec une poire, un peu de sauce abandonnée par la dinde dans le fond de la casserole pour en asperger la volaille durant la cuisson. Sauf que la dinde, c'est moi et que le jus, c'est celui de ma colonne vertébrale. C'est affreux ! Ça fait tellement
35 mal ! J'en ai subi trois. Et chaque fois, j'ai cru que j'allais mourir.

Et puis, il y a la chimio… La chimio !… Pendant des semaines, on vomit, on perd l'appétit, le sommeil, parfois on perd le sens de l'orientation, et toujours le sens de l'humour… et ses cheveux. Oui ! J'ai perdu mes cheveux.

40 Je n'avais jamais fait attention à mes cheveux. On ne les voit pas, ses cheveux ! Ils sont là sur votre tête, l'air de rien. Puis un matin, vous les retrouvez sur votre oreiller. Et là, vous vous rendez compte que vous perdez votre corps par petits morceaux. J'ai eu peur de perdre ainsi mes ongles, mes cils, mes oreilles, mes doigts qu'on retrouverait dans mon
45 lit, le matin, en replaçant les draps. Finalement vous vous trouvez laid et vous voulez mourir.

Mais outre ce terrible mal qui va et qui vient, il y a une autre chose de pire encore : il y a la peur. La peur de mourir, la peur d'endurer tout cela en vain. La peur de voir la peur dans les yeux des autres. La peur
50 de tous ces sourires qui ne vous disent pas ou rarement la vérité. Car on vous sourit tout le temps ici ; les médecins, les infirmières, la psychologue, mes parents. Tous me sourient. Mais au travers de ces sourires, je perçois leur peur ou leur impuissance ou leur inquiétude. Alors, je souris aussi pour calmer leur crainte. Si bien qu'ici, tout
55 le monde sourit, alors que c'est l'endroit le plus triste du monde. Et la peur, elle, ne disparaît jamais.

On a dit trois mois pour le traitement. Au début, trois mois me semblaient très longs. C'était toute une saison. Ça nous menait au printemps. La leucémie va me bouffer tout un hiver, me disais-je, toute
60 une saison de hockey. Maintenant, le temps n'a plus de signification pour moi.

Lentement, j'ai perdu toute notion du temps, si bien que trois mois ou trois siècles, c'est devenu du pareil au même. J'ai l'impression d'avoir passé toute ma vie ici. Que je n'ai plus ni passé ni avenir et que le
65 présent ne m'appartient plus. Il appartient au cancer, il appartient aux médecins qui me soignent, il appartient à mes traitements, mais il ne m'appartient plus.

Il n'y a plus qu'un seul mot qui maintienne en moi un semblant de courage : RÉMISSION ! Un mot magique. Je me suis battu dans le seul
70 but d'entendre le docteur le prononcer devant moi.

— Charles ! Tu es en rémission ! En RÉMISSION ! En RÉMISSION !

Mais ça ne s'est pas encore produit. Et je désespère que ça se produise un jour.

C'est quoi une RÉMISSION ? C'est ce moment béni où on vient
75 vous annoncer que toute trace de cancer est disparue. Que les traitements ont fonctionné, que vous ne vous êtes pas battu pour rien, que vous avez gagné !

Mais, maintenant, je crains même ce moment. Car alors, je devrai quitter l'hôpital et retourner à l'école. Et là, les copains se moqueront
80 de mon crâne nu, de mes cheveux absents, de ma face de lune.

Est-ce que je redeviendrai un jour celui que j'ai déjà été ? Je ne me rappelle même plus la tête que j'avais autrefois.

Extrait de Pierre Desrochers, *Ma vie zigzague*, © Soulières éditeur, 1999.

Une rencontre

Ailleurs dans la ville, une autre jeune femme commence elle aussi sa journée.

Elle vit dans un hangar, derrière une maison désaffectée et, tous les matins, elle quitte son repaire pour entreprendre sa longue marche
5 quotidienne. Elle se déplace lentement, refaisant sans cesse le même trajet dans la chaleur déjà torride du matin.

Elle appartient à un tout autre monde. Elle ne connaît plus son nom, et les phrases qui s'accumulent dans sa tête sont souvent en désordre.

10 Elle ne parle jamais à personne, sauf à elle-même.

La plupart des êtres humains que je rencontre changent de trottoir quand ils me voient. Ils pensent que je suis nulle, que je pue et que je suis comme ça parce que je l'ai voulu.

Nuisance Publik est l'histoire de la rencontre de deux destins et aussi d'une amitié entre deux adolescentes: Ariane, qui refuse de poursuivre ses études, travaille dans une friperie; Nuisance Publik est une jeune sans-abri.

L'extrait proposé présente un monologue intérieur de Nuisance Publik qui livre ses réflexions sur sa vie de sans-abri.

C'est vrai que je mène cette vie-là parce que je l'ai choisie. C'est vrai aussi
que tout ce que j'ai, je l'ai trouvé dans la rue. Même mon nom : Nuisance
Publik. Je le sais, personne ne veut m'entendre. Personne n'a de temps à perdre.
Mais je vais quand même raconter ce qui m'est arrivé. C'est comme un cri du
cœur, il faut que ça sorte !

L'autre fois… je ne me souviens plus quand, mais il faisait froid. Pour me
protéger du vent, je marchais la tête baissée, les yeux aussi minces que des fentes
de parcomètre. J'ai remarqué qu'un homme venait vers moi, une espèce d'habit
pressé… C'est comme ça que j'appelle ceux qui marchent trop vite sur le trottoir.

Lui, il avait l'air propre et correct de la tête aux souliers. Et quand je dis la
tête, je ne parle pas seulement des cheveux, mais de ce qu'il y a en dessous.
C'était sûrement le genre d'être humain qui se croit supérieur aux autres parce
qu'il ne fume pas, ne boit pas et qu'il fait tout avec modération pour ne pas
user son petit corps bien entraîné.

Son téléphone cellulaire collé à l'oreille, il avait l'air stressé. J'ai pensé :
ou bien son compte en banque est dans le rouge, ou bien c'est le contraire et il
est en train d'ajouter une couple de zéros à son chiffre d'affaires.

En tout cas, il ne m'a pas vue et il a foncé sur moi. J'ai bien
essayé de l'éviter, mais les deux gros sacs que je transporte sur
mes épaules ne me permettent pas exactement des
déplacements de ballerine…

On a fait un face à face spectaculaire ! Son
appareil lui a glissé des doigts et a rebondi par
terre. Sa mallette s'est ouverte et j'ai vu des
tas de feuilles de papier s'envoler comme
des oiseaux qui retrouvent leur liberté.

Le pauvre, il a craqué !
C'était presque drôle de le
voir courir après sa
paperasse et ramasser son
téléphone comme s'il
s'agissait d'un enfant
blessé, son bébé.

Là, il m'a dévisagée
comme si le feu sauvage que j'ai
en permanence au coin de la bouche
allait lui sauter à la figure. J'ai tout de
suite compris qu'il n'était pas d'humeur
à faire un constat à l'amiable. Et là-dessus,
je ne me trompe jamais : je reconnais vite
l'être humain qui va devenir bête.

Marie Décary est née à
Lachine, au Québec, en
1953. Elle est journaliste,
recherchiste, lectrice de
scénarios et cinéaste.
Son conte musical, *Bouba
ou Les tableaux d'une
expédition*, a été couronné
par le prix Opus 2001.
Elle a publié deux contes
et onze romans jeunesse
dont *Amour, réglisse et
chocolat* (1985), traduit en
chinois, et *Au pays des
toucans marrants* (1992),
traduit en chinois et en
espagnol.

55 *Il a ouvert la*
bouche et il m'a
traitée de Nuisance
Publik. Il a ajouté
qu'ILS devraient tous nous
60 *exterminer, moi et les gens de*
mon espèce. Il me crachait ça en
pleine face, tout en essuyant ses manches,
comme si le seul fait de m'avoir touchée l'avait contaminé à mort.

Sur le coup, je n'ai rien dit. Répondre, c'était déjà lui accorder trop
65 *d'importance. Et puis, je n'avais pas vraiment le choix, s'il avait fallu qu'un*
policier se pointe, j'étais foutue.

Alors, avant qu'il s'énerve davantage, j'ai déguerpi en cinquième vitesse avec
l'idée de me rendre jusqu'au prochain terrain vague, celui qu'on appelle le Bloc à
cause des gros morceaux de béton alignés sur le bord du trottoir. C'est juste à
70 *côté du mur de briques où le graffiti « crotte de nez » est écrit en grosses lettres.*

Pas loin de là, il y a aussi un restaurant où plein de chanceux mangent à
leur faim. Normalement, l'endroit est occupé par des « crêtes » multicolores qui
apostrophent les passants, mais à cause du froid, c'était plutôt désert.

Donc, une fois rendue au Bloc, je me suis arrêtée et j'ai revu toute la scène.
75 *Mon cœur battait comme un fou furieux dans ma cage thoracique et là, j'ai*
explosé. Sur le trottoir, les gens faisaient des détours pour éviter de me regarder.
Je gesticulais et je gueulais comme si l'homme qui m'avait baptisée Nuisance
Publik était encore devant moi :

— Écoute-moi, mon espèce d'énervé. Tu sauras que je ne viens pas de la
80 *planète Mars. Je vis et je respire, exactement comme toi. La seule différence, c'est*
que moi, je ne suis pas une esclave, je suis une grande aventurière. Je suis libre, et
la liberté coûte encore plus cher que tous les voyages, les autos et les maisons que
tu peux te payer.

Extrait de Marie Décary, *Nuisance Publik*, © Les éditions de la courte échelle, 1995.
(Collection Roman +)

L'adoration
devant une poupée

L a file de boutiques en plein vent qui partait de
l'église se développait, on s'en souvient, jusqu'à l'auberge
Thénardier. Ces boutiques, à cause du passage prochain
des bourgeois allant à la messe de minuit, étaient toutes
5 illuminées de chandelles brûlant dans des entonnoirs de
papier, ce qui, comme le disait le maître d'école de Montfermeil
attablé en ce moment chez Thénardier, faisait « un effet magique ».
En revanche, on ne voyait pas une étoile au ciel.

　　La dernière de ces baraques, établie précisément en face de la porte
10 des Thénardier, était une boutique de bimbeloterie, toute reluisante de
clinquants, de verroteries et de choses magnifiques en fer-blanc. Au
premier rang, et en avant, le marchand avait placé, sur un fond de
serviettes blanches, une immense poupée haute de près de deux pieds
qui était vêtue d'une robe de crêpe rose avec des épis d'or sur la tête et
15 qui avait de vrais cheveux et des yeux en émail. Tout le jour, cette
merveille avait été étalée à l'ébahissement des passants de moins de
dix ans, sans qu'il se fût trouvé à Montfermeil une mère assez riche, ou
assez prodigue, pour la donner à son enfant. Éponine et Azelma avaient
passé des heures à la contempler, et Cosette elle-même, furtivement,
20 il est vrai, avait osé la regarder.

　　Au moment où Cosette sortit, son seau à la main, si morne et si
accablée qu'elle fût, elle ne put s'empêcher de lever les yeux sur cette
prodigieuse poupée, vers *la dame*, comme elle l'appelait. La pauvre
enfant s'arrêta pétrifiée. Elle n'avait pas encore vu cette poupée de près.
25 Toute cette boutique lui semblait un palais ; cette poupée n'était pas une
poupée, c'était une vision. C'étaient la joie, la splendeur, la richesse, le
bonheur, qui apparaissaient dans une sorte de rayonnement chimérique

Le roman *Les misérables*
dépeint la misère du
peuple et le contexte
social et politique au
début du XIXe siècle en
France, mais surtout tend
à démontrer le pouvoir
du bien sur le mal.
Le personnage principal,
le forçat Jean Valjean,
condamné au bagne pour
avoir volé un morceau de
pain, parviendra à se
réhabiliter. Il sauvera
même Cosette d'un couple
de malfaiteurs, les
Thénardier.

L'extrait choisi présente
Cosette, une orpheline
maltraitée par sa famille
d'accueil.

Victor Hugo (1802-1885) est incontestablement une figure marquante du XIXᵉ siècle français. Poète, dramaturge et romancier, il s'est aussi exprimé par le dessin. Son combat constant contre toute forme d'injustice sociale l'amène à l'activité politique de 1843 à 1851. Il est l'auteur d'une œuvre monumentale dont *Le dernier jour d'un condamné* (1829), *Notre-Dame de Paris* (1831) et *Les misérables* (1862).

à ce malheureux petit être englouti si profondément dans une misère funèbre et froide. Cosette mesurait avec cette sagacité naïve et triste de
30 l'enfance l'abîme qui la séparait de cette poupée. Elle se disait qu'il fallait être reine ou au moins princesse pour avoir une « chose » comme cela. Elle considérait cette belle robe rose, ces beaux cheveux lisses, et elle pensait : « Comme elle doit être heureuse, cette poupée-là ! » Ses yeux ne pouvaient se détacher de cette boutique fantastique. Plus elle
35 regardait, plus elle s'éblouissait. Elle croyait voir le paradis. Il y avait d'autres poupées derrière la grande qui lui paraissaient des fées et des génies. Le marchand qui allait et venait au fond de sa baraque lui faisait un peu l'effet d'être le Père éternel.

Dans cette adoration, elle oubliait tout, même la commission dont
40 elle était chargée. Tout à coup, la voix rude de la Thénardier la rappela à la réalité : « Comment, péronnelle, tu n'es pas partie ! Attends ! je vais à toi ! Je vous demande un peu ce qu'elle fait là ! Petit monstre, va ! »

La Thénardier avait jeté un coup d'œil dans la rue et aperçu Cosette en extase.

45 Cosette s'enfuit emportant son seau et faisant les plus grands pas qu'elle pouvait.

Victor Hugo, « Entrée en scène d'une poupée », *Les misérables*, 1862.

Fredric March a joué le rôle de Jean Valjean dans le film américain *Les misérables* de Richard Boleslawski en 1935.

Les misérables de Victor Hugo a souvent été adapté au cinéma et à la scène.

Christianne Jean a joué le rôle de Cosette dans le film français *Les misérables* de Robert Hossein en 1982.

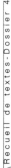

Une quête d'affection

— Je parie, dit Mme Lepic, qu'Honorine a encore oublié de fermer
les poules.

C'est vrai. On peut s'en assurer par la fenêtre. Là-bas, tout au fond
de la grande cour, le petit toit aux poules découpe, dans la nuit, le carré
5 noir de sa porte ouverte.

— Félix, si tu allais les fermer ? dit Mme Lepic à l'aîné de ses
trois enfants.

— Je ne suis pas ici pour m'occuper des poules, dit Félix, garçon
pâle, indolent et poltron.

10 — Et toi, Ernestine ?

— Oh ! moi, maman, j'aurais trop peur !

Grand frère Félix et sœur Ernestine lèvent à peine la tête pour
répondre. Ils lisent, très intéressés, les coudes sur la table, presque front
contre front.

15 — Dieu, que je suis bête ! dit Mme Lepic. Je n'y pensais plus. Poil de
Carotte, va fermer les poules !

Elle donne ce petit nom d'amour à son dernier-né, parce qu'il a les
cheveux roux et la peau tachée. Poil de Carotte, qui joue à rien sous
la table, se dresse et dit avec timidité.

20 — Mais, maman, j'ai peur aussi, moi.

— Comment ? répond Mme Lepic, un grand gars comme toi ! c'est
pour rire. Dépêchez-vous, s'il te plaît !

— On le connaît ; il est hardi comme un bouc, dit sa sœur
Ernestine.

25 — Il ne craint rien ni personne, dit Félix, son grand frère.

Ces compliments enorgueillissent Poil de Carotte, et, honteux
d'en être indigne, il lutte déjà contre sa couardise. Pour l'encourager
définitivement, sa mère lui promet une gifle.

— Au moins, éclairez-moi, dit-il.

30 Mme Lepic hausse les épaules, Félix sourit avec mépris. Seule
pitoyable, Ernestine prend une bougie et accompagne petit frère
jusqu'au bout du corridor.

Poil de Carotte propose
une suite de récits
mettant en scène un enfant
mal aimé, Poil de Carotte,
au sein d'une famille de
paysans français de la fin
du XIXe siècle.

Chaque récit raconte une
anecdote de la vie de Poil
de Carotte, nommé ainsi à
cause de ses cheveux roux,
souffre-douleur de sa
mère, Mme Lepic.

Écrivain français, Jules
Renard (1864-1910) est
l'auteur d'un bestiaire,
Histoires naturelles (1896),
de récits comme *Poil de
Carotte* (1894), adapté au
théâtre en 1900, de pièces
de théâtre et d'un *Journal*
(tenu de 1887 à 1910).

— Je t'attendrai là, dit-elle.

Mais elle s'enfuit tout de suite, terrifiée, parce qu'un fort coup de
35 vent fait vaciller la lumière et l'éteint.

Poil de Carotte, les fesses collées, les talons plantés, se met à
trembler dans les ténèbres. Elles sont si épaisses qu'il se croit aveugle.
Parfois une rafale l'enveloppe, comme un drap glacé, pour l'emporter.
Des renards, des loups même, ne lui soufflent-ils pas dans ses doigts,
40 sur sa joue ? Le mieux est de se précipiter, au juger, vers les poules, la
tête en avant afin de trouer l'ombre. Tâtonnant, il saisit le crochet de la
porte. Au bruit de ses pas, les poules effarées s'agitent en gloussant sur
leur perchoir. Poil de Carotte leur crie :

— Taisez-vous donc, c'est moi !

45 Ferme la porte et se sauve, les jambes, les bras comme ailés. Quand
il rentre, haletant, fier de lui, dans la chaleur et la lumière, il lui semble
qu'il échange des loques pesantes de boue et de pluie contre un
vêtement neuf et léger. Il sourit, se tient droit, dans son orgueil, attend
les félicitations, et maintenant hors de danger, cherche sur le visage de
50 ses parents la trace des inquiétudes qu'ils ont eues.

Mais grand frère Félix et sœur Ernestine continuent tranquillement
leur lecture, et Mme Lepic lui dit, de sa voix naturelle :

— Poil de Carotte, tu iras les fermer tous les soirs.

Jules Renard, « Les poules », *Poil de Carotte*, 1894.

Les états d'âme d'un rêveur

Je m'appelle Leon Randolph Jackson. J'ai onze ans. Je suis noir et je suis bleu*.

Noir, c'est ma couleur du dessus : la couleur de ma peau. Bleu, c'est ma couleur du dedans. Chez nous à La Nouvelle-Orléans, en bas de
5 l'Amérique, on ne dit pas qu'on est triste, on dit qu'on est bleu. Et si quelqu'un vous raconte qu'il a les bleus, alors soyez chic avec lui, parce que ça signifie qu'il a le cafard.

Oh ! bien sûr, je ne suis pas bleu tout le temps. L'âme, c'est comme un caméléon : ça change de couleur à tout bout de champ. Ma mère dit
10 souvent que la vie vous en fait voir de toutes les couleurs. L'âme est capable de prendre l'une après l'autre chacune des couleurs de la vie. Parfois plusieurs à la fois. Ça peut faire un joli tableau quand le mélange est réussi...

Mais là, devant la vitrine du « Steve's Music store », le magasin
15 d'instruments de musique du quartier, je me sens bleu pur, bleu-bleu. Je serais même bleu foncé si l'âme de mon copain Noel n'était de la même couleur que la mienne. Vous aurez remarqué que Noel et Leon, c'est le même mot, une fois à l'endroit, une
20 fois à l'envers. Avec notre passion pour la musique et notre amitié, c'est tout ce qu'on a de commun, lui et moi.

Par exemple, les grands-
25 parents de Noel — la vieille Mme Martha Beider et son mari, qui fait encore l'horloger au coin de Canal Street —, ils ont habité l'Allemagne autrefois.

Le roman *Le roi du jazz* raconte l'amitié entre deux garçons, Leon et Noel, qui vivent en Nouvelle-Orléans, dans le sud des États-Unis, au début du XXe siècle. Malgré leur différence — Leon est noir et Noel est blanc —, ils ont en commun une très grande passion pour le jazz et veulent en faire une carrière sans toutefois avoir les mêmes chances de réussir.

L'extrait choisi présente le début du roman. Leon et Noel contemplent avec envie un cornet à pistons à travers la vitrine d'un magasin de musique.

* Aux États-Unis, on dit : « I am blue » (mot à mot : « Je suis bleu »), cela veut dire : « J'ai le cafard. »

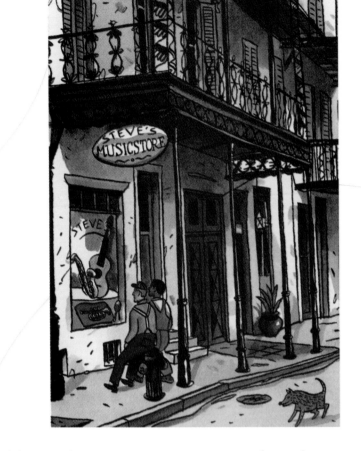

Alain Gerber est né en 1943 à Belfort, en France. Grand spécialiste du jazz, homme de lettres et de radio, il a écrit des ouvrages de référence sur le jazz et de nombreux romans jeunesse. Récipiendaire de plusieurs prix littéraires prestigieux, il recevait en 1984 le Grand Prix du roman de la ville de Paris pour l'ensemble de son œuvre.

30   Mes grands-parents à moi sont enterrés depuis longtemps. Je ne les ai pas connus, en fait. M'man m'a dit un jour qu'ils étaient venus d'Afrique. M'man ne me mentirait pas, mais j'ai quand même du mal à y croire. C'est tellement loin, l'Afrique. Il y a tellement d'eau à traverser… Là-bas, il paraît qu'on voit le soleil tous les jours, et jamais

35 d'hiver : alors pourquoi auraient-ils fait tout ce chemin si c'était pour être moins bien qu'avant ? M'man me répond : « Chéri à moi, tu vas me donner les bleus, avec tes sacrées questions ! Si tu nous servais plutôt un bon verre de limonade ? »

    Donc, nous voilà devant chez Steve, Noel Beider et moi. Même

40 quand on oublie de se donner rendez-vous, c'est là qu'on se retrouve tous les jours, y compris le dimanche, où la boutique est fermée. Mais un cadenas sur la porte, ça n'a jamais empêché personne de lorgner l'étalage.

    On a chacun une fesse sur la borne d'incendie qui est au bord du

45 trottoir, juste devant la vitrine, et on lorgne, on lorgne ; on lorgne comme si on nous avait payés pour ça !

    J'ai entendu des histoires où quelqu'un, dans la jungle, est hypnotisé par un serpent. Noel et moi, on est hypnotisés par un cornet à pistons, une sorte de trompette encore plus enroulée sur elle-même que

50 les serpents.

Steve l'a installé sur un morceau de velours rouge, au beau milieu d'un tas d'autres affaires qu'on ne voit même pas, et il brille, doucement, comme si la lumière venait de l'intérieur, comme si c'était la couleur de son âme qui remontait à la surface. Parce que nous savons
55 une chose, un secret que je peux bien vous confier : c'est que les cornets à pistons ont une âme. Et ça rend bleu, quand on y songe. Les choses qui ont une âme, elles ne devraient pas être enfermées dans des devantures, non ?

Notre cornet, on pourrait le contempler durant des heures. On
60 continue de le voir si on ferme les yeux. En lui tournant le dos, on serait capables de le dessiner et pourtant, avec toutes ses courbes, ses boucles, ses espèces de nœuds, c'est drôlement tarabiscoté, un cornet à pistons !

Noel Beider me dit :

65 — Quand je serai chef d'orchestre, je ferai danser les gens du haut de la ville et mon nom sur l'affiche, ce sera : Sir Lafayette de Beider Dupré-Beauchamps.

Chaque jour, le sacré nom est un peu plus long que la veille ! Alors, pour ne pas être en reste, je réponds du tac au tac :

70 — Quand je serai le meilleur joueur de cornet sur la terre, il y aura une fille qui me tiendra mon chapeau et une autre qui me tiendra mes gants et une autre qui portera l'étui, et je n'aurai pas besoin d'un nom parce que même en Afrique, tout le monde me connaîtra.

Mon copain hoche la tête.

75 — Celle qui portera ton culot, dit-il, il faudra qu'elle ait de fameux biceps.

On rit si fort, tous les deux, qu'on manque de s'étaler par terre… Nous n'oublions jamais de rire. Ça ne veut pas dire que nous cessons d'être bleus, mais au moins, on réussit à vivre avec…

80 Tout au fond du cœur, on reste bleus parce qu'il y a cette vitre entre le cornet à pistons et nous. Ce n'est qu'un morceau de verre, un
85 caillou bien placé suffirait à la réduire en miettes, mais, d'une certaine façon, c'est une barrière aussi infranchissable qu'une
90 muraille de pierre qui arrête les boulets de canon.

Pour Noel comme pour moi, il n'existe que deux façons de l'abattre. Première solution : le caillou dont je viens de parler. Mais nous ne sommes pas des brigands et d'ailleurs, à onze ans, on ne va pas très loin avec un cornet doré quand la police vous court après ! L'agent Alcide Pavageau, qui a toujours l'œil sur nous, nous rattraperait vite fait. Deuxième solution : les douze dollars vingt-cinq que Steve réclame pour l'instrument. C'est écrit sur un petit rectangle blanc posé contre le velours. En principe, je ne sais pas lire — les Blancs de La Nouvelle-Orléans préfèrent ça — mais, pour les chiffres, et surtout les prix des choses, je n'ai pas besoin de demander à Noel. Où irais-je trouver douze dollars et vingt-cinq cents, voulez-vous me le dire ? Ma mère ne gagne pas autant en un mois avec ses ménages. Même pour un Blanc comme mon copain, ça ne paraît pas possible.

Extrait de Alain Gerber, *Le roi du jazz*, © Bayard Éditions, 1994.

Trompettiste et chanteur américain, Louis Armstrong (La Nouvelle-Orléans 1901-New York 1971) fut sans conteste un roi du jazz.

L'attrait de la liberté

Tom Sawyer

En cours de route, Tom rencontra le jeune paria de Saint Petersburg, Huckleberry Finn, le fils de l'ivrogne du village. Toutes les mères détestaient et
5 redoutaient Huckleberry parce qu'il était méchant, paresseux et mal élevé, et parce que leurs enfants l'admiraient et ne pensaient qu'à jouer avec lui. Tom l'enviait et, bien qu'on le lui défendît, le fréquentait aussi souvent que possible.

10 Les vêtements de Huckleberry, trop grands pour lui, frémissaient de toutes leurs loques comme un printemps perpétuel rempli d'ailes d'oiseaux. Un large croissant manquait à la bordure de son chapeau qui n'était qu'une vaste ruine, sa veste, lorsqu'il en avait une, lui battait les talons et les boutons de sa martingale lui arrivaient très bas dans le dos.
15 Une seule bretelle retenait son pantalon dont le fond pendait comme une poche basse et vide, et dont les jambes, tout effrangées, traînaient dans la poussière, quand elles n'étaient point roulées à mi-mollet. Huckleberry vivait à sa fantaisie. Quand il faisait beau, il couchait contre la porte de la première maison venue ; quand il pleuvait, il
20 dormait dans une étable. Personne ne le forçait à aller à l'école ou à l'église. Il n'avait de comptes à rendre à personne. Il s'en allait pêcher ou nager quand bon lui semblait et aussi longtemps qu'il voulait. Personne ne l'empêchait de se battre et il veillait aussi tard que cela lui plaisait. Au printemps, il était toujours le premier à quitter ses
25 chaussures, en automne, toujours le dernier à les remettre. Personne ne l'obligeait non plus à se laver ou à endosser des vêtements propres. Il possédait en outre une merveilleuse collection de jurons ; en un mot,

Dans *Les aventures de Tom Sawyer*, un enfant d'une dizaine d'années, Tom Sawyer, et son grand ami, Huckleberry Finn, découvrent la vie à travers de multiples aventures sur les bords du Mississippi. Or, un soir qu'ils se rendent en cachette au cimetière afin d'enterrer un chat, les deux « complices » assistent à un vrai crime...

Dans l'extrait proposé, Tom Sawyer dialogue avec Huckleberry Finn, un délinquant redoutable qui n'a pas froid aux yeux.

Romancier américain (1835-1910), Mark Twain publie son premier roman, *The Adventures of Tom Sawyer* (*Les aventures de Tom Sawyer*), en 1876, et son deuxième, *Adventures of Huckleberry Finn*, en 1884. Également journaliste, humoriste et essayiste, Mark Twain a écrit une trentaine d'œuvres et cinq récits de voyage.

ce garçon jouissait de tout ce qui rend la vie digne d'être vécue. C'était bien là l'opinion de tous les garçons respectables de Saint-Petersburg
30 tyrannisés par leurs parents.

« Hé ! bonjour, Huckleberry ! lança Tom au jeune vagabond.

— Bonjour. Tu le trouves joli ?

— Qu'est-ce que tu as là ?

— Un chat mort.

35 — Montre-le-moi, Huck. Oh ! il est tout raide. Où l'as-tu déniché ?

— Je l'ai acheté à un gars.

— Qu'est-ce que tu lui as donné pour ça ?

— Un bon point bleu et une vessie que j'ai eue chez le boucher.

— Comment as-tu fait pour avoir un bon point bleu ?

40 — Je l'avais eu en échange, il y a une quinzaine de jours, contre un bâton de cerceau.

— Dis donc, à quoi est-ce que ça sert, les chats morts, Huck ?

— Ça sert à soigner les verrues. »

Extrait de Mark Twain, *Les aventures de Tom Sawyer*, © Hachette Jeunesse, 1994 (1876).
Traduit de l'américain par P. F. Caillé et Y. Dubois-Mauvais.

Les aventures de Tom Sawyer a été souvent adapté à l'écran, par exemple en 1930 par John Cromwell et en 1973 par Don Taylor.

Junior Durkin jouait le rôle de Huck et Jackie Coogan, celui de Tom, dans le film *Tom Sawyer* (1930).

Les grands mystères de la vie

Quand on a vu, le samedi soir à la campagne, des hommes, des femmes, des enfants et des vieillards se préparer pour la messe du dimanche matin, prendre un bain, ranger les vêtements, se brosser la chevelure, se dépouiller de la poussière des six jours de travail, il est
5 doux de constater avec quel respect on attend le septième jour.

On voit le besoin qu'a l'esprit de s'élancer, lui aussi, au-dessus du tourbillon de l'ordinaire, pour se baigner dans les sphères de la croyance.

À la sueur de son front, on a lutté toute la semaine, tel que la loi
10 l'ordonne, et puis on se repose un jour. Merveilleuse loi à laquelle on obéit encore.

Dès l'aurore, des files de voitures se croisent sur les routes. L'air est plus libre, ce matin-là ; on ne pense pas au travail.

Rien ne commande que la prière. Les voisins sortent pour se saluer.
15 Dans des vêtements propres, les familles se rendent à l'église. Les champs, comme de grands tableaux endormis, s'offrent aux regards de ceux qui passent.

Sur la ferme, les outils, croûtés de terre sèche, dorment pêle-mêle dans un coin de la remise.
20 Le banneau, les bras en l'air, est assis dans l'herbe de la cour.

Cette carriole basse qu'on appelle « banneau » faisait encore partie de l'équipement agricole dans le Québec des années 1940.

Le recueil *Allegro* fait partie d'une trilogie (*Adagio*, 1944 ; *Allegro*, 1944 ; *Andante*, 1945), qui comprend la plupart des textes radiodiffusés de Félix Leclerc. *Allegro* contient 12 fables.

Dans l'extrait proposé de « Sanctus », deux épis de blé entretiennent un dialogue sur le cycle de la vie et le sens de la vie sur terre.

Poète, conteur, fabuliste, auteur dramatique et pionnier des auteurs-compositeurs-interprètes québécois, Félix Leclerc (1914-1988) est annonceur de radio à Québec en 1934 et à Trois-Rivières en 1938. Il devient comédien et auteur radiophonique à Radio-Canada de 1939 à 1945. Dans les années 1950, il commence une carrière internationale d'auteur-compositeur-interprète.

Depuis 1978, à l'occasion du gala de l'Association de l'industrie du disque et du spectacle du Québec (ADISQ), on entend le prénom « Félix » qui désigne chaque trophée remis aux artistes et artisans de la chanson et de la scène.

Les chevaux sont dehors dans les pacages verts et font le tour des clos sous le soleil.

Pas de bruit de lieuse, de faucheuse ou de râteau dans les champs. Rien.

25 Les prairies se renvoient les oiseaux qui cachent dans leurs ailes des échos de sanctus.

Les siffleux font de longues excursions, loin de leurs trous de sable.

C'est le matin où les nichées de jeunes alouettes prennent une leçon de vol.

30 Les épis de blé, qui vont mourir demain sous la faucheuse, s'enlacent et se confessent.

Approchons-nous d'un champ de blé. Écoutons deux épis mûrs se parler ainsi dans le dimanche :

— Toi, as-tu peur de la mort ? demande le premier épi avec une
35 voix de femme.

— Moi ? Non, répond le deuxième épi avec sa voix de garçon.

— Tu pensais à demain ?

— Non.

— Tu me réponds en tremblant.

40 — C'est la rosée qui est froide ce matin. Il fait froid, n'est-ce pas ? Et toi, tu as l'air fatiguée ?

— Je n'ai pas dormi cette nuit.

— Moi aussi j'ai veillé.

— Il est arrivé ton automne, dit-elle.

45 — J'ai fait mes adieux aux astres, annonce-t-il.

— Moi, je n'en ai pas eu la force. Tu ne m'entendais pas pleurer cette nuit ?

— Non. As-tu remarqué comme il faisait beau ? Moi, j'ai admiré le ciel une dernière fois, et j'ai vu des choses qui m'ont donné la hâte
50 de partir.

— Tais-toi, c'est épouvantable !... Ne parlons pas de la mort !

— Comme tu es agitée !

— C'est notre dernier jour. J'ai peur.

— Tu n'as pas prié, cette nuit ?

55 — Je ne veux pas mourir.

— C'est l'automne.

— Non ! Non !

Alors il demande :

— Aurais-tu donc commis des crimes, pour trébucher ainsi à la
60 veille de sauter ?

— Non, répond-elle. Je n'ai pas commis de crimes, mais je veux rester, j'aime la vie, et toi aussi, tu l'aimes. Tu fais le brave pour me donner du courage.

— C'est dimanche, dit-il doucement. Je bois mon soleil comme
65 un autre jour, sans penser au lundi. Fais comme moi.

— J'ai peur, redit-elle en frissonnant.

— L'hiver est encore plus terrible que la faucheuse, affirme-t-il.

— Tu me serreras bien fort?

— Je serai là tout près de toi; nous courberons la tête ensemble;
70 ne crains pas. Il paraît qu'on ne se sent pas mourir.

— C'est horrible.

— Repose-toi. C'est dimanche, bel épi blond. Comme ta tête est lourde. Vois comme il fait beau. Bois ta rosée. Allons! déjeune.

— Je n'ai pas faim.

75 — Tu pleures?

— Tu mettras ta tête devant la mienne?

— Oui, oui, je passerai le premier.

— Encore un jour, et ce sera fini. Chante-moi quelque chose afin que je m'endorme.

80 — Je n'ai pas la voix à chanter.

— Comme c'est triste!…

— Calme-toi. Je vais te raconter des choses…

— Nous n'avons pas d'ami.

— Nous n'avons pas d'ami.

85 — Te souviens-tu de nos amours?

— Tu trembles!

— Veux-tu que je te rappelle le matin où je suis sorti de terre, au mois de juin dernier?

90 Quand je suis venu au monde ici dans ce champ, il n'y avait presque personne d'arrivé. Toi, tu n'y étais pas; nos cousins non plus. Le premier voisin était à quatre rangées
95 d'ici. Il fallait que le vent fût bien fort, pour qu'on s'entendît parler. J'étais seul dans ma rangée et je me demandai: «Pour l'amour! qu'est-ce que je fais ici?»

100 À droite, là-bas, du long de la clôture, c'étaient les pieds de bleuets; ils étaient blancs et

Jean-François Millet (1814-1875), *Les glaneuses*, 1857.

dormaient toute la journée. Par la gauche, tous les soirs, je voyais
passer de loin une grosse voiture qu'un cheval tirait. Sur les sièges,
105 parmi des bidons de lait, étaient assis des hommes. Ils me regardaient
en branlant la tête et disaient chaque fois : « Beau grain, du beau grain ! »
Je ne savais pas pourquoi ils me souriaient.

Avant ta naissance, je trouvais les jours bien longs et les nuits bien
tristes. Heureusement que j'avais un ami. Je ne t'en ai jamais parlé.

110 — Qui donc ?

— C'était un crapaud.

— Tu racontes des fables pour me distraire.

— Non, c'est la vérité. Tous les soirs, entre la veille et le sommeil,
il sortait de son fossé et venait me voir. Nous parlions de plantes,
115 d'insectes, de climats et d'avenir. Il avait beaucoup voyagé, ce crapaud-
là ; il s'était même rendu jusqu'au bord du fleuve. Je l'aimais malgré sa
laideur, parce qu'il était bon. Il n'avait pas d'ami.

S'il pleuvait, je lui gardais de l'eau propre dans mes feuilles ; lui,
pour me remercier, quand la nuit était descendue, il me chantait des
120 ballades avec sa voix de ruisseau, des ballades qu'il avait composées en
sautant sur les roches.

— Où est-il maintenant ? demande-t-elle.

— Il est parti le jour de ton arrivée.

— Raconte encore.

125 — C'était un matin de juin. À moitié endormi, j'étais à m'étirer dans
la brume, lorsque je t'ai aperçue près de moi, entre deux mottes de terre
grise, toute frêle, toute petite, toute belle. Lui s'en allait là-bas, à la
hâte, en pliant et dépliant ses pattes.

— Tu ne l'as jamais revu ?

130 — Non. Mais le bon Dieu m'avait envoyé une compagne. N'est-ce
pas que nous avons passé une belle vie ? Je t'ai appris le soleil, la lune,
les points cardinaux, la tempête, la brise. Tu as grandi, grandi. Dans
l'encens de la terre, tu as fait des grains de blé, nous voici tous les
deux côte à côte, à la fin du voyage, à la dernière étape, au mois
135 de septembre.

Extrait de Félix Leclerc, « Sanctus », *Allegro*, © Fides, 1976. (Collection du Goéland)
Reproduit avec l'autorisation de Copibec.

La fébrilité
d'une fille du Roy

— Fille du Roy! Je suis fille du Roy!

Refermant sans bruit, comme on le lui a enseigné, la porte du parloir, Jeanne répète la formule magique qui vient de changer sa vie. Son cœur bat à tout rompre. À deux mains, elle compresse sa poitrine
5 pendant qu'un sourire involontaire détend sa figure mince.

Dans le parloir sombre, aux rangées de chaises bien droites et inhospitalières, la supérieure, Mère de Chablais, de son côté, pousse un soupir de soulagement. Assise en face d'elle, sa visiteuse, Marguerite Bourgeoys, la regarde avec indulgence. Perspicace, elle a
10 deviné les pensées si différentes qui bouillonnaient dans le cœur de la religieuse et dans celui de son élève. Jeanne Chatel, dans l'ardeur de ses dix-huit ans, frémissait de joie sous ses airs soumis et réservés.

— Mais oui, Madame. Si ma mère de Chablais m'y autorise, je partirai pour la Nouvelle-France. Non, Madame. Je n'ai pas de craintes.
15 Je suis forte et le risque ne me fait pas peur.

« Pas aussi peur que la perspective d'une vie au couvent, avait conclu Marguerite Bourgeoys en son for intérieur. Voilà une hirondelle qui n'appréciait pas beaucoup sa cage et à qui je rends la liberté. »

Voilà enfin réglé le sort de cette pauvre orpheline dont la présence
20 bruyante et prolongée dérange le rythme placide de la vie monastique. Le Roy fournira la dot, le couvent fournira la pupille, et la colonie lointaine s'enrichira d'une nouvelle épouse. Chacun se réjouira, et Mère de Chablais plus que tous, car elle pourra enfin se consacrer tout entière à l'éducation de sujets plus dociles.

25 Jeanne Chatel, en un mot, c'est l'épreuve des Filles de la Congrégation. Elle leur est arrivée à l'âge de dix ans, petite et sous-alimentée, presque sauvage, et en révolte ouverte contre tout l'univers.

Élevée dans une maison en ruine par un grand-père solitaire et un peu braconnier, la petite fille avait perdu en même temps le protecteur
30 qu'elle adorait et la liberté farouche dans laquelle elle avait grandi.

Celles qu'on appelle « filles du Roy » sont des jeunes Françaises qui ont fait la traversée de l'Atlantique pour venir peupler la Nouvelle-France. Dans *Jeanne, fille du Roy*, Jeanne Chatel fait le voyage jusqu'à Ville-Marie (Montréal au XVIIe siècle) afin d'épouser le seigneur Simon de Rouville. En pleine forêt, dans une cabane en bois rond, Jeanne découvre le Nouveau Monde...

Dans l'extrait proposé, Jeanne vient d'être choisie « fille du Roy » par Marguerite Bourgeoys.

Suzanne Martel est née à Québec en 1924. Depuis les années 1960, ses romans, contes et nouvelles ont été couronnés par de nombreux prix littéraires. Pour son roman *Jeanne, fille du Roy* (1974), elle remporte le prix Alvine-Bélisle en 1975 et, pour la traduction anglaise, *The King's Daughter* (1980), le Ruth Schwartz Award du Conseil des arts de l'Ontario et le Prix des libraires du Canada en 1981. Ses œuvres ont souvent été traduites en anglais et en japonais.

Pendant deux jours, elle s'était réfugiée au fond d'un placard, comme une bête blessée, et ni les supplications des religieuses compatissantes, ni les menaces de la supérieure indignée ne l'avaient fait sortir de son refuge.

35 Finalement, mettant tout le monde à la porte, une vieille sœur avait pris la situation en main. Armée de patience et d'un pâté aux pommes qui embaumait, la cuisinière du couvent, sœur Berthelet, s'était assise devant le refuge de l'embusquée et avait attendu avec la ténacité d'un chasseur à l'affût.

40 Bientôt, un léger glissement et un soupir de convoitise récompensèrent sa persévérance. Une tête brune qui n'avait jamais connu de peigne surgit dans l'embrasure. Une main sale et pitoyablement maigre s'était tendue vers l'assiette tentatrice. Sans un mot, la religieuse avait offert le pâté et l'affamée l'avait dévoré,
45 accroupie aux pieds de sa protectrice. Celle-ci caressait d'une main rassurante les cheveux emmêlés, et murmurait des phrases réconfortantes.

Jeanne déposa l'assiette vide sur le plancher, et leva des yeux craintifs. Elle lut tant de compassion dans la figure ridée qu'elle se jeta
50 avec un cri de désespoir dans les bras tendus, et pour la première fois depuis la mort de son grand-père, l'orpheline éclata en sanglots.

Mère de Chablais retrouva sa nouvelle protégée endormie dans les bras de sœur Berthelet. Ses joues sales traversées par des sillons de larmes, sa main agrippée convulsivement à la cornette toute froissée,
55 Jeanne était encore secouée de soupirs.

— C'est un pauvre petit oiseau malheureux, avait expliqué la vieille. Elle va trouver dure la vie au couvent.

— Il faudra pourtant qu'elle s'y fasse, ma sœur. C'est le sort de toutes les orphelines.

60 L'amitié qui unissait la fillette farouche et la femme courbée par l'âge avait adouci la période difficile de l'adaptation à l'existence rangée du pensionnat. Toute la communauté s'était mise à la tâche « d'apprivoiser » Jeanne Chatel.

Cela n'alla pas sans heurts, sans colères homériques et sans
65 protestations véhémentes. La révoltée ne comprenait pas la nécessité de brosser ses cheveux, de se laver les mains, de faire la révérence.

Si l'éducation de Jeanne avait présenté des problèmes, son instruction apporta des surprises. La fillette lisait couramment et écrivait avec la maîtrise d'un clerc. Au cours des longues soirées d'hiver,
70 au coin de l'âtre, dans la grande salle obscure, seul vestige de ce qui avait été jadis la belle demeure familiale, l'aïeul érudit s'était plu à transmettre sa science à cette enfant intelligente et éveillée. Les poètes

MARGUERITE BOURGEOYS ET LES FILLES DU ROI.

L'UNE APRÈS L'AUTRE LES FILLES DU ROI ÉPOUSÈRENT DES COLONS VENUS POUR DEMANDER UNE FEMME.

LA DATE DE LEUR MARIAGE EST CONSIGNÉE DANS LES REGISTRES DE MONTRÉAL PRESQUE TOUS PORTENT LA SIGNATURE DE LA MÈRE BOURGEOYS ET ILS SONT DATÉS DU PARLOIR DE LA CONGREGATION

CES PETITES FRANCAISES DEVINRENT D'EXCELLENTES FEMMES GRACE EN PARTIE A L'INFLUENCE DE LA MÈRE BOURGEOYS

Estampe, *Marguerite Bourgeoys et les Filles du Roi*. Collection Maison Saint-Gabriel, Montréal.

grecs et latins, les classiques de l'époque, l'histoire universelle, les éléments de calcul, tout cela avait été absorbé, pêle-mêle et formait

75 un pot-pourri étonnant et un peu inquiétant.

Par contre, une ignorance complète du petit catéchisme, des prières élémentaires et de la signification des offices religieux avait fourni aux religieuses scandalisées un vaste champ d'action salvatrice.

Pendant huit années, à force de patience, de bonté et de fermeté, et

80 grâce à la psychologie inconsciente de sœur Berthelet, on arriva à faire de la sauvageonne une élève très présentable, en apparence. Hélas ! Le vernis était mince, et le tempérament bouillant, héritage d'un aïeul vindicatif, était toujours en veilleuse sous les airs conciliants.

L'orpheline n'avait d'autre foyer que le couvent qui l'avait hébergée,

85 d'autre famille que les religieuses et d'autre avenir que l'entrée en communauté. Elle n'avait encore pu se résigner à cet engagement définitif, sort normal des filles sans dot. L'absence de cette vocation qu'elle se reprochait comme un tort lui semblait une grande injustice.

Ses amies Geneviève, Anne et Marie, sereines et effacées, glissaient

90 sans heurt vers la vie religieuse. Pourquoi ce sentiment de révolte, ce goût d'évasion, lorsque par-dessus le mur gris de la communauté,

E. M. Charlebois, *Ferme Saint-Gabriel*. Huile sur toile. Collection Maison Saint-Gabriel, Montréal.

C'est à la Maison Saint-Gabriel que Marguerite Bourgeoys accueillit les filles du Roy en Nouvelle-France au XVIIᵉ siècle.

elle voyait fumer les cheminées paisibles de la petite ville de Troyes? Quelques-unes de ses compagnes s'échapperaient pour épouser un lointain cousin, un veuf chargé d'enfants ou un vieillard cossu pour qui
95 la fraîcheur des dix-huit ans remplacerait la dot.

Même ce triste choix ne lui était pas offert, car il faut bien l'avouer, aux yeux des religieuses, son éducation était un fiasco. On ne pouvait vraiment la recommander comme épouse modèle. Elle brûlait la pâte, oubliait de mettre sa coiffe, galopait à travers les corridors, bondissait
100 dans les escaliers, et son étourderie proverbiale n'était même pas compensée par une douceur de bon aloi.

Toujours appuyée à la porte du parloir, Jeanne rêvait, tout éveillée. Comme elle avait eu raison d'espérer, de croire que malgré tout, la vie lui réservait des joies et des surprises! Maintenant seulement, Jeanne
105 osait s'avouer quel espoir tenace l'avait empêchée de céder à toutes les pressions et lui avait fait remettre d'une saison à l'autre son inévitable entrée au couvent. Jamais vocation n'avait été aussi peu spontanée.

Lorsque sa protectrice, sœur Berthelet, était morte, doucement, un matin d'été de l'année précédente, Jeanne avait eu l'impression de
110 perdre son grand-père encore une fois. Depuis ce jour, personne n'avait

considéré sa gaieté bruyante et son entrain comme des qualités. Au contraire, on lui en tenait grief. Comme de son buste trop provocant et de ses cheveux indisciplinés qui s'échappaient en frisant de son bonnet sévère. Tant de vitalité effrayait un peu les religieuses qui

115 avaient justement fui ces excès en se réfugiant au couvent. Jeanne s'efforçait à la pondération, espérant en être un jour pénétrée.

Mais maintenant, tout cela était du passé. Quel glorieux avenir s'ouvrait devant l'orpheline! Les mises en garde de sœur Bourgeoys n'avaient même pas atteint ses oreilles bourdonnantes.

120 Déjà elle voyait l'Aventure, un grand voilier, la mer infinie, un continent magnifique, primitif, une colonie vigoureuse qui n'attendait que Jeanne Chatel pour prospérer et passer à l'action. Elle aurait tous les courages, toutes les audaces, comme les preux chevaliers des quelques romans de la bibliothèque de son grand-père.

125 La jeune fille n'avait qu'un regret. Hélas! plus jamais son preux chevalier personnel, le beau Thierry de Villebrand, ne pourrait la retrouver pour l'emporter sur son grand cheval blanc.

Poupée représentant une fille du Roy.

Avec toute la sagesse de ses dix-huit ans, Jeanne devait

130 bien admettre que, sachant où elle était, il y a belle lurette que son héros aurait pu venir la quérir. Et leur dernière rencontre, lorsqu'elle avait dix ans et avait osé lui jeter une poignée de moutarde dans les yeux, ne s'était guère prêtée aux effusions sentimentales. Bah! au diable les

135 fantaisies, et vive la belle réalité d'aujourd'hui! Au lieu du personnage imaginaire qu'elle avait créé, pour peupler ses rêves de jeunesse, en s'inspirant de deux rencontres rapides avec un beau garçon, elle aurait un mari bien à elle, un époux qui

140 l'attendait à l'instant même, sur la côte lointaine de la Nouvelle-France.

— Fille du Roy. Je suis fille du Roy.

Extrait de Suzanne Martel, *Jeanne, fille du Roy*, © Fides, 1974.
Reproduit avec l'autorisation de Copibec.

Les souvenirs
d'un enfant de la guerre

Dans le recueil *Enfants en guerre* (2001), Kees Vanderheyden a rencontré des personnes qui ont vécu la Deuxième Guerre mondiale tant en Allemagne qu'en Pologne, en Belgique, en Hollande et aux États-Unis, alors qu'elles avaient 8, 12 ou 15 ans. Il en a recueilli les témoignages et les souvenirs dans une vingtaine de récits.

«Ma bicyclette s'en va-t-en guerre!» est un récit constitué des souvenirs du jeune Yougoslave Zvonko Springer dont le cadeau d'anniversaire se retrouvera au front.

J'ai eu mon premier vélo tout neuf le jour de mon douzième anniversaire. Nous venions de déménager dans une maison située dans une belle rue large à Osijek, en Yougoslavie. Je brûlais de savoir si mes parents m'avaient acheté un vélo, comme je l'avais demandé. La veille
5 de mon anniversaire, je suis donc allé secrètement dans la chambre de

la guerre

mes parents, pendant qu'ils étaient en bas dans le salon. Je savais qu'ils cachaient quelque chose, mais quoi ? Si c'était un vélo ? Eh oui, j'ai vu là contre le mur de leur chambre mon premier vélo ! Il était enveloppé dans du papier de couleur. Je l'ai touché en veillant à ne pas faire le
10 moindre bruit. J'avais très hâte de prendre possession de ma bicyclette.

Peu avant, au mois de mars, quelque chose de dramatique s'était produit. Les Allemands s'apprêtaient à envahir mon pays. Ils avaient déjà bombardé la capitale Belgrade. Notre gouvernement, décidé à combattre les Allemands, avait commencé à appeler les hommes pour
15 entrer dans l'armée. C'est ainsi que, le jour de mon anniversaire, mon père a reçu une lettre du Haut Commandement militaire annonçant que je devais me présenter immédiatement à l'hôtel de ville… avec ma bicyclette.

J'ai donc pris congé de l'école et je me suis rendu à l'hôtel de ville
20 avec mon beau vélo tout neuf. Il y avait là une foule de gens avec leurs bicyclettes qui devaient les faire enregistrer et y attacher une plaque à l'avant et à l'arrière. Quand mon tour est arrivé, on m'a confié une pile de feuilles que je devais aller livrer un peu partout en ville, en me demandant de revenir à l'hôtel de ville le lendemain matin.

25 Je me promenais fièrement avec mon nouveau vélo dans des quartiers de la ville que je n'avais jamais vus. À chaque adresse de ma liste, je devais remettre aux gens une lettre pour laquelle ils devaient signer un reçu. Si personne n'était à la maison, je devais laisser dans la boîte aux lettres un ordre de se présenter à l'hôtel de ville dans les
30 vingt-quatre heures, sous peine de punition sévère. Le lendemain, j'ai su

Écrivain pour la jeunesse et conteur, Kees Vanderheyden est né à Tilburg (Pays-Bas) en 1932. Au Canada depuis 1954, il est tour à tour professeur, journaliste, planificateur et concepteur d'idées. Il publie en 1994 *La guerre dans ma cour* qui a été porté au grand écran. C'est en 2001 que paraît *Enfants en guerre*.

ce qu'il y avait dans ces fameuses lettres. Les unes donnaient l'ordre de se présenter aux responsables de l'armée pour le service militaire, les autres, l'ordre de porter des bicyclettes ou des voitures au garage municipal ou ailleurs. J'ai ainsi exécuté pendant trois jours une tâche
35 fort pénible. Le soir, je rentrais chez nous épuisé. Ma belle bicyclette avait déjà l'air moins neuve, mais j'en étais quand même fier, car c'était mon bien le plus précieux.

L'après-midi du troisième jour de livraison du courrier, mon père m'a appelé après avoir fermé son bureau. Il m'a regardé, le visage
40 sombre. Il avait en main une lettre pareille à celles que j'avais distribuées pendant ces journées-là. C'était l'ordre d'aller porter ma bicyclette à l'hôtel de ville dès le lendemain matin.

J'étais atterré. Je ne voulais pas croire que le mauvais sort était tombé sur moi aussi. Je n'ai pas fermé l'œil de la nuit. Comment faire
45 pour sauver ma première bicyclette ? Après trois jours de dur travail pour le gouvernement, voilà qu'on m'enlevait ma bicyclette, ce beau modèle noir brillant avec le nom de *Wanderer* (Vagabond) en lettres dorées. Comment le gouvernement pouvait-il utiliser mon vélo dans les batailles contre les Allemands ?
50 Le lendemain matin, mon père m'a serré dans ses bras. Je sanglotais sur sa poitrine. Il m'a dit : « Fiston, c'est une des épreuves de la vie. Va porter ta bicyclette à l'hôtel de ville. »

C'est ainsi que j'ai dû abandonner mon premier vélo en avril 1941. Je ne l'ai plus
55 jamais revu. Il est parti pour la guerre, deux ans avant son jeune propriétaire. Bientôt, des épreuves encore plus pénibles allaient bouleverser ma vie.

Kees Vanderheyden, « Ma bicyclette s'en va-t-en guerre !
Souvenirs de Zvonko Springer », *Enfants en guerre*,
© Boréal, 2001.

Les dernières rêveries d'une fillette

Comme il faisait froid ! La neige tombait et la nuit n'était pas loin ; c'était le dernier soir de l'année, la veille du jour de l'an. Au milieu de ce froid et de cette obscurité, une pauvre petite fille passa dans la rue, la tête et les pieds nus. Elle avait, il est vrai, des pantoufles en

5 quittant la maison, mais elles ne lui avaient pas servi longtemps : c'étaient de grandes pantoufles que sa mère avait déjà usées, si grandes que la petite les perdit en se pressant de traverser la rue entre deux voitures. L'une fut réellement perdue ; quant à l'autre, un gamin l'emporta avec l'intention d'en faire un berceau pour son petit enfant,

10 quand le ciel lui en donnerait un.

La petite fille cheminait avec ses petits pieds nus qui étaient rouges et bleus de froid ; elle avait dans son vieux tablier une grande quantité d'allumettes, et elle en portait à la main un paquet. C'était pour elle une journée mauvaise ; pas d'acheteurs, donc pas le moindre sou. Elle avait

15 bien faim et bien froid, bien misérable mine. Pauvre petite ! Les flocons de neige tombaient dans ses longs cheveux blonds, si gentiment bouclés autour de son cou ; mais songeait-elle seulement à ses cheveux bouclés ? Les lumières brillaient aux fenêtres, le fumet des rôtis s'exhalait dans la rue, c'était la veille du jour de l'an : voilà à quoi elle

20 songeait. Elle s'assit et s'affaissa sur elle-même dans un coin, entre deux maisons. Le froid la saisissait de plus en plus, mais elle n'osait pas retourner chez elle : elle rapportait ses allumettes et pas la plus petite pièce de monnaie. Son père la battrait ; et du reste, chez elle, est-ce qu'il n'y faisait pas froid aussi ? Ils logeaient sous le toit, et le vent

25 soufflait au travers, quoique les plus grandes fentes eussent été bouchées avec de la paille et des chiffons. Ses petites mains étaient presque mortes de froid. Hélas ! qu'une petite allumette leur ferait du bien ! Si elle osait en tirer une seule du paquet, la frotter sur le mur et réchauffer ses doigts ! Elle en tira une : ritch ! comme elle éclata !

> « La petite fille et les allumettes » relate l'histoire d'une fillette abandonnée un soir glacial d'hiver, la veille du Nouvel An.

30 comme elle brûla ! C'était une flamme chaude et claire comme une petite chandelle, quand elle la couvrit de sa main. Quelle lumière bizarre ! Il semblait à la petite fille qu'elle était assise devant un grand poêle de fer orné de boules et surmonté d'un couvercle en cuivre luisant. Le feu y brûlait si magnifique, il chauffait si bien ! Mais,
35 qu'y a-t-il donc ? La petite étendait déjà ses pieds pour les chauffer aussi ; la flamme s'éteignit, le poêle disparut : elle était assise, un petit bout de l'allumette brûlée à la main.

Elle en frotta une seconde qui brûla, qui brilla, et, là où la lueur tomba sur le mur, il devint transparent comme une gaze. La petite
40 pouvait voir jusque dans une chambre où la table était couverte d'une nappe blanche, éblouissante de fines porcelaines, et sur laquelle une oie rôtie, farcie de pruneaux et de pommes, fumait avec un parfum délicieux. Ô surprise, ô bonheur ! Tout à coup l'oie sauta de son plat et roula sur le plancher, la fourchette et le couteau dans le dos, jusqu'à la
45 pauvre fille. L'allumette s'éteignit : elle n'avait devant elle que le mur épais et froid.

En voilà une troisième allumée. Aussitôt elle se vit assise sous un magnifique arbre de Noël ; il était plus riche et plus grand encore que celui qu'elle avait vu, à la Noël dernière, à travers la porte vitrée, chez
50 le riche marchand. Mille chandelles brûlaient sur les branches vertes, et des images de toutes couleurs, comme celles qui ornent les fenêtres des magasins, semblaient lui sourire. La petite éleva les deux mains : l'allumette s'éteignit ; toutes les chandelles de Noël montaient, montaient, et elle s'aperçut alors que ce n'étaient que les étoiles. Une d'elles tomba
55 et traça une longue raie de feu dans le ciel.

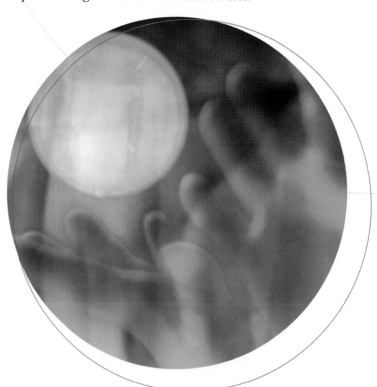

« C'est quelqu'un qui meurt », se dit la petite ; car sa vieille grand-
mère, qui seule avait été bonne pour elle, mais qui n'était plus, lui
répétait souvent : « Lorsqu'une étoile tombe, c'est qu'une âme monte
à Dieu. »

60 Elle frotta encore une allumette sur le mur : il se fit une grande
lumière au milieu de laquelle était la grand-mère debout, avec un air
si doux, si radieux !

« Grand-mère, s'écria la petite, emmène-moi. Lorsque l'allumette
s'éteindra, je sais que tu n'y seras plus. Tu disparaîtras comme le poêle
65 de fer, comme l'oie rôtie, comme le bel arbre de Noël. »

Elle frotta promptement le reste du paquet, car elle tenait à garder
sa grand-mère, et les allumettes répandirent un éclat plus vif que celui
du jour. Jamais la grand-mère n'avait été si grande ni si belle.
Elle prit la petite fille sur son bras, et toutes les deux
70 s'envolèrent joyeuses au milieu de ce rayonnement, si haut,
si haut, qu'il n'y avait plus ni froid, ni faim, ni angoisse,
elles étaient chez Dieu.

Mais dans le coin, entre les deux maisons,
était assise, quand vint la froide matinée,
75 la petite fille, les joues toutes rouges,
le sourire sur la bouche… morte, morte
de froid, le dernier soir de l'année. Le
jour de l'an se leva sur le petit cadavre
assis là avec les allumettes, dont un
80 paquet avait été presque tout brûlé.
« Elle a voulu se chauffer ? » dit
quelqu'un. Tout le monde
ignora les belles choses qu'elle
avait vues, et au milieu de
85 quelle splendeur elle était
entrée avec sa vieille grand-
mère dans la nouvelle année.

Hans Christian Andersen, « La petite fille
et les allumettes », 1856.

« Cher monsieur
Le marchand de bonheur
Vous n'êtes pas méchant
Juste un peu menteur
Comme tous les marchands
Comme tous les vendeurs
Vous voulez votre argent
Moi je veux mon bonheur[1] »
(Rivard)

N'y a-t-il pas de sot métier ?[3]

« J'suis snob,
J'suis snob,
J'suis ravagé par ce microbe[2]. »
(Vian)

96% de rabais
sur tous nos
articles de sport*
*Ne s'applique pas aux...

CE SOIR
MATCH D'IMPRO

1. Michel Rivard, «Marchand de bonheur», *Sauvage/Michel Rivard*, © Les Éditions Bonne Délivrance, 1983.
2. Boris Vian (paroles) et Jimmy Walter (musique), «Je suis snob», © Éditions Méridian, 1954.
3. Phrase souvent entendue : «Il n'y a pas de sot métier.»

Des consommateurs avertis

«No logo!⁴»
(Klein)

«On ne meurt pas d'un trou dans son pantalon, sauf si l'on est scaphandrier⁵.»
(Toulouse-Lautrec)

«Si tous les êtres humains consommaient autant que nous, il faudrait de trois à cinq planètes comme la nôtre!⁶»
(Waridel)

4. Naomi Klein, *No Logo*, © Naomi Klein, 2000.
5. Phrase attribuée à Henri de Toulouse-Lautrec, citée dans Jacques Carelman, *Le catalogue des objets introuvables*, 1994.
6. Laure Waridel, «Oui à une économie plus humaine», *Journal de Québec*, 11 novembre 2003.

De l'Antiquité au XXIe siècle

Lecture de manuscrit antique sur papyrus
dans la bibliothèque d'Alexandrie, en Égypte.

Les ancêtres de la pub !

C'est dans l'Antiquité qu'on peut retrouver
les ancêtres de la publicité. Déjà 3000 ans
avant notre ère, les Égyptiens distribuaient
des papyrus pour annoncer les récompenses
5 promises à ceux qui trouveraient des
esclaves en fuite ou alors promouvaient
les exploits de leurs souverains par des
inscriptions. Vers 500 avant Jésus-Christ,
les Grecs gravaient les lois et les décisions
10 importantes sur des tablettes de bois
appelées « axones », qui étaient ensuite
placardées dans un lieu public. De plus,
ils inscrivaient dans la pierre des publicités
pour le théâtre. Dans la Rome antique, des
15 tablettes annonçaient les ventes et les
spectacles, jouant ainsi le même rôle que

nos affiches. Les Romains utilisaient aussi
des murs peints en blanc, les « albums »,
comme supports à des annonces
20 publiques. Celles-ci pouvaient être d'ordre
officiel (annonces légales) ou d'ordre privé
(campagne électorale, spectacle).

Par la suite, dans l'Europe du Moyen Âge
où la population était majoritairement
25 analphabète, des crieurs publics
annonçaient les programmes des foires,
les maisons à vendre, ainsi que les mariages
et les exécutions capitales. À cette époque,
les artisans et les commerçants faisaient leur
30 publicité grâce à leurs enseignes.

Un crieur public dans un village.

La pub et l'imprimerie du XVe au XIXe siècle

Le premier véritable support publicitaire est
l'affiche, qui apparaît avec l'imprimerie,
au XVe siècle. Elle se développe ensuite
considérablement à partir de la fin du
35 XVIIIe siècle et surtout au XIXe siècle, grâce à
l'invention de la lithographie et aux progrès
techniques de l'imprimerie qui permettent de

Johannes Gutenberg fut l'inventeur de la presse à imprimer en 1438 et mit au point la technique typographique vers 1450.

reproduire des images. Ce développement rapide correspond à la Révolution industrielle
40 et à l'apparition d'une société de consommation où la publicité devient nécessaire pour vendre les produits fabriqués en grande quantité. Parallèlement à la diffusion de cette publicité moderne par
45 voie d'affiches illustrées apparaissent les premières annonces publicitaires payantes dans un journal. C'est en 1836 que le Français Émile de Girardin fonde un journal beaucoup moins cher que ceux de ses
50 concurrents, car il est en partie financé par les annonceurs qui y font de la publicité.

À la même époque que la Révolution industrielle
55 apparaissent aux États-Unis et en Europe les premières agences

de publicité. Elles font l'intermédiaire entre les
60 annonceurs (les fabricants) et les journaux.

La pub au XXᵉ siècle

Au XXᵉ siècle, la publicité évolue au rythme des innovations technologiques qui autorisent des supports de plus en plus variés. En 1922, on diffuse aux États-Unis la
65 première publicité radiophonique; en 1925 apparaît en France la première enseigne lumineuse; en 1947, la publicité télévisée naît aux
70 États-Unis. Dans cette première moitié du XXᵉ siècle, on parle plutôt de « réclame » que de « publicité ». La
75 réclame suggère un moyen de communication bruyant où l'on n'hésite pas à exagérer les mérites des produits vantés pour

attirer l'attention du public. De ce fait, la
80 réclame a acquis une connotation péjorative.
Au contraire, la publicité sous-entend
sérieux, rigueur, réflexion. En 1965, le
marketing permet à la publicité de s'appuyer
désormais sur une démarche plus rationnelle
85 grâce aux sondages, aux études de marché,
etc. Les publicitaires étudient soigneusement
le produit et les clients visés avant d'entamer
une campagne publicitaire.

La publicité télévisée, qui est apparue aux
90 États-Unis au milieu du XXᵉ siècle, connaît
un véritable essor dans les années 1980,
notamment grâce à la multiplication des
chaînes privées. Son pouvoir devient
énorme, car c'est elle qui finance en grande
95 partie les chaînes de télévision. Il existe des
restrictions pour protéger les enfants qui
sont une cible fragile : au Québec, une loi
interdit la publicité télévisée destinée aux
enfants de moins de 13 ans.

La pub au XXIᵉ siècle

100 À l'aube du XXIᵉ siècle, l'expansion
d'Internet devient un nouveau média
intéressant pour la publicité. C'est en 1994
qu'ont eu lieu les premières campagnes
publicitaires avec affichage de bannières
105 dans un site Internet. Depuis, la part de
la publicité dans Internet augmente
constamment.

La publicité ne se limite pas aux médias. En
effet, on assiste à l'expansion de la publicité
110 hors-médias, qui consiste notamment en la
promotion sur le lieu de vente, le marketing
direct (publipostage), la commandite et les
relations publiques.

Odile Perpillou

Affiche de Théophile Alexandre Steinlen
au XIXᵉ siècle.

Affiche d'Eugène Oge en 1905.

L'affiche, un nouveau genre artistique

C'est durant la révolution industrielle au XIXe siècle, alors que les techniques d'imprimerie deviennent plus efficaces, que l'affiche prend son essor. Le développement de
5 la lithographie, par exemple, permet d'imprimer à peu de frais de gros tirages. L'affiche devient donc un nouveau média publicitaire.

Les premières affiches sont conventionnelles. Elles contiennent beaucoup de textes,
10 destinés à fournir le maximum d'information aux passants, et les illustrations sont sobres et discrètes. Il s'agit le plus souvent de gravures réalistes, en noir et blanc.

Mais l'arrivée du peintre français Jules Chéret
15 apporte un nouveau souffle. Son affiche pour un spectacle des Folies-Bergère en 1877 surprend. Pour la première fois, les Parisiens peuvent admirer une affiche qui propose un dessin simple et coloré, sans ombre ni
20 perspective. À partir de ce jour, les affichistes tracent des lignes de plus en plus simples, de moins en moins réalistes.

C'est ce coup de pinceau stylisé qu'adopte avec beaucoup de succès Henri de Toulouse-
25 Lautrec, qui pousse encore plus loin la simplification de l'image. En 1891, son affiche pour le cabaret du Moulin Rouge impressionne les passants de Pigalle. La silhouette des personnages, les couleurs vives en aplats et
30 la ligne claire vont faire école dans l'esthétique de la publicité. Toulouse-Lautrec poursuit sa carrière en illustrant des pièces de théâtre, des tours de chants, des expositions, etc.

Grâce à des artistes comme Chéret et
35 Toulouse-Lautrec, la frontière entre l'art et la publicité s'estompe. L'affiche devient un nouveau genre artistique.

Emanuele Setticasi

Affiche de Jules Chéret, fin XIXe siècle.

Affiche d'Henri de Toulouse-Lautrec, 1891. Affiche d'Henri de Toulouse-Lautrec, 1895.

Des consommateurs avertis

La pub sous toutes ses formes

Publicité

Le mot « publicité » vient du latin *publicus* qui signifie « qui concerne le peuple », « qui est commun à tous ». Quand le mot « publicité » est apparu au XVIIe siècle, il signifiait

5 « action de rendre public » dans un contexte juridique. De nos jours, la publicité consiste à faire connaître au public un produit grâce à un message et à inciter les consommateurs à l'acheter. Tous les médias

10 offrent un support possible pour la publicité : affiches, courrier et prospectus ; journaux et magazines ; radio, télévision, Internet, etc. Dans le langage familier, on utilise souvent l'abréviation « pub ». On trouve également

15 « publicité » sous la forme « publi- » dans des mots composés récents comme « publipostage » ou « publiphile » (qui aime la publicité).

Slogan

Le mot « slogan » est d'origine anglaise ; il

20 vient lui-même d'un mot écossais, *sluagh-gairm*, signifiant « cri de guerre ».

On l'emploie en français depuis les années 1930 pour désigner une formule courte et frappante utilisée en publicité, mais aussi en

25 politique ! On a remarqué qu'un slogan publicitaire efficace ne comporte généralement que quatre à six mots parmi lesquels figurent rarement des verbes et des adjectifs. On utilise souvent dans le slogan

30 des procédés de style comme les rimes ou les allitérations, pour être plus facilement mémorisés et répétés.

Affiche

Avant de signifier « ce qui est fixé, affiché », le mot « affiche » désignait au Moyen Âge ce

35 qui servait à fixer : épingle, agrafe ! Une affiche publicitaire est une feuille imprimée, le plus souvent illustrée, sur laquelle on trouve la marque et le slogan du produit qu'on veut faire connaître aux futurs clients. Elle est

40 collée sur les murs de la ville, dans les couloirs de métro, sur les autobus… Des peintres et des photographes sont devenus célèbres grâce aux affiches publicitaires qu'ils ont réalisées.

Marque

45 Le mot « marque » vient de l'ancien français *merc* et signifie « signe ». Dans le langage des affaires, une marque désigne un signe servant à distinguer les produits ou les services d'une

entreprise de ceux d'autres entreprises.
50 Le caractère distinctif et l'indication de la provenance du produit ou du service sont les principales caractéristiques de la marque. On assimile couramment le fabricant à sa marque, quand on parle d'une « grande marque » par
55 exemple. Certaines marques ont acquis une telle réputation qu'elles sont devenues des noms communs !

Annonce publicitaire imprimée

Le mot « annonce » vient du latin *annuntiare* qui signifie « faire savoir, porter à la
60 connaissance ». L'annonce publicitaire imprimée permet de faire connaître des produits aux lecteurs du journal ou du magazine. Les commerçants sélectionnent des publications qui rejoindront les lecteurs
65 qui ont les mêmes centres d'intérêt que ceux de leur clientèle cible. L'annonce publicitaire comporte le plus souvent une image, qui ne représente pas nécessairement le produit, un slogan, la marque et son logo. Parfois,
70 des indications en petits caractères donnent des précisions techniques sur le produit.

Logo

Le mot « logo » est l'abréviation de « logotype », qui vient des mots grecs *logos* signifiant « paroles » et *typos* signifiant « caractère ».
75 Utilisé depuis 1970, le logo est la représentation graphique originale d'une marque commerciale ou du nom d'une compagnie. C'est lui qui véhicule son identité visuelle. On n'a pas besoin de lire le
80 nom contenu dans le logo pour reconnaître la marque ou la compagnie.

Panneau publicitaire

Le mot « panneau » vient du latin *pannus* qui signifie « morceau d'étoffe ». Les panneaux publicitaires servent de support à des
85 publicités de grande taille, le plus souvent des images fixes. On les trouve sur les murs des édifices en ville, particulièrement dans le centre des grandes villes, et le long des routes hors des villes. Pour attirer l'attention
90 du public, des publicitaires conçoivent des publicités en relief ou alors des publicités dont un élément déborde du cadre du panneau, ainsi que des panneaux publicitaires lumineux et animés.

Odile Perpillou
Emanuele Setticasi

Qui fait vivre la pub ?

1

2

3

4

1 Le client ou la cliente

Dans le langage de la publicité, on appelle client ou cliente l'« annonceur » ou l'« annonceuse ». Il s'agit du fabricant ou de la fabricante qui veut faire connaître et vendre
5 un nouveau produit au public à l'aide d'une campagne publicitaire.

Le directeur ou la directrice du marketing de l'annonceur ou de l'annonceuse est en relation avec l'agence de publicité
10 responsable de la campagne. Il ou elle lui fournit les renseignements sur ses clients ou futurs clients, leurs goûts, les endroits où ils effectuent leurs achats, enfin tout ce qui peut contribuer à réaliser une campagne
15 publicitaire efficace.

2 L'agence de publicité

C'est dans l'agence de publicité que sont conçues et réalisées les campagnes publicitaires. Les principaux rôles au sein de l'agence sont partagés entre les personnes
20 suivantes.

Le ou la chef de publicité, qui peut porter le titre de directeur commercial ou de directrice commerciale, s'occupe du service à la clientèle. Cette personne rencontre les
25 annonceurs qui veulent une campagne publicitaire et doit les convaincre que son agence va répondre à leurs attentes. Elle doit ensuite expliquer ces mêmes attentes aux membres de l'équipe qui « fabriquent » la
30 campagne.

Le concepteur-rédacteur ou la conceptrice-rédactrice et le directeur ou la directrice artistique sont responsables de la création. Le concepteur-rédacteur ou la conceptrice-
35 rédactrice travaille avec les idées et les mots. Cette personne conçoit l'idée qui va être le fil conducteur de la campagne et l'exprime en textes et slogans, remplaçant et déplaçant les mots jusqu'à trouver la formule juste. Elle a
40 une très bonne maîtrise de la langue et de l'écriture. Le directeur ou la directrice artistique traduit l'idée retenue en images. Cette personne a de grandes compétences graphiques et esthétiques. Outre leurs
45 habiletés propres, ils ont tous deux une excellente culture générale et une perception développée du monde qui les entoure.

Le ou la responsable des médias sélectionne les médias qui vont servir de support à la
50 campagne publicitaire pour qu'elle soit la plus efficace possible. Grâce à des études spécialisées, la personne responsable des médias sait qu'il vaut mieux annoncer certains produits à la télévision et d'autres dans des
55 revues spécialisées, par exemple. Elle s'occupe aussi de l'achat d'espace : des minutes de publicité aux chaînes de télévision, des pages dans les journaux, des semaines d'affichage sur des panneaux.

60 Le directeur ou la directrice de production est responsable de la réalisation concrète de la campagne publicitaire, ce qui sera présenté au public : les films publicitaires, les affiches, etc. Cette personne est en relation avec des
65 photographes, des dessinateurs, des spécialistes de l'audiovisuel.

3 Les médias

Les médias transmettent aux consommateurs le message de l'annonceur ou de l'annonceuse. Les principaux médias sont
70 la télévision, la radio, le cinéma, l'affichage, la presse, le courrier. Le représentant commercial ou la représentante commerciale a pour rôle de vendre de l'espace à la personne responsable des médias de
75 l'agence, en lui démontrant les avantages de son média.

4 Les consommateurs

Les consommateurs sont soumis à la campagne publicitaire et choisissent d'acheter ou non le produit selon qu'ils se
80 sentent concernés et séduits par le message.

Emanuele Setticasi

La science, gage de sérieux

En général, le vocabulaire publicitaire se limite aux 3000 mots les plus courants de la langue
5 française, histoire d'être compris de tous. Mais la pub n'hésite pas à parsemer son discours de termes scientifiques
10 compliqués. Dans quel but ? Donner le sentiment que le produit est de haute technicité ou que celui qui vante ses mérites est un expert. Les crèmes antirides se vendent grâce à des liposomes, du pro-
15 rétinol actif, — les composés actifs ont plus la cote en publicité que les composés passifs : le « bifidus passif », ce ne serait pas très vendeur comme concept ! —, des

enzymes et des
20 coenzymes, des ingrédients biomimétiques… Qui sait ce qu'est un liposome, ou un coenzyme ? Sûrement pas la majorité des consommateurs.

25 Pour renforcer l'argumentaire, rien de tel qu'un petit comparatif avant-après, quelques chiffres sur les résultats, un graphique, et parfois même une petite expérience de chimie. Quand une marque veut montrer
30 que son savon est doux pour la peau, elle parle de son pH neutre, autrement dit, ni acide ni basique. Et sort un petit bout de papier pH, ce papier jaune qui change de couleur en fonction de l'acidité du produit
35 dans lequel il est trempé. Que voit-on dans cette publicité ? Le papier pH ne change pas de couleur au contact du savon mouillé. Seul hic : dans la réalité, avec un produit neutre, le papier devient vert ! S'il reste
40 jaune, c'est que le produit est acide. Peut-être le changement de couleur du papier aurait-il fait mauvaise impression auprès du spectateur, en insinuant que ce savon provoque
45 des réactions chimiques. En tout cas, la pub a arrangé la science à sa sauce.

Extrait de
Sylvie Redon-Clauzard,
« Comment on nous manipule »,
Science & Vie Junior, n° 170,
novembre 2003.
© S. Redon-Clauzard/
Science & Vie Junior.

Le design

Un contenant de ketchup en forme de petit bonhomme est plus drôle qu'une simple bouteille, c'est un petit compagnon de table. Pourtant, tous deux ont la même fonction :
5 contenir de la sauce tomate. Ce sont des emballages. Le design d'emballage est appelé également « packaging ». Certains emballages aujourd'hui ont des formes standard, c'est-à-dire des formes qui sont
10 les mêmes pour toutes les marques : les briques de lait ou de jus de fruit, le pot de yaourt, la boîte de conserve, le berlingot, la bombe aérosol ou le tube de dentifrice. Leur

différence vient de ce qui est marqué
15 dessus. Mais parfois, les fabricants demandent au designer de créer une forme qui se différencie des autres. Dans le domaine du luxe, l'emballage renforce le côté précieux des produits. Dans une
20 parfumerie, nous verrons autant de flacons que de parfums différents, chez un horloger, nous n'aurons pas le même coffret suivant la montre que nous achèterons. Le packaging s'applique jusqu'aux sacs en papier ou en
25 plastique qui contiennent nos achats.

Claire Fayolle, « Des emballages pour nous séduire »,
C'est quoi le design ?, © Éditions Autrement et le SCÉRÉN,
2002. (Collection Autrement Junior, Série Arts)

En publicité, le contenant est aussi important que le contenu ! Selon le marché visé, les designers vont concevoir un emballage différent.

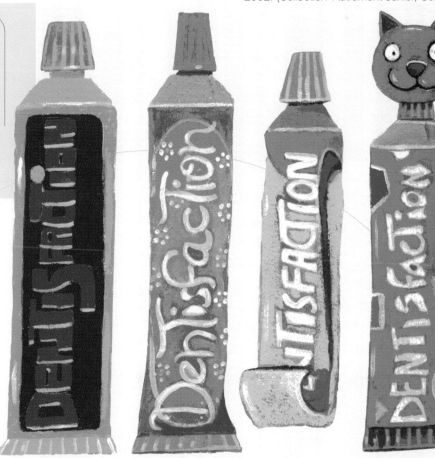

Un arc-en-ciel d'arguments

Dans une publicité, rien n'est jamais laissé au hasard. Le choix des couleurs, par exemple, peut influencer grandement les consommateurs. Un directeur d'une firme spécialisée dans les études sur la couleur, Louis Cheskin, a déjà fait une expérience afin de mesurer l'effet de la couleur sur la perception des gens. Il avait demandé à des volontaires de tester trois boîtes de détersif et ensuite de déterminer lequel était le meilleur pour laver le linge délicat. La première boîte était jaune, la deuxième était bleue et la troisième avait des pois jaunes sur fond bleu. Étonnamment, les gens ont préféré le détersif de la troisième boîte. Celui de la boîte jaune leur semblait trop puissant et celui de la boîte bleue leur paraissait inefficace. Pourtant, les trois boîtes contenaient le même produit...

L'extrait proposé provient d'un guide à l'intention des publicitaires. On y décrit la valeur d'expression émotive particulière à chaque couleur. Certes, on remarquera dans cet extrait des évidences et des clichés: le rose fait féminin, le noir paraît sinistre, le jaune est tonique, etc. Mais les publicitaires ne s'amusent-ils pas, justement, à jouer avec les stéréotypes et les clichés?

Le rouge

Il est d'une part le symbole de l'amour et de la chaleur, de la sensualité et de la passion. D'autre part, il s'identifie à la révolte et au sang, au diabolique et au feu dévorant. C'est
5 la couleur la plus violente, la plus dynamique et avec le plus fort potentiel d'action. Elle exprime la joie de la conquête et de la révolution. Le rouge augmente la pression sanguine, la tension musculaire et le rythme
10 respiratoire. […]

Le rouge *pourpre* est sévère, traditionnel et riche. Le rouge *bordeaux* est luxueux et élégant. Le rouge *cerise* prend une note sensuelle. Le rouge *moyen* incarne l'activité,
15 la force, le mouvement et les désirs passionnels. Plus clair, il signifie force, fougue, énergie, joie et triomphe.

Vous pouvez utiliser le rouge:

➤ pour les produits destinés à combattre
20 le feu;

➤ pour tous les produits à connotation virile — automobile sport, […], crème à raser — puisque le rouge dégage un attrait particulièrement masculin;

25 ➤ pour tous les produits de consommation achetés impulsivement comme le chocolat ou la gomme à mâcher ;

➤ pour tous les produits alimentaires (Le rouge est promesse de qualité, de
30 valeur, et il est suffisamment neutre pour englober toutes les marchandises de l'entreprise.) ;

➤ pour tous les interdits et les avertissements.

35 Les propriétaires de restauration rapide utilisent à bon escient les propriétés du rouge lorsqu'ils en peignent leur salle à manger. Ils incitent le consommateur à se presser, accélérant ainsi sensiblement la
40 rotation en accroissant le dynamisme des consommateurs.

Pour les mêmes raisons, les ouvriers en devoir ont tendance à passer moins de temps dans des toilettes peintes en rouge
45 que dans celles peintes en bleu.

Le jaune

Il est gai, vibrant et sympathique. C'est la couleur de la bonne humeur et de la joie de vivre. Il est tonique et lumineux, et donne, tout comme l'orangé, l'impression
60 de chaleur et de lumière. Le jaune accroche particulièrement le regard des consommateurs surtout lorsqu'il est jumelé avec le noir. Il convient bien psychologiquement aux produits associés
65 au maïs, au citron et aux lotions de bronzage.

L'orangé

Il évoque la chaleur, le feu, le soleil, la lumière et l'automne… d'où ses effets psychologiques d'ardeur, de stimulation et de jeunesse. En grande quantité, l'orangé
50 accélère les pulsations cardiaques tout en restant sans effet sur la pression sanguine. Frivole à l'excès, on ne le prend pas au sérieux. Il convient bien au ravioli, aux mets préparés, aux conserves de viande et de
55 produits à base de tomates.

Le vert

Il invite au calme et au repos — il a la propriété d'abaisser la pression sanguine et de dilater les capillaires. C'est un symbole
70 de santé, de fraîcheur et de naturel qui est souvent utilisé pour les légumes en boîte […].

Le vert est aussi la couleur de l'espérance. […]

Le violet

Il est un rouge refroidi au sens physique et psychique du mot. Il y a en lui quelque chose de maladif, d'éteint, de triste. Si on l'associe si souvent à l'idée de royauté et
100 d'apparat religieux, c'est que le violet a pendant longtemps été préparé à partir d'une recette connue des seuls Phéniciens qui la fabriquaient à partir de glandes de mollusques pêchés dans des filets fins.
105 Le violet est rarement utilisé en publicité si ce n'est pour conférer au produit une impression de royauté.

Le bleu

Il évoque le ciel, l'eau, la mer, l'espace, l'air et les voyages. Il est associé à des idées de
75 merveilleux, de liberté, de rêve et de jeunesse. C'est une couleur calme, reposante et transparente, qui inspire paix, détente et sagesse. À sa vue, la tension musculaire, le rythme respiratoire et la
80 pression sanguine décroissent.

Frais dans les tons clairs, le bleu devient froid dans les tons soutenus. Le bleu convient bien aux produits congelés — pour donner une impression de glace — et
85 à tous les rafraîchissements : bière, boisson gazeuse, eau en bouteille, etc., surtout lorsqu'il est jumelé au blanc. Le bleu-vert est la plus froide des couleurs.

Fait à noter, des survivances de nos modes
90 alimentaires d'autrefois nous incitent à rejeter les boissons et les aliments bleus. Nos préférences nous attirent plutôt vers les couleurs des noix, des racines et des fruits mûrs : les blancs, les rouges, les bruns et
95 les jaunes.

Le brun

Il est associé à la terre, au bois, à la chaleur et au confort. Il incarne la vie saine et le
110 travail quotidien. Il exprime le désir de la possession, la recherche d'un bien-être matériel. Le brun est masculin. [...]

Le noir

Il est associé à des idées de mort, de deuil, de tristesse, de terreur et de solitude. Il
115 rappelle la nuit et recèle, par le fait même, un

caractère impénétrable. Le noir est sans
espoir, sans avenir. D'un autre côté, le noir
confère de la noblesse, de la distinction et
de l'élégance. Il s'en dégage un caractère
120 sophistiqué qui convient bien aux produits
de grande qualité comme les parfums et les
vins ou pour simuler des produits coûteux
comme le chocolat.

Si le noir est employé si fréquemment en
125 publicité, c'est qu'il est particulièrement utile
pour provoquer des contrastes ; il met en
valeur les couleurs qui prennent place à ses
côtés.

Le blanc

Bien qu'il soit très brillant, le blanc est plutôt
130 silencieux et légèrement froid. En grande
quantité, il cause l'éblouissement. Seul, il
crée une impression de vide et d'infini qui
regorge de possibilités. Le blanc symbolise
la pureté, la perfection, le chic, l'innocence,
135 la chasteté, la jeunesse, le calme et la paix. Il
personnifie la propreté, surtout quand il est à
proximité du bleu. C'est le compagnon idéal
de toutes les couleurs puisqu'il a pour effet
d'en rehausser le ton.

Le gris

140 Il est l'expression d'un état d'âme douteux.
Sa pâleur rappelle l'épouvante, la vieillesse et
la mort. Le gris est par excellence la couleur
sale.

Le rose

Il est timide et romantique. Il suggère la
145 douceur, la féminité, l'affection et l'intimité.

Les teintes pastel

Les traits caractéristiques des teintes pastel
sont un adoucissement et un affaiblissement
des particularités des couleurs dont elles
proviennent. Elles sont la marque de
150 l'intimité, de l'affection, des choses que l'on
aime regarder dans la solitude, en silence.

Extrait de Luc Dupont, « Significations cachées
des couleurs », *1001 trucs publicitaires*,
© Publications Transcontinental, 1990.

Des consommateurs avertis

La publicité alimentaire

Fruits et légumes, plats cuisinés sont rarement parfaits. De plus, les vrais aliments sont souvent difficiles à photographier parce qu'on doit les soumettre à un éclairage
5 puissant durant plusieurs heures. On imagine alors la texture des plats cuits qui change, les céréales dans le lait qui ramollissent, les cubes de glace dans une boisson rafraîchissante qui fondent, etc.
10 Les stylistes ont dû trouver des « trucs » pour donner l'illusion d'une apparence délicieuse.

➤ Pour qu'une dinde rôtie soit irrésistible, on la trempe dans du liquide à vaisselle. On la cuit en surface, on la peint de
15 dix couches de colorant alimentaire et on la passe à la lampe à souder pour un fini croustillant.

➤ Si les grappes de raisin ont un aspect si naturel, c'est
20 qu'elles ont été enduites de déodorant en poudre pour bébé.

25 ➤ Le pouding à la crème conservera son apparence parfaitement moulée parce qu'il
30 contient dix fois plus de gélatine qu'il est nécessaire dans une recette normale. Dur comme du bois, il ne risque pas de fondre sous l'éclairage.

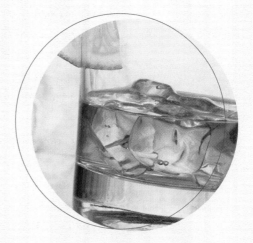

35 ➤ Pour que les cubes qui flottent dans cette boisson glacée reflètent mieux la lumière et ne fondent pas, on utilise de la glace « acrylique ».

➤ Si on veut que le sirop sur les crêpes ait
40 l'air onctueux, on pourra utiliser de l'huile à moteur.

➤ Quant au magnifique bol de céréales sur la boîte de votre marque préférée, on a remplacé le lait par de la colle blanche pour éviter que les céréales deviennent spongieuses.

65

➤ L'apparence magnifique du lait fouetté ou de la crème glacée est un mélange de colorant alimentaire et de matière grasse montée en neige !

Adapté de www.education-medias.ca, *Matière à réflexion : des images alléchantes*, © 2004 Réseau Éducation-Médias.

➤ Pour que les légumes semblent porter encore la rosée du matin, on les vaporise d'un mélange d'eau et de glycérine. Les 45 gouttelettes tiendront le coup près d'un quart d'heure ! (On se sert de glycérine chaque fois qu'on veut donner une apparence brillante et juteuse à un aliment.)

50 ➤ Un beau sachet de frites sera appétissant dans la mesure où on sélectionnera chaque frite et qu'on la fixera sur une 55 base de mousse en polystyrène pour former un éventail 60 parfait.

Des produits du catalogue des gaspilleurs

L'illustratrice Élise Gravel s'est amusée à parodier les publicités en créant des produits tout à fait farfelus. Le résultat amuse, mais fait aussi réfléchir sur les différents procédés que mettent en œuvre les publicitaires pour séduire les consommateurs.

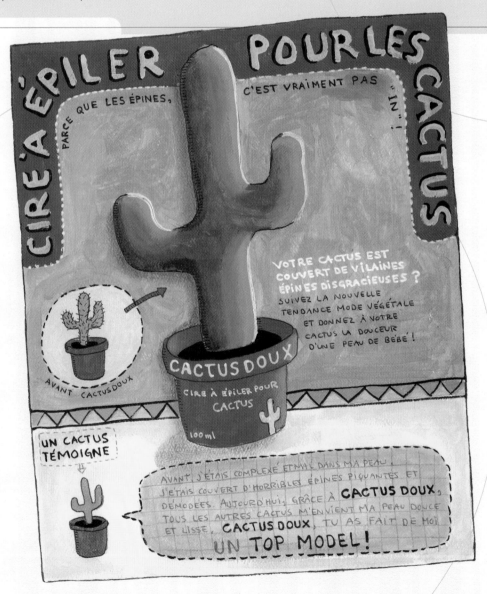

Élise Gravel, *Le catalogue des gaspilleurs!*, © Élise Gravel et les éditions Les 400 coups, 2003.

André Franquin, *Gaston 14*, © Éditions Dupuis, 1997.

Les stratégies publicitaires

L'extrait proposé provient d'un livre qui permet aux parents d'aborder des questions d'économie et de finances avec leur garçon ou leur fille. L'auteure encourage les familles à discuter des publicités qui leur sont montrées afin d'éveiller l'esprit critique. La grille d'analyse ci-dessous met en lumière les différents procédés des publicités télévisuelles.

La publicité pour susciter l'envie Elle met en vedette des gens qui s'amusent follement à faire des choses que plusieurs d'entre nous aimeraient faire avec un niveau de
5 compétence ou d'enthousiasme que la plupart d'entre nous ne possèdent pas — des choses comme du rafting, du ski, de la planche à roulettes, du surf, de la voile, de la danse. Ce type de publicité est conçu
10 pour faire croire au consommateur qu'en achetant le produit il fera partie d'un groupe de gagnants qui aiment s'amuser.

La publicité avec des vedettes Des athlètes, des étoiles du cinéma, des
15 musiciens, des gens d'affaires prospères et même des politiciens tournent dans des publicités. Le message laisse entendre que, si des gens célèbres utilisent le produit, pourquoi la personne ordinaire ne l'utiliserait-
20 elle pas?

La publicité reflétant le confort Elle est composée d'images chaleureuses, souvent prises dans un décor intime. Un grand-père et son petit-fils qui bavardent au téléphone,
25 des amis qui partagent un secret en mangeant de la crème glacée, un homme et une femme qui marchent sur une plage au clair de lune en se tenant par la main. Ce type de publicité fait un rapprochement
30 entre le produit annoncé, l'amour et le contentement.

La publicité factuelle Quatre médecins sur cinq, six dentistes sur sept et neuf mécaniciens sur dix disent que c'est le
35 meilleur produit qui soit. Tous ces experts peuvent-ils avoir tort?

La publicité «plus blanc que blanc» Les annonceurs trouvent plein de trucs pour déclarer que le produit est amélioré. Quelque
40 chose peut-il être plus blanc que blanc?

La publicité avec des marques de commerce employées comme mots de tous les jours Certaines publicités sont
45 conçues pour s'enraciner dans nos vies au point où nous considérons le produit comme étant le seul disponible dans sa catégorie. Lorsque vous commandez un coke, demandez-vous précisément ce cola?
50 Lorsque vous demandez un kleenex, voulez-vous précisément cette marque ou demandez-vous simplement un papier-mouchoir? Ouvrez-vous la porte du frigo, du réfrigérateur ou du frigidaire?

55 **La publicité facile à retenir** Si une ritournelle publicitaire reste dans la tête du consommateur, il optera pour le produit qu'elle accompagne quand le besoin se fera sentir. Les numéros de téléphone, les
60 ritournelles et les slogans servent à enraciner profondément le produit dans l'esprit du consommateur.

L'offre mirobolante Elle offre une occasion exceptionnelle, sensationnelle, irrésistible
65 d'obtenir plus pour moins. Par exemple: 8 disques pour 1 $; 12 cassettes pour un 1 ¢; achetez-en deux, obtenez le troisième gratuitement; achetez-en un et le deuxième est à moitié prix, etc.

70 **L'infopub** Ces publicités d'une demi-heure ou d'une heure, dans lesquelles interviennent des experts ou des gens célèbres, fournissent des tonnes d'information afin de convaincre le
75 consommateur qu'il ne peut pas vivre une minute de plus sans le produit annoncé. L'infopub comporte habituellement un numéro de téléphone sans frais qui permet au consommateur de commander sur-le-
80 champ. Et cette tactique est efficace!

Gail Vaz-Oxlade, « Jouons avec l'argent »,
Comment parler d'argent avec mon enfant,
© Les Éditions Transcontinental, 2003.
Traduit de l'anglais par Danielle Bleau.

Naomi Klein

La journaliste et auteure Naomi Klein est née à Montréal en 1970. À l'adolescence, elle se jette à corps perdu dans la consommation, devenant une habituée des centres commerciaux. Lorsqu'elle a 19 ans, plusieurs événements marquants l'incitent à faire le tri entre ce qui est important et ce qui est superficiel. Elle commence une carrière de journaliste et se met à militer contre les abus de la publicité et des marques commerciales dans nos vies, notamment l'industrie du vêtement qui transforme les adolescents en véritables panneaux publicitaires. Pour elle, les immenses logos qui apparaissent sur les t-shirts contribuent à dépersonnaliser les individus qui les portent.

Naomi Klein est devenue célèbre grâce à son livre *No Logo : la tyrannie des marques* (2000) qui dénonce le capitalisme et le pouvoir phénoménal de la publicité. Son ouvrage est devenu un best-seller dans le monde entier et a été traduit dans 25 langues.

Afin d'illustrer la «tyrannie des marques», on peut imaginer un paysage urbain dépourvu de publicité. La sensation de vide provoqué par cette nouvelle ville sans logo démontre que les excès publicitaires font tellement partie de notre espace qu'on ne les remet plus en question. Les publicitaires auraient-ils gagné tous les territoires de l'espace public?

Les consommateurs sous la loupe

Le marketing, un mot très à la mode, mais que signifie-t-il exactement ? C'est

5 l'art d'étudier un marché pour que le produit fabriqué corresponde à ses besoins. Des besoins mais aussi des envies, des

10 désirs, qu'il faut à la fois stimuler et anticiper. Car, entre la mise en vente du dernier pantalon griffé et sa conception, deux ans s'écoulent ! Le marketing doit donc pressentir la lassitude du public face au

15 modèle actuel, et être à l'écoute de ses rêves les plus secrets pour lui proposer, dans deux ans, *le* vêtement conforme à ses souhaits.

Ensuite, marketing et publicité travaillent

20 ensemble : la campagne de communication pour la sortie d'une nouveauté souligne son originalité « révolutionnaire » et suscite l'envie irrésistible de la posséder… Pour cela, les rois du marketing ne se contentent pas

25 d'avoir un bon nez ! Ils étudient ! Et leurs études sont de plus en plus sophistiquées et… coûteuses ! Des cabinets de conseil en marketing sont payés très cher pour vous observer à la loupe : photographies de

30 groupes de jeunes dans certains quartiers, questionnaires sur le trottoir, tables rondes réunissant un échantillon d'adolescents, comparaison de différents produits (couleurs,

matières, formes, etc.), essais de vente dans

35 quelques boutiques-tests, voilà autant de façons de mieux vous connaître, vous, les clients potentiels. Pour vous séduire… et vous faire consommer plus !

Êtes-vous des victimes de la mode ?

Observés au microscope d'un côté,

40 sollicités et flattés comme […] futurs clients de l'autre, vous grandissez en plein cœur de notre société de consommation. Et apparemment, vous vous en accommodez

plutôt bien. Comme l'écrit un sociologue,
45 vous nagez «tels des poissons dans le bain
de la consommation». Face à la mode sans
cesse changeante, face aux produits
toujours nouveaux, vous élaborez votre
stratégie, oscillant entre les indémodables
50 (ou presque) comme le jean et les derniers
cris du prêt-à-porter. Quelque chose en
vous (est-ce votre modernité?) vous fait
souffrir d'être ringards ou dépassés, et
quelque chose en vous vous fait refuser la
55 mode et ses diktats (est-ce votre volonté
d'indépendance?). Résultat? Les
spécialistes du marketing ne s'ennuient
jamais avec vous: ils vous sondent tous
les six mois, mais savent que vous êtes
60 imprévisibles et guettent vos petites
surprises…

La mode des casquettes, visière à l'arrière,
elle vient de vous, pas d'eux! La fermeture
Éclair ouverte au bas des survêtements pour
65 laisser apparaître la marque des chaussures,
ça vient de vous. Pas d'eux! La récupération
des treillis aussi! Le détournement des
vêtements de chantier, des larges bandes
fluo et des grosses chaussures montantes
70 également! Mais aussitôt repérés, aussitôt

analysés! Tout nouveau comportement,
toute fantaisie nouvelle, passent à la
moulinette. Il importe de les comprendre
pour tenter d'anticiper et de prévoir ce qui
75 pourra vous plaire. Voilà qui fait de vous des
victimes actives de la mode autant que des
acteurs rattrapés par la mode! En fait, quand
le système «production-consommation-
marketing» tourne bien, les entreprises du
80 prêt-à-porter, du loisir ou des cosmétiques
vous proposent ce dont vous rêviez.
Pourquoi prendre le risque de vous choquer?

Ainsi, […] les spécialistes les plus aiguisés
suivent de près votre recherche de vérité.
85 Votre affection pour certaines chaussures de
chantier ou de bûcheron, votre passion pour
les engagements extrêmes à la voile, en
montagne, révèlent un vrai souci
d'authenticité. Ils comprennent ainsi votre
90 jubilation à préférer ces produits qui, à
l'origine, n'ont absolument pas été conçus
pour vous, plutôt que vous ruer sur ce qui
vous est trop manifestement destiné. Car
vous n'êtes jamais dupes! Vous avez horreur
95 qu'on vous prenne pour des «pigeons».

Certificat d'exemption de cadeau

publié par
l'Union des consommateurs
d'après Adbusters.org
l'ACEF de l'Est de Montréal
et l'ACEF Estrie

Puisque l'essentiel dans la vie ne s'achète pas...

cochez au besoin ○ ...et puis j'ai déjà tout ce qu'il me faut
○ ...le reste est vraiment trop cher

Je, soussigné, exempte avec plaisir _____
de l'obligation de m'acheter un cadeau
à l'occasion de _____

J'aimerais mieux... ○ faire une promenade en nature ○ partager un repas avec toi

○ des becs à tous les jours ○ du bon temps ensemble ○ jouer avec toi à/aux: _____
○ toutes ces réponses ○ ta suggestion: _____ ○ la mienne: _____

et j'ai signé tendrement: _____

Depuis une quinzaine d'années,
différents groupes sociaux
invitent annuellement les
citoyens du monde entier à
participer à la journée sans
achats. Cette journée vise à
sensibiliser la population aux
méfaits de la course à la
consommation. Pour cette
occasion, un organisme québécois
a imaginé un certificat
d'exemption de cadeau.

Des consommateurs avertis

163

Le débat est lancé

Qui parmi vous n'a jamais vu d'affiches publicitaires sur les murs de notre école? Par exemple, on en retrouve dans la cafétéria, aux gymnases, à l'auditorium
5 et d'un bord et de l'autre des salles de toilettes.

Pourtant plusieurs personnes trouvent que la publicité n'a pas sa place dans une école, tandis que d'autres n'y voient aucun
10 inconvénient. Pourquoi certaines personnes sont-elles d'avis que c'est une « bonne idée » et d'autres, non? Nous avons décidé de faire une petite enquête auprès de personnes directement liées à
15 l'environnement scolaire : des élèves, des enseignants et de futurs professeurs, des stagiaires et une directrice d'école.

Vincent Pitre, élève de 5e secondaire, est tout à fait d'accord pour qu'il y ait de la
20 publicité à la cafétéria, dans les corridors et aux toilettes. D'après lui, « cela rend l'école plus intéressante ». Il ajoute aussi que cela « ne prend pas 75 minutes d'un cours pour lire quelques publicités ». Pour Céline Langlois,
25 élève de 1re secondaire, la publicité, à l'école en particulier, incite les jeunes à acheter des produits qui ne sont pas nécessairement bons pour eux et donc les amène à des dépenses inutiles. Elle dit aussi que la
30 publicité peut mal influencer les élèves et avoir un mauvais effet sur leurs notes puisqu'ils sont distraits durant les heures de cours.

Caroline Lasalle, étudiante en enseignement
35 à l'Université du Québec à Hull, affirme :
« Je suis en faveur de la publicité à l'école
parce que cela peut aider les jeunes élèves
à accomplir leurs projets. » Mme Lasalle voit
d'un bon œil la publicité un peu partout
40 dans l'école sauf dans les salles de classe.
Elle croit que les annonces publicitaires
peuvent venir en aide aux élèves en donnant
de l'information sur le CLSC par exemple.
Comme Vincent Pitre, elle est d'avis
45 qu'aucun élève ne regarderait une affiche
pendant 30 minutes. Quant à Rock
Laflamme, professeur de français en
5e secondaire, il voudrait abolir toute
publicité à l'école. Il ajoute : « Un des
50 inconvénients de la publicité est la perte
d'esprit critique. » Nous lui avons demandé
s'il croyait que la publicité sur les murs des
classes dérangerait le bon fonctionnement
des cours. Il nous a répondu que non
55 puisqu'elle est déjà présente dans les locaux
sous forme d'affiches.

Deux stagiaires de la polyvalente,
René-Paul Lafrance et Annie Thériault, nous
ont aussi donné leur opinion. M. Lafrance
60 favorise la publicité à l'école parce qu'il croit
« important que les jeunes soient informés ».
Cependant, il n'est pas d'accord qu'il y ait
de la publicité dans les salles de classe.
« C'est un endroit qui nécessite une certaine
65 neutralité publicitaire », ajoute-t-il. Quant à

Mme Thériault, elle croit que seule la publicité
concernant les drogues, le tabagisme,
l'alcool, etc., a sa place dans un milieu
scolaire. « Une classe n'est pas un lieu de
70 propagande. Il y a suffisamment de publicité
partout sans en avoir dans les salles
de classe […]. »

Pour terminer notre enquête, nous avons
interrogé Mme Barrette, directrice de l'unité 3,
75 pour savoir si elle favorise la publicité
à l'école. « Oui, c'est un moyen de
communication pour connaître certains
événements sociaux et culturels. C'est
un moyen d'information efficace pour savoir
80 ce qui se passe. »

Pour conclure, il y a énormément de
diversité d'opinions par rapport à l'intégration
de la publicité dans l'école. Que vous soyez
pour ou contre, nous ne pouvons nier
85 l'arrivée de la publicité dans le milieu
scolaire. Cependant, un contrôle de cette
publicité s'impose peut-être.

Mélanie Villeneuve et Mélissa Forget,
4e et 5e secondaire, 2000.
École secondaire Nicolas-Gatineau, Gatineau.

Des consommateurs avertis

Dossier 6

«Le plus honnête des hommes est celui qui pense et qui agit le mieux, mais le plus puissant est celui qui sait le mieux écrire et parler[1]. »
(Sand)

Je suis trop gêné[2].

«— Voilà le privilège de la littérature, ai-je dit. Les images se déforment, elles pâlissent. Les mots, on les emporte avec soi[3]. »
(Beauvoir)

Venez rencontrer
LOUIS ÉMOND

1. George Sand, *Indiana*, 1832.
2. Émotion souvent ressentie lorsqu'on rencontre une personnalité pour la première fois.
3. Simone de Beauvoir, «L'âge de discrétion », *La femme rompue*, Gallimard, 1967.

Des rencontres peu banales

« Je me regardais et savais que l'heure était venue de prendre une décision
irrévocable, bonne ou mauvaise, qu'il n'y avait plus à tergiverser[4]. »
(Roy)

« Ce sont nos passions
qui esquissent nos
livres, le repos
d'intervalle qui les
écrit[5]. »
(Proust)

« Eh ! depuis quand un livre est-il donc autre chose
Que le rêve d'un jour qu'on raconte un instant ;
[...]
Un ami qu'on aborde, avec lequel on cause,
Moitié lui répondant, et moitié l'écoutant ?[6] »
(Musset)

4. Gabrielle Roy, *La détresse et l'enchantement*, Boréal Express, 1984.
5. Marcel Proust, *Le temps retrouvé*, Gallimard, 1954.
6. Alfred de Musset, « Chant deuxième », *Namouna*, 1832.

Dialogue entre Germain
et le père Maurice

Dans le roman *La Mare au diable*, le père Maurice presse son gendre Germain, veuf et père de trois enfants, de se remarier. Il lui trouve une veuve qui demeure à Fourche, une campagne voisine, et arrange même la rencontre. Mais au cours du trajet qui mène à Fourche, Germain, son fils Petit-Pierre et sa voisine Marie, une jeune bergère, sont soumis à un sortilège lorsqu'ils atteignent la Mare au Diable... Ainsi naîtra une histoire d'amour dans un cadre champêtre du XIXᵉ siècle en France.

Dans l'extrait proposé, le père Maurice tente de convaincre Germain de la nécessité de se remarier.

— Germain, lui dit un jour son beau-père, il faut pourtant te décider à reprendre femme. Voilà bientôt deux ans que tu es veuf de ma fille, et ton aîné a sept ans. Tu approches de la trentaine, mon garçon, et tu sais que, passé cet âge-là, dans nos pays, un homme est
5 réputé trop vieux pour entrer en ménage. Tu as trois beaux enfants, et jusqu'ici ils ne nous ont point embarrassés. Ma femme et ma bru les ont soignés de leur mieux, et les ont aimés comme elles le devaient. Voilà Petit-Pierre quasi élevé ; il pique déjà les bœufs assez gentiment ; il est assez sage pour garder les bêtes au pré, et assez fort pour mener les
10 chevaux à l'abreuvoir. Ce n'est donc pas celui-là qui nous gêne ; mais les deux autres [...] les pauvres innocents nous donnent cette année beaucoup de souci. Ma bru est près d'accoucher et elle en a encore un tout petit sur les bras. Quand celui que nous attendons sera venu, elle ne pourra plus s'occuper de ta petite Solange, et surtout de ton Sylvain,
15 qui n'a pas quatre ans et qui ne se tient guère en repos ni le jour ni la nuit. [...] Tu dois à tes enfants et à nous autres, qui voulons que tout aille bien dans la maison, de te marier au plus tôt.

— Eh bien, mon père, répondit le gendre, si vous le voulez absolument, il faudra donc vous contenter. Mais je ne veux pas vous

Le peintre français Camille Corot (1796-1875) était particulièrement réputé pour ses paysages champêtres.

20 cacher que cela me fera beaucoup de peine, et que je n'en ai guère plus
d'envie que de me noyer. On sait qui on perd et ne sait pas qui l'on
trouve. J'avais une brave femme, une belle femme, douce, courageuse,
bonne à ses père et mère, bonne à son mari, bonne à ses enfants, bonne
au travail, aux champs comme à la maison, adroite à l'ouvrage, bonne à
25 tout enfin ; et quand vous me l'avez donnée, quand je l'ai prise, nous
n'avions pas mis dans nos conditions que je viendrais à l'oublier si
j'avais le malheur de la perdre.

George Sand, *La Mare au diable*, 1846.

George Sand (1804-1876), de
son vrai nom Aurore Dupin,
est une romancière
française qui a revendiqué
pour les femmes le droit
au bonheur personnel et
amoureux (*Indiana*, 1832),
dénoncé les inégalités
sociales (*Consuelo*, 1842-
1843) et chanté les
beautés de la vie
champêtre : *La Mare au
diable* (1846) ; *François
le Champi* (1847-1848) ;
La petite Fadette (1849) ;
Les maîtres sonneurs
(1853). Elle a également
écrit une autobiographie,
Histoire de ma vie (1854).

Josef Danhauser (1805-1845), *Liszt au piano*, 1840.
De gauche à droite : Dumas, Hugo, Sand, Paganini,
Rossini, Liszt et Marie d'Agoult.

Dans la notice de *La Mare au diable*, George Sand décrit son projet d'écriture de romans champêtres,
c'est-à-dire des romans qui ont pour sujet principal la vie à la campagne. Elle conclut ainsi :
« Si on me demande ce que j'ai voulu faire, je répondrai que j'ai voulu faire une chose très
touchante et très simple, et que je n'ai pas réussi à mon gré. J'ai bien vu, j'ai bien senti le
beau dans le simple, mais voir et peindre sont deux ! Tout ce que l'artiste peut espérer de mieux,
c'est d'engager ceux qui ont des yeux à regarder aussi. Voyez donc la simplicité, vous autres,
voyez le ciel et les champs, et les arbres, et les paysans surtout dans ce qu'ils ont de bon et de
vrai : vous les verrez un peu dans mon livre, vous les verrez beaucoup mieux dans la nature. »

L'INTRODUCTION À L'UNIVERS DE SUSANNE JULIEN commence par un portrait biographique, une rencontre de l'auteure avec les élèves de première secondaire au Collège Saint-Louis, quelques extraits et critiques de son œuvre et une bibliographie. Susanne Julien dit que le fait d'avoir un pouvoir total, un contrôle absolu sur les personnages est extraordinaire. Toutes ces rubriques permettront alors de mieux comprendre son univers peuplé de personnages historiques, d'adolescents typiques et parfois même de créatures étranges.

Susanne Julien est née à Laval, au Québec, en 1954. Toute jeune, elle ne pensait jamais devenir une écrivaine. Elle croyait détester l'écriture parce que ça lui donnait des crampes à la main et que ça l'empêchait de courir dans les champs ! Pourtant, une passion l'habitait déjà : rêver, se plonger jusqu'au cou dans des histoires souvent abracadabrantes. Insatiable touche-à-tout, elle est d'abord passée par le travail auprès d'enfants souffrant de déficience mentale, les loisirs, l'information scolaire ainsi que la maternité avant de tomber dans la marmite des contes de fées. Elle en est ressortie avec un appétit féroce pour l'écriture qui l'oblige à dévorer les pages blanches.

Susanne Julien a commencé sa carrière littéraire en remportant deux prix : le prix Raymond-Beauchemin de l'ACELF pour le conte *Les mémoires d'une sorcière* en 1987 et le prix Cécile-Rouleau de l'ACELF pour le roman historique *Enfants de la Rébellion* en 1988. Plusieurs de ses textes ont été sélectionnés pour Livromagie et Livromanie. En 1993, son roman pour adolescents *La vie au max* a été en lice pour le prix du Signet d'Or de Télé-Québec. En 1997, elle s'est classée au sondage « Coup de cœur » de Communication-Jeunesse.

Susanne Julien a abordé le monde de la littérature pour adultes en 1995 avec son roman policier sur fond historique *Mortellement vôtre* suivi, deux ans plus tard, de *Œil pour œil*. En 2003, elle a récidivé avec un roman historique, *Le ruban pourpre*.

Elle a effectué un retour aux études dans le domaine de l'archivistique, dans le but d'être mieux équipée pour ses recherches historiques dont découleront encore de nombreux romans. Avec, à son actif, une quarantaine d'œuvres, elle aime toujours autant explorer différents univers littéraires et continue de s'adresser à tous les jeunes de cœur, quel que soit leur âge.

La rencontre

Les préparatifs

Denis Cadieux enseigne le français au Collège Saint-Louis de Lachine, à la commission scolaire Marguerite-Bourgeoys. Chaque année, il invite un romancier ou une
5 romancière à venir rencontrer ses élèves. « Ces rencontres sont très enrichissantes, estime-t-il. En plus de la lecture et du français, elles nous permettent de travailler plusieurs sujets, comme l'histoire ou la géographie. »
10 Depuis quelques années, son école met au programme *Enfants de la Rébellion* de Susanne Julien.

Dans cette histoire palpitante, des jumeaux, Nicolas et Mijanou, trouvent dans le grenier
15 poussiéreux de leur grand-mère un trésor extraordinaire : le journal intime de leur aïeule Rosalie, écrit en 1837. À travers les confidences de cette énigmatique arrière-arrière-arrière-grand-mère, Nicolas et Mijanou
20 découvrent une poignante histoire d'amour sur fond de guerre civile et nationale, la rébellion des Patriotes en 1837-1838.

« Pendant un mois, nous avons travaillé sur le thème de la Rébellion, explique Denis
25 Cadieux. Nous avons fait des recherches sur l'époque du conflit, les lieux des affrontements, les personnages historiques. Les élèves savaient que l'auteure viendrait les rencontrer, ils étaient curieux, ils avaient hâte
30 de comprendre comment elle avait écrit ce livre et mis en scène les personnages. »

Le jour « J »

Aujourd'hui, c'est le jour « J ». Quand les élèves entrent en classe en ce matin frisquet de février, Susanne Julien est déjà installée et les
35 attend avec le sourire. Les élèves sont un peu excités : évidemment quand une classe de 32 adolescents a « congé de cours » pendant une heure, l'ambiance est toujours à la fête. Ils sont aussi un peu étonnés, ces élèves de
40 première secondaire, de voir à quoi ressemble l'auteure du livre qu'ils ont lu. Comme elle écrit des romans historiques, avoueront-ils plus tard, ils avaient imaginé une femme d'un âge vénérable. Or Susanne Julien n'a pas du tout
45 l'allure d'une vieille dame. Née en 1954, elle a le sourire, l'énergie d'une jeune femme, l'humour pétillant, la répartie vive. Et puis elle sait très bien mettre son auditoire à l'aise.

Debout devant le tableau noir, près du bureau
50 de l'enseignant sur lequel elle a étalé tout son matériel — ses livres, bien sûr, mais aussi d'autres choses intrigantes —, des gravures, des acétates de couleur, des dessins, des photographies, des cahiers —, Susanne Julien
55 se présente.

« Bonjour, lance-t-elle à la ronde. Aujourd'hui, je vais vous parler du métier d'écrivain, de moi, des livres que j'ai écrits, du roman historique que vous avez lu — enfin j'espère ! Mais aussi
60 de toutes les étapes de la production d'un livre. » Du coup, les élèves se taisent, leur curiosité est piquée. Ainsi, écrire un livre ne serait pas aussi simple qu'ils le croyaient… !

Des univers littéraires

« Quelqu'un peut-il me dire ce qu'est un roman
65 historique ? » commence Susanne Julien.

— C'est une histoire écrite en utilisant des faits historiques, répond une élève.

— Bien ! L'image que je donne souvent, explique Susanne Julien, c'est que les faits
70 réels sont comme le squelette du roman historique, et que la part d'invention en est la chair. Quelqu'un peut-il me nommer un auteur célèbre de romans historiques ?

— Jules Verne ? tente timidement un autre
75 élève.

— Mmmm, pas tout à fait, répond Susanne Julien. Jules Verne écrivait de la science-fiction. Je vais vous donner un indice : il est l'auteur des *Trois Mousquetaires*…

80 — Alexandre Dumas ! s'écrient les élèves.

— Voilà. »

Partie sur sa lancée, l'auteure explique à un auditoire visiblement captivé les caractéristiques du roman historique et les
85 outils de l'écrivain. « En effet, les écrivains ont la liberté de créer des personnages fictifs pour accompagner ceux que l'Histoire a rendus célèbres. » Elle mentionne également l'importance de la recherche à partir
90 d'archives, de photographies, de documents historiques et le travail immensément simplifié depuis l'avènement d'Internet.

« Il y a six questions que l'on se pose en écrivant un roman historique, explique
95 Susanne Julien. Ces questions sont : "Où ?", "Quand ?", "Quoi ?", "Qui ?" et "Comment ?". La sixième, "Pourquoi ?", est facultative. Par exemple, poursuit-elle, quand on lit *Le Petit Chaperon rouge* (ici, les sourires s'allument
100 un peu partout), il n'est pas important de savoir où l'histoire se déroule ; ça pourrait se passer n'importe où. Mais dans le roman historique, on doit absolument savoir où

l'on est. Quelqu'un peut me dire où se
105 passent les événements racontés dans
Enfants de la Rébellion ?

— Saint-Charles-sur-Richelieu !

— Saint-Denis !

— Saint-Antoine !

110 — Sorel !

— Saint-Eustache ! »

Susanne Julien semble impressionnée. Il faut
dire qu'ils se sont bien préparés, les élèves de
Denis Cadieux. Ce qui, pour l'auteure, est le

115 gage d'une rencontre réussie. « Dans ces
conditions, ils n'hésitent pas à participer
et à poser beaucoup de questions, et la
rencontre peut devenir un échange
véritablement fructueux. »

120 Peu avant la visite de Susanne Julien, Denis
Cadieux avait demandé à ses élèves de noter
sur un bout de papier une question qu'ils
poseraient à l'auteure. Tout ce qui traînait sur
les pupitres ce matin-là devait être rangé, avait
125 ordonné le professeur, à l'exception de ce
bout de papier.

L'enfance de l'art

La question la plus courante, selon l'auteure,
est la suivante : « Comment avez-vous
commencé à écrire ? »

130 — J'ai trois enfants, répond Susanne Julien.
Pour chacun d'eux, j'ai écrit à la main des
petits romans que je leur ai donnés à Noël.
C'est comme ça que j'ai commencé à écrire.

— Quand avez-vous décidé de devenir un
135 "vrai" écrivain, demande une autre élève, cette
décision a-t-elle eu un impact sur votre
famille ? »

Susanne Julien sourit.

« J'écris à la maison, explique-t-elle. Pour moi,
140 ça ne change pas vraiment la vie de tous les
jours. Mais pour mes enfants, c'est différent !

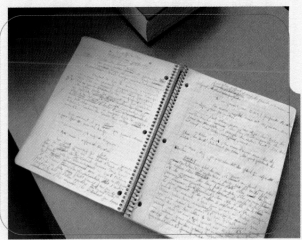

Le manuscrit des *Enfants de la Rébellion* de Susanne Julien.

Ils ont tous étudié ici même, dans cette école. Et ils étaient un peu gênés de dire aux autres élèves que leur mère était celle qui avait écrit
145 ce livre faisant partie de leurs lectures obligatoires ! »

Les élèves sourient. La glace est cassée. Les questions se multiplient.

Fait-elle lire ses manuscrits à d'autres ?
150 « Jamais ! » Comment a-t-elle trouvé son inspiration pour écrire *Enfants de la Rébellion* ? « En lavant la vaisselle ! » (*Rire général.*) Qui l'inspire ? « Alexandre Dumas, Agatha Christie, mais aussi Enid Blyton, la créatrice du *Club*
155 *des Cinq* et de *Oui-Oui* ! » Que préfère-t-elle dans ce métier ? « Le côté imaginaire et le fait d'avoir un pouvoir total, un contrôle absolu sur les personnages. C'est extraordinaire ! »

Et voilà l'heure de la rencontre qui vient de
160 passer à une vitesse folle.

Au bout de cet échange où tout le monde aura trouvé son compte, les élèves de Denis Cadieux auront appris plusieurs secrets du métier, de l'envoi d'un manuscrit à une
165 maison d'édition au travail d'impression, en passant par les étapes de la correction, des illustrations, des décisions concernant le tirage, la distribution, l'entreposage et la mise en marché en librairie. Et ils auront appris avec
170 stupéfaction que parmi les différents intervenants de l'industrie du livre, l'auteur est celui qui gagne… le moins. « Sur un livre qui coûterait 10 $, a expliqué Susanne Julien, le libraire recevra 4 $, le distributeur, 1,50 $,
175 la maison d'édition et l'imprimerie, 3,50 $. L'auteur héritera du 1 $ restant. »

Des lendemains qui chantent

Après la rencontre, Alexandra, Maggy, Jonathan, Susanne, Nicholas et Ariane nous confient leurs impressions. « Elle était très
180 sympathique, diront-ils en chœur, et très

expressive ! » Ce qu'ils ont retenu de leur rencontre ? Tout le côté technique du métier d'écrivain qu'ils ne soupçonnaient pas. Ce qu'ils ont préféré ? Le tirage d'affiches et de
185 signets autographiés, organisé par l'auteure, pour clore en beauté cette rencontre très réussie.

Quand ils quittent leur classe de français, les élèves ont le sourire aux lèvres et des étoiles
190 dans les yeux. Sans doute seront-ils nombreux à vouloir se procurer les autres romans de cette auteure qui maîtrise si bien l'art de raconter une histoire. Et qui sait ? Peut-être cette rencontre aura-t-elle suscité quelques
195 vocations ! Maggy deviendra-t-elle romancière ? Ariane aura-t-elle envie de se lancer dans l'illustration de livres jeunesse ? Nicholas sera-t-il tenté par l'édition ? L'histoire nous le dira…

Marie-Claude Fortin

Une danse à l'école

Son plateau en main, Sonia se cherche une place dans la grande cafétéria de la polyvalente. Elle en aperçoit une auprès de Ben. De toute évidence, il l'a gardée pour elle puisqu'il l'invite d'un sourire. Sonia marche vers lui quand elle entend quelqu'un qui l'appelle, 5 trois tables plus loin.

C'est Caro. Sonia hésite, car son amie est attablée avec Charles et le fameux cousin. Jugeant qu'elle doit se montrer indépendante envers Stéphane, elle se contente de les saluer de la tête et va s'asseoir à côté de Ben. De toute façon, ils ont des choses sérieuses à discuter ce midi. 10 Ne lui a-t-il pas promis de l'aider en mathématiques?

Ben se rend compte qu'il vient de marquer un point : Sonia préfère s'installer avec lui plutôt qu'avec Stéphane! Peut-être que la balade d'hier ne lui a pas plu? Il reprend espoir, toutes ses chances ne se sont pas envolées…

15 — Salut! lui dit Sonia en souriant. J'ai apporté mon cahier de maths. J'ai pensé que tu pourrais peut-être m'aider avant le cours de cet après-midi.

— Pas de problème, fait le garçon, un peu déçu qu'elle ne s'intéresse à lui que pour cela.

20 Mais comme cette marque d'attention vaut mieux que rien, il se force à sourire et reprend :

— C'est vrai, je t'avais dit que je te donnerais un coup de main… mais… j'étais pas certain que ça te tenterait encore.

25 — Pourquoi? Je n'ai pas attrapé la bosse des maths durant la nuit. Je suis encore aussi poche que je l'étais hier avec les fractions.

— Non, c'est pas vrai, t'es pas poche! Au contraire, d'habitude t'es super, tu réussis bien dans 30 toutes tes matières.

Dans *Le cœur à l'envers*, Sonia vit une adolescence sans histoire jusqu'à ce qu'un événement traumatisant la rende méfiante à l'égard des garçons. C'est qu'après une soirée de danse organisée par l'école, elle est attaquée par un inconnu en retournant seule chez elle.

Dans l'extrait suivant, Sonia est invitée à la danse.

— Sauf les maths, s'écrie-t-elle. Tiens, regarde. Comment veux-tu trouver le milieu entre des douzièmes et des treizièmes ?

Avec une patience et un calme qui lui sont peu habituels, Ben lui explique les étapes à suivre pour mener à bien l'opération. Numéro
35 après numéro, il tente avec logique de lui montrer qu'après tout ce n'est pas si difficile. Il fait tant et si bien qu'elle termine son devoir avant la reprise des cours.

C'est à cet instant que Caro s'approche d'eux :

— Salut, l'indépendante ! lance-t-elle à son amie. Pis, tu t'es enfin
40 décidée pour demain ? Ça va être toute une danse. Les Push-Poussez, ils font de la musique trippante. En passant, tu devrais demander à ton frère de te prêter son manteau de cuir. En moto, c'est pas chaud. Ciao !

Et elle s'éloigne aussitôt vers la sortie. Sonia a l'impression d'avoir déjà entendu la dernière phrase. « D'ailleurs, songe Sonia, elle ne
45 l'aurait pas fait exprès de raconter tout cela devant Ben ? » Celui-ci, qui rêvait secrètement d'inviter Sonia, sans trop savoir comment, est court-circuité par les paroles de Caro. Pour cacher son malaise, il dit :

— Les danses dans les écoles, c'est toujours super plate ! Bon, ben, faut que j'aille. À tantôt !

50 Il se lève précipitamment et quitte la cafétéria. Sonia, qui n'a plus rien à faire là, ramasse ses affaires. En se retournant, elle voit Charles qui grignote un dessert en souriant d'un air moqueur.

« Lui, il s'amuse trop pour être honnête ! pense Sonia. Ma chère Caro, t'as une petite explication à me donner. » Elle part à la recherche
55 de son amie qu'elle découvre à la bibliothèque.

— Je suis contente que tu viennes à la danse de samedi, s'écrie Caroline en voyant Sonia. On va bien s'amuser !

— Je regrette de te contredire, mais je n'ai jamais dit que j'y allais, corrige Sonia.

60 — Comment ça ? Stéphane ne t'a pas invitée ? Je pensais que…

— Oui, il m'a invitée, mais il n'a pas pris le temps d'attendre ma réponse !

— Tu ne vas quand même pas refuser ! soupire Caro qui voit son projet tomber à l'eau. C'est assez rare qu'on sorte ensemble.

65 — C'est ça quand on a un chum. Avec Charles dans le décor, j'ai toujours l'impression que je dérange, que je suis de trop. J'ai pas envie d'être la troisième roue de la bicyclette.

— Non, mais tu pourrais être la deuxième de la moto ?

Sonia esquisse un geste impatient, ce qui n'empêche pas Caroline
70 de poursuivre :

— Qu'est-ce que tu as à te plaindre ? Stéphane est plutôt joli garçon. Avec lui, tu t'ennuieras pas, y est assez drôle ! Tu vas pouvoir te promener en moto tant que tu le désires. Et ce qui gâte rien, ses parents sont riches à craquer.

75 — Caro ! Es-tu en train de me trouver un mari ? Franchement, t'exagères !

Sonia trouve tellement ridicules les arguments de sa copine qu'elle éclate de rire. En la voyant si joyeuse, Caro se dit que ses chances de la convaincre ne se sont pas toutes évanouies. Elle reprend :

80 — O.K. J'en ai un peu trop mis, mais faut me comprendre. J'aimerais tellement ça si on sortait tous les quatre ensemble. Il me semble qu'on aurait du plaisir. Et puis, la musique va être bonne ! Envoye ! Dis oui, pour une fois…

Caro a adopté le ton suppliant qui réussit toujours à faire céder son
85 amie. C'est vrai qu'au fond, Sonia aimerait bien aller danser. Et c'est plus amusant d'y aller avec des amis que seule…

— D'accord ! Pour une fois ! Je ne veux pas que Stéphane imagine que je suis sa blonde attitrée.

Caro sourit, fière de son succès. Après cette première danse, on
90 verra bien si Sonia ne devient pas « la » blonde du cousin de Charles. « Oui, pense-t-elle, ils vont former un joli couple ! Et puis, il est grand temps que Sonia se déniaise et sorte avec un garçon. Tant qu'à y être, aussi bien que ce soit Stéphane plutôt que Ben. Il ne lui arrive pas à la cheville. »

95 Une cloche retentit et les corridors se remplissent de jeunes qui se dirigent vers leur salle de cours. Sonia et Caro suivent le flot.

Extrait de Susanne Julien, *Le cœur à l'envers*,
© Éditions Pierre Tisseyre, 1992. (Collection Faubourg St-Rock)

Des rencontres peu banales

177

Papa s'ennuie

Dans le roman *Mon père est un vampire*, Gaspar veut suivre les traces de sa famille biologique en voulant devenir un grand enchanteur. Or, le magicien amateur transforme par accident son père adoptif en... chauve-souris. Pour inverser le processus, il devra aller chercher de l'aide auprès de ses grands-parents, mais ceux-ci sont malheureusement en froid depuis 20 ans! Toutefois, grâce à ce coup du sort, la magie opérera dans tous les sens...

Dans l'extrait présenté, le père adoptif de Gaspar se plaint du peu d'attention que lui accorde son fils depuis qu'il a découvert la nature de sa «vraie» famille.

Papa entre dans la chambre de Gaspar. Il tient un ballon rouge dans ses mains.

— Alors, viens-tu jouer? demande-t-il d'un ton joyeux.

L'enfant est installé à son pupitre. Il lit avec attention un petit livre
5 aux pages jaunies par le temps.

— Pas tout de suite, je n'ai pas fini, répond Gaspar sans même lever les yeux.

Papa soupire et s'assoit sur le lit, le ballon sur ses genoux. Frustré, il bougonne:

10 — Pas fini! Pas fini! C'est toujours la même chose. Il n'y a plus moyen de s'amuser maintenant! Depuis que tu as retrouvé tes *vrais* parents, moi, je passe en dernier. Tu m'aimes moins qu'eux.

Gaspar se retourne vivement.

— Non, tu te trompes. Je t'aime autant. Toi aussi, tu es mon
15 véritable papa : mon vrai papa adoptif. Tu es aussi important que
mes parents biologiques. Seulement… il faut que j'étudie.

— Si encore tu étudiais les mathématiques ou le français, je
comprendrais. Mais non, monsieur Gaspar étudie la magie. Comme
si ça existait réellement ! Ah ! Elle est belle ta *vraie* famille : un père
20 et une mère qui se gavent de chocolat à en devenir monstrueux ;
un grand-père aussi immense qu'un ogre ; des cousins plus malins que
des lutins ; et une grand-mère qui se croit une sorcière !

Gaspar réplique aussitôt :

— C'est une sorcière ! Si tu avais vu, comme moi, tout ce qu'elle
25 peut accomplir, tu le croirais aussi. Elle m'a donné ce grimoire de poche
rempli de formules magiques pour que je les apprenne par cœur.
Ensuite, elle me montrera comment les utiliser. Elle dit que j'ai hérité
de son don. Je deviendrai un grand enchanteur, quand je serai plus
grand.

30 — Ah ! J'ai hâte de le voir pour le croire. En attendant, on ne joue
plus jamais au ballon, toi et moi.

— On jouera après…

Papa lui coupe la parole :

— Après, après… En attendant, je m'ennuie. Et toi, tu perds ton
35 temps à étudier des sornettes. Je suis persuadé que ces formules ne
fonctionnent pas. La magie, c'est un attrape-nigaud !

Extrait de Susanne Julien, *Mon père est un vampire*, © Éditions Pierre Tisseyre, 2003.
(Collection Sésame)

La série Gaspar s'adresse aux enfants de 6 à 8 ans. Elle présente un nouveau roman, *Mon père est un vampire*, écrit par Susanne Julien. Dans ce roman, Gaspar étudie la magie, mais il fait une erreur de formule. Il transforme son père adoptif en vampire ! Pour lui redonner sa forme humaine, Gaspar doit demander l'aide de son grand-père ogre et de sa grand-mère sorcière.

Ce roman loufoque entraîne les lecteurs dans un monde farfelu. Il saura plaire aux enfants qui aiment les personnages monstrueux et attachants.

Sarah Chevalier, 8 ans

L'exploration du grenier

Dans le roman *Enfants de la Rébellion*, les jumeaux Nicolas et Mijanou revivent l'époque des Patriotes de 1837-1838 au Québec grâce à leurs découvertes dans le grenier de leur grand-mère.

Dans l'extrait suivant, Mijanou et Nicolas explorent le grenier.

De grosses gouttes tristes et glacées tombent dru d'un ciel gris et monotone. Quel temps moche !

Pourtant la fin de semaine s'annonçait bien pour les jumeaux. Depuis quelque temps déjà, ils en rêvaient de ces deux jours à
5 Saint-Rémi, chez leur grand-mère. Sans cette pluie froide, ils auraient pu se balader à bicyclette dans la campagne, aller à la pêche à la truite, ou encore escalader la montagne tout près de là, peut-être même se baigner dans la rivière. Même le terrain de tennis est inondé.

Non vraiment, il n'y a pas grand-chose à faire par ce mauvais
10 temps !

— Je m'ennuie, soupire Mijanou.

— Moi aussi, approuve Nicolas.

Les jumeaux se font une grimace qui en dit long sur leur état d'âme. À les regarder, on peut difficilement deviner leur lien de parenté. Ils se
15 ressemblent si peu. Mijanou, toute menue, avec ses traits délicats et ses cheveux noirs bouclés est l'antipode de son frère plutôt grand pour ses quatorze ans, à l'allure sportive et aux cheveux blonds et raides. De commun, ils n'ont que leurs yeux, d'un bleu profond et ornés de grands cils noirs.

20 — Si on jouait au OKO ? propose Nicolas.

— Pas encore, rejette aussitôt Mijanou. On a déjà joué ce matin.

— Peut-être, mais j'ai déjà lu toutes les vieilles bandes dessinées. De plus, il est impossible de jouer au Monopoly : il manque des cartes. Zut ! Ici tout est vieux : vieux livres, vieux jeux, vieux…

25 — Wow ! Nic, tu viens d'avoir une idée de génie, lui lance subitement sa sœur, les yeux pétillants de malice.

— Mais, Mij, je n'ai rien dit de spécial !… répond-il éberlué.

Écoutant son éclat de rire, il sait au fond que cela n'a pas tellement d'importance, parce que, de toute façon, les bonnes idées viennent
30 toujours d'elle. Elle a toujours été la meneuse de leur petit couple.

Elle ne manque jamais d'imagination pour trouver des coups à faire
(bons ou mauvais, indifféremment). Son rôle à lui consiste le plus
souvent à les mettre à exécution.

Par exemple, quand ils avaient 5 ans, qui avait eu l'idée de coller
35 leurs lits parce qu'ils avaient peur le soir dans le noir ? Elle. Et qui
s'était fait prendre avec le pot de colle à la main ? Lui. Et plus vieux,
vers 10 ans, qui avait suggéré de construire un radeau pour descendre
la rivière ? Elle. Et qui avait essayé de couper des poteaux
téléphoniques avec une hache pour construire le fameux radeau ? Lui.
40 Mi-méfiant, mi-amusé, il attend qu'elle lui explique « son » idée de
génie. Il vaut mieux se tenir sur ses gardes, car, avec elle, on ne sait
jamais à quoi s'attendre.

— Oui, tu l'as dit, ici tout est vieux. Alors pourquoi ne pas en
profiter ? lui dit-elle sans plus d'explication, certaine qu'il comprend
45 déjà tout.

Nicolas se gratte la tête, cherche ce qu'il doit comprendre, puis
soupire :

— En profiter pour faire quoi ?

— Gros bêta ! Mais fouiller dans les vieilleries du grenier. Un
50 grenier, c'est toujours plein de vieux trésors, comme…

— Des toiles d'araignée, des montagnes de poussière…

— Des antiquités, des reliques, des souvenirs de famille…

— Arrête de rêver en couleur. Il n'y a sûrement rien d'intéressant là-
haut. Et puis Mammie ne voudra jamais nous laisser fouiller.

55 — Ça, j'en fais mon affaire, lui lance-t-elle avec un sourire malicieux.

Et d'un bond, elle se lève et court rejoindre sa grand-mère à
la cuisine.

— Mmm ! Ça sent bon Mammie, lui dit-elle d'une voix douce.
Quelle merveille nous prépares-tu pour le souper ?

60 — Rien de spécial, ma biche. C'est une lasagne, lui répond la vieille
dame.

— Youpi ! Et pour dessert ? s'enquiert Nicolas, toujours aussi
gourmand.

— De la tarte au sirop d'érable. Je vous ai préparé vos plats
65 préférés. C'est déjà assez triste pour vous de ne pas pouvoir sortir,
leur explique-t-elle gentiment.

Profitant de cette entrée en matière, Mijanou se lance à l'attaque :

— C'est vrai Mammie. Nic et moi, on s'ennuie un peu. On a déjà
joué aux cartes, lu des revues, regardé la télé. Mais on dirait que le
70 temps n'avance pas, il n'est que 14 heures, et on ne sait plus quoi faire.

— Mes pauvres petits, je ne sais pas comment vous occuper.
Habituellement, vous passez la journée dehors, mais avec ce sale
temps…

— Mammie, on pourrait peut-être, poursuit courageusement
75 Mijanou, enfin si ça ne te dérange pas, visiter ton grenier ?

La vieille dame, surprise, arrête de remuer sa sauce, se retourne et
examine silencieusement les jumeaux.

« Ça y est, c'est fichu, pense Nicolas, elle ne voudra jamais. »

Tout doucement le bon visage de la grand-mère s'illumine d'un
80 sourire rêveur qui la rajeunit.

— Pourquoi pas ! Après tout, vous pourriez peut-être y faire des
découvertes ou apprendre des choses… Et puis vous êtes assez grands
maintenant pour que je vous fasse confiance.

© Musée de la civilisation, bibliothèque du Séminaire de Québec. *Dispersion des insurgés à
l'arrière de l'église de Saint-Eustache, 14 décembre 1837,* reproduction d'une lithographie
de N. Hartnell, d'après un dessin de Lord Charles Beauclerck, 1840.

Dans l'histoire de la Rébellion des Patriotes, les opérations militaires se déplacent dans le comté des Deux-Montagnes en 1837. À Saint-Eustache, le 14 décembre, les Patriotes essuient une autre défaite devant les troupes anglaises, dix fois plus nombreuses. Même les villages voisins subissent une dure répression. Cette défaite marque la fin de la rébellion des Patriotes.

Mais elle ajoute tout de même :

85   — Attention de ne rien briser là-haut, tous ces
souvenirs sont une partie importante de ma vie.

— Merci Mammie, tu es un ange ! disent
ensemble les jumeaux.

Ils embrassent leur grand-mère et disparaissent
90 aussitôt dans l'escalier. Sur le palier, Nicolas place
l'escabeau sous la trappe, monte et pousse
doucement le battant qui bascule lourdement.

— Pouah ! Je te l'avais dit que c'était plein
de poussière.

95   — Arrête de te plaindre et grimpe. Moi aussi,
je veux monter.

— D'accord, mais il fait noir. Je n'y vois rien.

— Il doit pourtant y avoir une lampe au plafond, marmonne
Mijanou en laissant courir ses doigts tout autour de la trappe. Ça y est,
100 je l'ai !

Elle tourne l'interrupteur. Nicolas, qui peut enfin voir, lui tend la
main pour l'aider à monter, puis referme la trappe.

— Nous voilà enfin dans la caverne d'Ali-Baba, chuchote
ironiquement Nicolas. Regarde, c'est plein de trésors !

105   Ouvrant grand les yeux, Mijanou essaie de se diriger parmi cet
amoncellement d'objets hétéroclites. Il y en a vraiment pour tous les
goûts : des vieilles chaises de paille trouées, des valises en cuir, un
paravent en bois orné de dessins de style rococo, des armoiries et des
coffres en bois, des cadres, de vieilles lampes, des potiches en
110 céramique… Elle se sent impressionnée malgré elle.

— Ça alors, on dirait un vrai magasin d'antiquités.

— Dis plutôt un marché aux puces, remarque son frère. Il n'y a
probablement que peu d'objets parmi tout cela qui aient vraiment de
la valeur.

115   — Et la valeur sentimentale, qu'est-ce que tu en fais ? Ces portraits,
par exemple, ils représentent sûrement nos ancêtres.

Elle s'approche de deux petits cadres ronds déposés sur un
secrétaire et les époussette de son mieux. Nicolas émet un sifflement
admiratif en apercevant le visage d'une jeune fille sur l'un d'eux.
120 Mijanou admet :

— Oui, elle était jolie l'arrière-grand-mère. Mais je préfère l'arrière-
grand-père, ajoute-t-elle en montrant l'autre portrait.

— Je me demande qui ils sont. Regarde derrière, s'il y a un nom.

— Oui, Rosalie Cadet, 1837 et l'autre c'est Laurent-Olivier Valois,
125 1836.

Ce roman historique s'adresse principalement aux adolescents, mais il saura sûrement intéresser les adultes. Le récit de cette courte période de vie est tout à fait passionnant. Le rythme soutenu nous donne le goût, tout comme aux jumeaux, de poursuivre la lecture du journal dans les plus brefs délais. *Enfants de la Rébellion* brosse un tableau captivant de la vie des Québécois de cette époque. On assiste à la naissance de héros et d'héroïnes dominés par un sentiment patriotique sans égal. Ce roman devient une façon agréable de faire connaître aux jeunes ces événements politiques et historiques qui ont fortement marqué le Québec. Il pourrait être mis à l'étude avec profit dans un cours de français au secondaire. Il saura sans nul doute donner le goût à tous et à toutes d'en savoir davantage sur les Fils de la Liberté.

Extrait dans *Contact*, vol. 9, n° 1, février 1990.

— Ça veut dire que ça date d'environ… 100… 150 ans ! On devrait alors parler de nos arrière-arrière-arrière-grands-parents.

— Oui, ces portraits sont très vieux. Tu ne trouves pas qu'elle portait une belle robe. Regarde ce beau col de dentelle. Et lui, sa
130 boucle dans le cou lui donne un air très distingué…

— Si la mode t'intéresse tellement, l'interrompt Nicolas, jette un coup d'œil dans cette armoire. Elle est pleine à craquer de robes à crinoline, de beaux habits et… Tiens, qu'est-ce que c'est que ça ?

Du fond de l'armoire, il sort un costume
135 spécial qui n'a pas vraiment l'air d'aller avec les autres vêtements. Le pantalon est taillé dans une grosse toile rude et le veston semble fait de
140 laine tissée.

— Quelle drôle d'idée de conserver des vêtements pareils, remarque Mijanou. Ils sont laids et ils ont l'air communs, comme s'il s'agissait de
145 vêtements pour travailler aux champs.

— Ça ferait un beau costume d'épouvantail. Il n'y manque qu'un vieux chapeau troué.

— Regarde plutôt par ici, lance tout à
150 coup Mijanou. On dirait un vieil orgue ou, comment dit-on ? un harmonium.

Extrait de Susanne Julien, *Enfants de la Rébellion*,
© Éditions Pierre Tisseyre, 1989. (Collection Conquêtes)

En 1837, les paysans prennent les armes afin de combattre les troupes anglaises.

Ce livre m'a plu non seulement parce qu'il est bien écrit, mais aussi parce que cette histoire est racontée avec exactitude. Les lecteurs savoureront la description des lieux et des activités quotidiennes des personnages.

Susanne Julien réussira à captiver l'attention et l'imagination des jeunes avec ce roman historique. Notons que ce roman a remporté le prix Cécile-Rouleau, attribué annuellement par l'ACELF pour le meilleur roman dans la « catégorie adolescent » ; les responsables de ce prix ont remarqué l'apport pédagogique de ce roman. À lire !

Pour les adolescents.

Extrait de Edward Collister, dans *Lurelu*, vol. 12, n° 3, hiver 1990.

Bibliographie de Susanne Julien

Catégorie pour adultes

Le ruban pourpre, roman historique, Éditions Pierre Tisseyre, 2003.

Œil pour œil, roman policier, Éditions Pierre Tisseyre, 1997.

Mortellement vôtre, roman policier, Éditions Pierre Tisseyre, 1995.

Catégorie pour adolescents

La clef dans la porte, roman, collectif, Éditions Pierre Tisseyre, 2000. (Collection Faubourg St-Rock)

Ma prison de chair, roman, Éditions Pierre Tisseyre, 1999. (Collection Faubourg St-Rock)

« *Le cobaye* », nouvelle, dans le collectif de l'AEQJ, *Peurs sauvages*, Éditions Pierre Tisseyre, 1998.

Des mots et des poussières, roman, Éditions Pierre Tisseyre, 1997. (Collection Faubourg St-Rock)

Une voix troublante, roman policier, Éditions Pierre Tisseyre, 1996. (Collection Conquêtes)

Les rendez-vous manqués, roman, Éditions Pierre Tisseyre, 1995. (Collection Faubourg St-Rock)

C'est permis de rêver, roman, Éditions Pierre Tisseyre, 1994. (Collection Faubourg St-Rock)

La vie au max, roman, Éditions Pierre Tisseyre, 1993. (Collection Faubourg St-Rock)

Meurtre à distance, roman policier, Éditions Pierre Tisseyre, 1993. (Collection Conquêtes)

Gudrid, la voyageuse, roman historique, Éditions Pierre Tisseyre, 1991. (Collection Conquêtes)

Le cœur à l'envers, roman, Éditions Pierre Tisseyre, 1991. (Collection Faubourg St-Rock)

L'envers de la vie, roman, Éditions Pierre Tisseyre, 1991. (Collection Faubourg St-Rock)

Enfants de la Rébellion, roman historique, Éditions Pierre Tisseyre, 1989. (Collection Conquêtes) Prix de l'ACELF Cécile-Rouleau, 1988.

Catégorie pour préadolescents

Robin et la vallée perdue, récit de science-fiction, Éditions Pierre Tisseyre, 2002. (Collection Papillon)

Rude journée pour Robin, récit de science-fiction, Éditions Pierre Tisseyre, 2001. (Collection Papillon)

L'auberge du fantôme bavard, récit fantastique, Éditions Hurtubise HMH, 1998.

Vent de panique, récit historique, Éditions Pierre Tisseyre, 1997. (Collection Papillon)

À la merci des Iroquois, récit historique, Éditions Coïncidence/Jeunesse, 1994. (Collection Jeunes d'autrefois)

La pinte de lait, récit, Éditions Coïncidence/Jeunesse, 1994. (Collection Souvenirs)

Esclave à vendre, récit historique, Éditions Coïncidence/Jeunesse, 1993. (Collection Jeunes d'autrefois)

Gare à la contrebande, récit historique, Éditions Coïncidence/Jeunesse, 1993. (Collection Jeunes d'autrefois)

Le retour du loup-garou, récit fantastique, Éditions Pierre Tisseyre, 1993. (Collection Papillon)

Le premier camelot, récit historique, Éditions Coïncidence/Jeunesse, 1992. (Collection Jeunes d'autrefois)

Tête brûlée, récit historique, Éditions Coïncidence/Jeunesse, 1992. (Collection Jeunes d'autrefois)

Le fantôme du Tatami, récit d'aventures, Éditions Pierre Tisseyre, 1991. (Collection Papillon)

Le moulin hanté, récit d'aventures, Éditions Pierre Tisseyre, 1990. (Collection Papillon)

Le temple englouti, récit d'aventures, Éditions Pierre Tisseyre, 1990. (Collection Papillon)

Catégorie pour enfants

Mon père est un vampire, conte, Éditions Pierre Tisseyre, 2003. (Collection Sésame)

Mes cousins sont des lutins, conte, Éditions Pierre Tisseyre, 2002. (Collection Sésame)

Le secret de Snorri le Viking, récit historique, Éditions Pierre Tisseyre, 2001. (Collection Safari)

Grand-mère est une sorcière, conte, Éditions Pierre Tisseyre, 2000. (Collection Sésame)

Grand-père est un ogre, conte, Éditions Pierre Tisseyre, 1998. (Collection Sésame)

Mes parents sont des monstres, conte, Éditions Pierre Tisseyre, 1997. (Collection Sésame)

Une fée au chômage, conte, Éditions Coïncidence/Jeunesse, 1994. (Collection Mini-roman)

J'ai peur d'avoir peur, livre-jeu, Éditions Héritage, 1991. (Collection Pour lire)

Sorcière en vacances, conte, Éditions Coïncidence/Jeunesse, 1991. (Collection Mini-roman)

Le pion magique, livre-jeu, Éditions Héritage, 1990. (Collection Pour lire)

Moulik et le voilier des fables, conte, Éditions Héritage, 1990. (Collection Libellule)

Les mémoires d'une sorcière, conte, Éditions Héritage, 1988. (Collection Pour lire) Prix de l'ACELF Raymond-Beauchemin, 1987.

Les sandales d'Ali-Boulouf, conte, Éditions Héritage, 1988. (Collection Libellule)

L'INTRODUCTION À L'UNIVERS DE LOUIS ÉMOND commence par un portrait biographique, une entrevue avec l'auteur réalisée par Nathalie Chevalier, quelques extraits et critiques de son œuvre et une bibliographie. Louis Émond dit ne pas écrire pour la jeunesse. Il écrit, c'est tout. Toutes ces rubriques permettront donc de mieux comprendre son univers qui laisse parler des personnages de tous âges et qui s'adresse par conséquent à tout public lecteur.

Louis Émond est né à Verdun, au Québec, en 1957. Tourmenté dès son plus jeune âge par une imagination et une sensibilité remarquables, il est une proie facile pour ses frères qui s'amusent à lui inventer des histoires toutes plus terrifiantes les unes que les autres. On en retrouve un bel exemple dans une histoire intitulée *La Guéguenille* (1994), inspirée d'un moment de son enfance.

Louis Émond a enseigné au primaire pendant plus de 20 ans. C'est cette expérience d'enseignement qui l'a mené vers l'écriture. En effet, il a décidé, un jour, d'écrire une pièce de théâtre pour ses élèves, qu'il a intitulée *Comme une ombre* (1993).

En plus d'être enseignant et auteur, Louis Émond a, pendant neuf ans, rédigé pour la télévision interactive une revue de l'actualité destinée aux jeunes. Il a aussi écrit pour le magazine *Enfants-Québec*. L'Association québécoise des éditeurs de magazines a d'ailleurs désigné ses textes comme « Meilleures chroniques parues dans un magazine en 2002 ».

Depuis 2000, Louis Émond travaille au ministère de l'Éducation. Il fait partie de l'équipe de conception de l'examen final en français (écriture et lecture) pour les élèves de 6e année.

L'entrevue

J'ai rencontré Louis Émond dans un petit café sympathique de Saint-Bruno. C'était un matin de printemps, le soleil était au rendez-vous, la journée s'annonçait magnifique. Je ne savais
5 cependant pas encore que la compagnie du charmant auteur allait y être pour quelque chose…

Louis Émond a 47 ans. Je ne peux toutefois, en le regardant, faire abstraction de l'image
10 d'un petit garçon timide. On devine tout de suite chez lui une grande douceur et une immense sensibilité. C'est probablement un peu pour cela qu'il écrit… et qu'il écrit tout naturellement pour les jeunes.

15 En accord avec cette image, c'est avec beaucoup de spontanéité et de simplicité qu'il a répondu à mes nombreuses questions.

* * *

? NATHALIE CHEVALIER : Pourquoi écrivez-vous ?
20 LOUIS ÉMOND : *(Sourire, soulèvement de sourcils.)* Parce que j'ai besoin de le faire. Ce n'est pas un choix.

? Imaginez-vous vos lecteurs pendant que vous écrivez ?
25 — Non. Jamais.

? Quel est le lecteur idéal ?
— Celui qui aborde le livre avec l'esprit ouvert en disant : « Vas-y, emmène-moi… »

? Faites-vous lire vos textes à quelqu'un
30 pendant ou après l'écriture ?
— Ma femme est toujours ma première lectrice. Elle a un œil juste et très critique. Au début, je lui faisais lire mes manuscrits chapitre par chapitre, mais maintenant, pour ne pas
35 nuire à son plaisir de lectrice, je lui remets le manuscrit lorsqu'il est complété.

? Aimez-vous le succès ?
— C'est une drôle de question pour moi, car je n'ai pas l'impression d'être encore à ce point
40 reconnu, mais pour répondre à la question, je dirais que oui. Le succès m'apporterait une certaine indépendance financière, ce qui n'est pas à dédaigner, mais surtout, il amènerait les lecteurs vers d'autres œuvres.

? Combien de personnes pensez-vous avoir touchées à travers vos romans ?

— Difficile à dire... Cependant, ceux qui me viennent tout de suite en tête sont les amis de mes enfants. J'ai la page couverture laminée de chacun de mes romans sur un mur de ma maison et lorsque des jeunes entrent chez moi, ils demandent souvent pourquoi ces illustrations sont là... en ajoutant qu'ils ont lu tel ou tel livre. Mes enfants répondent que c'est parce que c'est leur père qui les a écrits. Devant l'étonnement admiratif de leurs amis, mes enfants esquissent souvent un sourire ; et la lueur de fierté que je peux alors lire dans leurs yeux, pour moi, ça vaut des millions.

Je me rappelle aussi d'un moment au Salon du livre qui me donne encore des frissons quand j'en parle. Une jeune fille, accompagnée de son père, était venue me voir pour me dire qu'elle avait lu *Un si bel enfer* quatre fois et qu'elle avait adoré. Son père avait alors confirmé le tout en expliquant qu'ils en avaient fait la première lecture ensemble à haute voix en se relayant à chaque chapitre. Un ami venu les chercher pour une sortie familiale est retourné sans eux : ils étaient totalement envoûtés par leur lecture et préféraient rester ensemble chez eux pour mieux goûter le moment. Je trouve émouvant d'avoir pu susciter une si forte émotion.

? Vous reconnaît-on dans la rue ?

— *(Rire)* Tout le temps : j'ai enseigné pendant 14 ans dans le quartier où j'habite !

? Pourquoi écrivez-vous pour les jeunes ?

— Je n'écris pas pour les jeunes. J'écris, c'est tout. Ce n'est pas planifié comme cela. Au début, cependant, j'avais l'impression de n'avoir rien à dire aux adultes. Mais maintenant, j'ai plutôt l'impression que c'est parce que le monde de l'enfance m'attire davantage. J'aime les enfants. J'en ai eu trois,

j'enseigne au primaire... Si mes écrits sont orientés vers ce public, je crois que c'est tout simplement le résultat d'un intérêt personnel. Quand on aime quelque chose, on s'y intéresse de façon toute naturelle. Et moi, je suis à l'aise avec le monde des jeunes.

? Faites-vous souvent des rencontres dans les écoles ?

— J'en ai fait plusieurs.

? Quelles sont les questions les plus fréquemment posées ?

— On me demande toujours : « Est-ce que vous faites un plan ? » Oui. Je suis scrupuleusement ce que j'écris pour l'introduction, je me permets certains ajustements pour le développement et parfois je change complètement ce que j'avais prévu faire pour la fin.

Pour la très fréquente question « Quel est votre livre préféré dans ceux que vous avez écrits ? », je suis un peu embêté. Évidemment, les livres, c'est comme nos enfants, on ne peut pas vraiment en aimer un plus que l'autre. Par contre, je dois dire que j'ai un

110 petit faible pour *Un si bel enfer* parce que l'intrigue y est très travaillée et pleine de rebondissements.

On me demande aussi souvent «Combien ça prend de temps pour écrire?»… question 115 pour laquelle je n'ai pas de réponse. Ça dépend.

Finalement, on me demande aussi très souvent si on m'a déjà refusé un manuscrit. La réponse est non… sauf pour celui qui est 120 devenu *C'est parce que…* que j'ai dû retravailler.

? **Quelles sont les questions les plus déconcertantes?**

— Je suis toujours démuni quand on me 125 demande si je vais un jour écrire sur tel ou tel sujet. Parce que je ne le sais pas… Je suis aussi très surpris qu'on me demande mon âge. Pourquoi me demande-t-on cela? Je ne sais pas…

130 ? **Quelles sont les meilleures questions?**

— On m'a déjà demandé, dans une école primaire, si j'étais devenu plus critique face aux œuvres des autres auteurs depuis que

j'écrivais. Je dirais que c'est plutôt le contraire. 135 Je comprends mieux les contraintes de l'écriture, les difficultés que chacun peut éprouver. Ça me porte à être plus indulgent.

? **Comment vous sentez-vous dans un Salon du livre? Est-ce que ça vous fait** 140 **plaisir de rencontrer vos lecteurs et de leur dédicacer vos livres?**

— Oui. Ça me fait toujours plaisir, mais en même temps, je suis un peu mal à l'aise. Je ne sais pas trop quelle attitude adopter. 145 J'essaie le plus possible de faire parler les jeunes, de les faire parler d'eux. J'aime savoir quel genre de personnes aiment mes livres.

? **Avez-vous déjà communiqué avec un auteur que vous admirez? Dans quel** 150 **contexte?**

— J'ai déjà communiqué avec trois auteurs: Tonino Benacquista, Marie Laberge et Michel Tremblay.

Pour Tonino Benacquista, je finissais tout 155 juste la lecture de *Saga* et j'avais adoré ce roman. J'ai tout simplement eu besoin de le dire à l'auteur. Je ne savais pas trop comment

procéder alors j'ai envoyé, à son attention, une lettre à l'éditeur en espérant qu'il la lui
160 remette…, mais ma lettre m'est revenue, accompagnée de la note «inconnu à cette adresse». J'ai mal compris comment cela était possible et j'ai négligemment balancé la lettre au fond du tiroir. J'ai oublié la chose jusqu'au
165 jour où ma fille a pris le même livre dans ma bibliothèque, l'a lu, puis est ensuite venue me raconter à quel point elle a aussi été transportée par l'histoire. J'ai alors décidé de retenter de communiquer avec l'auteur. Cette
170 fois-là, j'ai eu une réponse. Tonino Benacquista lui-même m'a retourné un mot me disant qu'il avait été très touché par mon geste et qu'il avait lu ma lettre dans le taxi qui le menait au studio de cinéma qui allait justement adapter
175 *Saga* en film. «Votre mot, disait-il, m'imposera encore plus de rigueur dans les choix que je ferai…» C'est un grand moment!

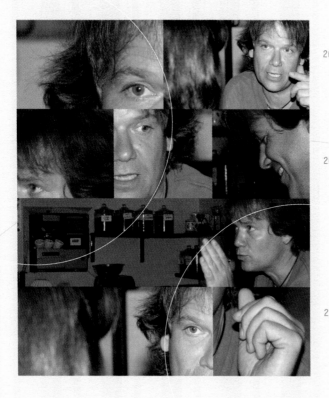

En ce qui concerne Marie Laberge, j'étais dans le kiosque des Éditions Pierre Tisseyre au
180 Salon du livre de Montréal en compagnie d'une amie lorsque la romancière est arrivée à sa table pour signer des livres. Alors que j'exprimais à voix basse toute l'admiration que je vouais à l'écrivaine, mon amie me saisit par
185 la manche en me disant: «Va le lui dire!» J'hésite, je me sens ridicule. Puis je prends mon courage à deux mains et me décide à aller la saluer. Elle a été charmante!

Pour Michel Tremblay, je finissais la lecture
190 de *Douze coups de théâtre* et deux pages de cette œuvre m'ont violemment interpellé. J'avais l'impression que c'était de moi dont il était question. Je voyais en mots ce que je ressentais alors sans pouvoir moi-même
195 l'exprimer. Et j'en ai été bouleversé. J'ai donc décidé d'écrire à l'auteur. J'ai écrit cinq pages. Et je lui ai demandé de me confirmer qu'il les avait reçues. Mes amis ont tenté de me ramener sur terre en me disant que Michel
200 Tremblay devait recevoir des dizaines de lettres par jour; il était évident qu'il ne pouvait se permettre de répondre à tout cela. Mais il m'a répondu! Et je me suis présenté au Salon du livre suivant armé de ma carte postale (j'avais
205 reçu le mot de Key West) pour le rencontrer en personne.

* * *

L'auteur fait une pause. Dans ses yeux, je peux voir l'émotion que suscite un tel souvenir. Et c'est sur cette note que se terminera notre
210 entrevue. Nous sortons du café en échangeant sur la beauté des choses simples qui font la vie. La journée est toujours splendide. Et en partageant un peu son univers avec moi, Louis Émond en a fait une
215 journée extraordinaire.

Nathalie Chevalier

La tradition,
c'est la tradition

— Prêts ?

Ken Prescott m'adresse, ainsi qu'à son fils Colin, un clin d'œil complice.

— Attention ! L'instant est solennel : je branche !

5   Papa, M. Ed, le petit Colin et moi assistons à la plus étonnante des métamorphoses : la majestueuse résidence des Prescott s'effaçant au profit d'un spectacle incomparable. Irréel.

— C'est beau ! dit Colin Prescott du haut de ses quatre ans.

Il n'y a rien à ajouter ; j'approuve en silence. L'instant a la perfection 10 d'un monde neuf. Dans les yeux des trois adultes, je lis à la fois la fierté, l'éblouissement et la tristesse. Ils savent que cet univers merveilleux qu'ils ont mis deux jours à créer est de ceux dont on n'a plus envie de revenir. Comme si l'enfance tenait là, résumée tout entière dans ce moment, dans cette scène se déroulant devant nous.

15   Ils sourient.

Baignés d'une douce lumière rosée, le terrain, le toit ainsi que de chaque côté de l'allée menant à la demeure des Prescott grouillent de plusieurs douzaines de petites personnes fort occupées : c'est l'atelier des lutins du Père Noël tel que reproduit par M. Ed, Ken Prescott et 20 mon père.

Rien de moins.

Dans le roman *La guerre des lumières*, un jeune garçon, Sébastien, raconte l'histoire d'un concours de quartier, *Splendeurs des Fêtes*, qui tourne mal : le nouveau venu de la rue des Carillons refuse de décorer sa maison pour la période des fêtes, au grand dam de Ken Prescott et des autres résidants.

Dans l'extrait présenté, on assiste au dévoilement des décorations de Noël.

Quarante-cinq lutins bien comptés s'affairent à fabriquer, assembler, réparer, ajuster, clouer, poncer, peindre ou emballer les jouets qui iront sous l'arbre, à Noël.

25 — C'est… impressionnant ! s'écrie M. Ed. Jamais rien vu de pareil.

— Moi non plus, ajoute mon père. Monsieur Prescott, vous n'avez pas fini d'en entendre parler.

Déjà, quelques passants font un détour par notre rue et s'arrêtent pour féliciter les trois hommes. Les commentaires élogieux vont bon 30 train. Tirés de leur rêverie, M. Ed et Ken Prescott s'adonnent maintenant avec joie à l'exercice accompagnant toujours ce genre d'installation : explication du mécanisme aussi ingénieux que complexe qui l'anime et narration, par le détail, des difficultés rencontrées et — bien sûr ! — habilement résolues.

35 Le chemin des Carillons est maintenant noir de monde. Fort de sa réputation, il attire chaque année de plus en plus de visiteurs. Des gens de Petit-Courant, de Saraguay et même d'aussi loin que Bessemer, affluent, à chaque mois de décembre, à la recherche de cette rue dont les demeures, dit-on, s'admirent comme autant d'œuvres d'art et parmi 40 lesquelles certaines évoquent les pages de livres de contes méconnus, de légendes oubliées.

Et pendant qu'au grand plaisir de dizaines d'hommes, de femmes et d'enfants extasiés, la nuit tombante accentue le scintillement de notre rue, mon père jette un long coup d'œil autour de lui.

45 Jacques Doillon a orné sa maison de ses lumières en forme de biscuits, de sucettes et de papillotes, et Hänsel et Gretel se tiennent à la porte, accueillant les visiteurs en leur tendant un panier rempli à craquer de friandises.

Anne-Marie et Sophie se sont surpassées. Reliées par de nombreux 50 faisceaux, les diverses formes géométriques luminescentes de leurs décorations de Noël futuristes suggèrent l'amour et la compréhension entre les peuples. « PAIX SUR LA TERRE AUX HOMMES ET

FEMMES DE BONNE VOLONTÉ! » proclame une banderole métallique aux couleurs chatoyantes accrochée entre deux pommiers.

55 Ceux-ci, dont les branches sont couvertes de lumières blanches, ont l'allure d'une gerbe de feu d'artifice figée dans le temps.

Comme prévu, les Tournier ont emballé leur demeure comme un immense cadeau, mais cette année, en plus des boîtes disséminées sur leur terrain et suspendues aux arbres, ils ont intégré une poupée,

60 un tambour, un soldat de plomb, rappelant de façon réussie les Noëls d'antan.

Les différentes scènes de *La Petite Marchande d'allumettes* conçues par Charles Freeberg sont des bijoux. La plus émouvante est sans doute celle où la fillette, au moment de sa mort, tend ses mains glacées vers

65 sa grand-mère qui l'attend pour l'emmener au ciel.

— J'y ai travaillé pendant deux ans, à temps perdu.

La veille, Marco Orefice a installé sa sorcière Befana en bas de son perron. Éclairée par des dizaines de lumières rouges, blanches et vertes rappelant autant les couleurs de Noël que celles de l'Italie, l'inquiétante

70 créature sourit béatement de ses trois dents.

Et tous les autres, des Trudel aux Courchesne sans oublier le père Verreau, ont contribué à transformer cette rue tranquille, semblable à cent mille autres rues, en un hommage grandiose à la fête de Noël. Comme si la réalité s'était retournée comme un gant pour céder la

75 place à l'imaginaire.

Pas une maison qui n'ait déployé talent, créativité, temps et efforts pour célébrer, dans un tapage visuel hors du commun, l'arrivée de cette fête.

Pas une, sauf celle des Kosky.

80 Les Kosky. Nos nouveaux voisins. Arrivés en juillet. Des gens charmants, gentils, polis,… réservés. Ils ont tout de suite plu à mes parents. Naturellement, mon père n'a pas tardé à les informer de la tradition suivie par chacun des habitants de notre rue à l'époque de Noël.

— Nous aimons bien souligner l'arrivée du temps des Fêtes.

85 *Souligner !* dit-il…

Puis il illustre son propos de quelques exemples bien choisis avant de courir chercher son album de photos de Noël. À la vue des abondantes décorations, les Kosky se contentent de hocher la tête et de sourire.

90 — Impressionnés ? demande mon père.

Impressionnés, ils le sont sans doute. Leur physionomie et le bref regard qu'ils échangent laissent cependant deviner qu'ils sont aussi perplexes.

À compter de ce jour, mon père croit l'affaire conclue. Les Kosky,
95 dès la fin novembre, se joindront, tambour battant, à l'irrésistible mouvement du chemin des Carillons.

— Nicolas et Hanna Kosky ainsi que leurs trois filles vont nous surprendre, je le sens, affirme mon père. Nous épater même par quelque ensemble décoratif. Je suis curieux de voir quel sera leur
100 thème… Peut-être sera-t-il tiré du folklore de leur pays d'origine — Hongrie ? Bosnie ? Kosovo ? — et nous en apprendra-t-il autant qu'il nous ravira.

Mais novembre passe et pas l'ombre du début d'une décoration ne vient donner raison à l'optimisme de mon père. Pas la plus petite étoile
105 de Rois Mages, non plus que de sapin ligoté de lumineuses guirlandes : rien.

Nous sommes le huit décembre et la devanture de la maison des Kosky demeure désespérément vide.

Extrait de Louis Émond, *La guerre des lumières*, © Soulières éditeur, 2003.

Critique

Rien de plus beau que des décorations de Noël qui illuminent les maisons, donnant au quartier un air féerique propice à plonger petits et grands dans l'esprit du temps des fêtes. Ah ! comme la lumière a « luminé », dit le poète d'occasion en manque d'inspiration…

Mais que se passe-t-il lorsqu'un nouveau voisin, au nom de famille à consonance étrangère de surcroît, décide, bien involontairement, de jouer les trouble-fête en refusant de décorer sa demeure ?

C'est le propos que l'auteur montarvillois, Louis Émond, tient dans son huitième roman jeunesse, intitulé *La guerre des lumières*, nouvellement publié chez Soulières éditeur.

Plus précisément, l'histoire se déroule rue des Carillons, dans la banlieue d'une ville quelconque. Chaque année, les résidants du quartier se font un devoir de participer au concours *Splendeurs des Fêtes*. Mais le nouveau voisin en question, Nicolas Kosky, qui vient d'un pays dévasté par la guerre, refuse de « jouer le jeu ».

« L'histoire est racontée avec le regard d'un jeune garçon — Sébastien, le narrateur — qui devient le témoin du conflit en train de naître entre Ken Prescott, celui qui assume le leadership dans le quartier, et Nicolas Kosky ; le conflit, faut-il le dire, prendra des proportions de plus en plus grandes. L'histoire parle d'intolérance, de xénophobie, de respect dans la différence. On va découvrir pourquoi M. Kosky refuse de décorer sa maison. C'est un livre qui s'adresse aux 9 à 99 ans », déclare en entrevue Louis Émond, père de trois enfants.

Si le livre renferme une morale, aux dires de son auteur, le ton n'y est pas du tout moralisateur. La morale y est pour amener la réflexion, un cheminement. Cheminement que les lecteurs adultes prendront plaisir à découvrir, puisque dans certains passages, Louis Émond s'adresse à eux de manière subtile.

« Il y a un passage où je fais une description humoristique du nombre de décorations de Noël que les gens mettent devant leurs demeures, et du bon goût discutable de ces mêmes décorations. »

Mais celui-ci jure que ses voisins ne lui ont inspiré aucun personnage de son roman !

Citant Catherine Tauveron, professeure spécialisée en lecture à l'université René-Descartes en France, Louis Émond rappelle que ses romans s'adressent aussi bien aux jeunes lecteurs qu'aux adultes.

« De plus en plus, lire la littérature jeunesse qui se fait aujourd'hui demande le concours actif du lecteur et (vise) deux lectorats : celui des enfants à qui l'on ne demande que de comprendre l'histoire dans ses grandes lignes et celui des adultes qui, grâce, en particulier, à leur connaissance de l'intertexte et des stéréotypes, peuvent jouir pleinement des jeux de point de vue, de citation, de détournement… »

« L'action et les rebondissements de *La guerre des lumières* viennent renforcer le récit et surprendront les lecteurs », prévient Louis Émond.

« Sébastien verra que les adultes sont forts lorsqu'il s'agit de faire la leçon aux enfants. Mais il constatera que ces mêmes grandes personnes disent une chose et agissent d'une autre façon. Sébastien s'amuse de ce fait, mais est navré de la situation qu'elle engendre », poursuit l'auteur.

Le roman, de 130 pages, s'est bâti sur une période de plus de cinq ans. Non pas en raison de la complexité de la trame, mais pour une question d'inspiration pour le moins cruciale.

« Je ne pouvais faire autrement que d'écrire mon roman durant le temps des fêtes, puisque c'était ce moment qui me donnait l'inspiration nécessaire. C'est ainsi que je l'ai entrepris aux mois de novembre et décembre 1998, et ainsi de suite chaque année. Je l'ai terminé en janvier 2003. En dehors de cette période, je n'y touchais pas. Ce temps m'a permis de revenir sur mon récit et d'élaguer mon roman. Quand j'écris, je sais comment commencer et terminer l'histoire, mais entre ce début et cette fin, c'est l'inconnu. C'est comme un voyage. Je savais où je m'en allais et où je terminerais, mais entre les deux, plein de choses peuvent se produire. »

Extrait de David Penven, « " La guerre des lumières ",
un nouveau roman de l'écrivain montarvillois Louis Émond », *Journal de Saint-Bruno*, le 1er novembre 2003.

Le p'tit frère

La pièce de théâtre *Comme une ombre* relate l'histoire de Daniel qui doit s'occuper constamment de son jeune frère Sébastien. Et il en a assez. Sébastien, un peu mortifié, offre à son frère de le laisser tranquille pour une heure. Il jouera dans le carré de sable alors que Daniel disputera un match de tennis en compagnie de ses copains. C'est alors que s'amène un «étranger»...

L'extrait suivant se situe au début de la pièce alors que Daniel exprime son mécontentement à Sébastien.

Scène 1

L'action débute en matinée, au moment où Daniel et Sébastien arrivent au parc.
Le premier est visiblement de mauvaise humeur, le second, visiblement mal à l'aise.
Daniel porte un sac à dos duquel dépasse le manche d'une raquette de tennis. Sébastien
porte un sac à dos semblable dans lequel il a mis ses autos et ses camions. Daniel
5 *vérifie, d'un côté et de l'autre de la scène, si ses compagnons de tennis sont arrivés et*
il se heurte continuellement à son petit frère. Il s'impatiente de plus en plus. Soudain,
il éclate. Au cours du dialogue, les deux garçons videront progressivement leur sac.

DANIEL

Veux-tu bien arrêter de me suivre, fatigant !

10 SÉBASTIEN

Ah ben, hein ! C'est-tu de ma faute à moi si maman a dit qu'on doit rester ensemble toute la journée vu qu'elle devait aller aider papa au magasin ?

DANIEL

15 Non, c'est pas de ta faute ! N'empêche que c'est moi qui vais t'avoir sur les talons toute la *colibinne* de journée ! Encore !

SÉBASTIEN

Fais-toi-z-en pas, Daniel, je t'achalerai pas !

DANIEL

20 Oui, oui, bien sûr. Pour les cinq ou dix premières minutes. Mais après, hein ? Après ?

SÉBASTIEN

Quoi, après ?

DANIEL

25 Tu le sais ce qui arrive après cinq ou dix minutes, Sébastien Leclerc. Ce qui arrive toujours après cinq ou dix minutes. Ça va être : « Danieeeeel ! Viens me lancer le ballon, je m'ennuie ! » ou bien « Danieeeeeel ! [...] On s'en va-tu à la maison, là ? [...] »

SÉBASTIEN

30 Ben non ! Je suis plus comme ça, j'ai vieilli !

DANIEL

Colibinne! Avez-vous entendu ça, vous autres? Monsieur a vieilli! Depuis quand Sébastien, la semaine passée? Parce que, y'a quinze jours quand je t'ai encore eu dans les pattes, ça s'est pas passé exactement
35 comme je viens de le dire?

SÉBASTIEN, *gêné.*

Ben… pas exactement, exactement…

DANIEL

Ah non?

40 **SÉBASTIEN**, *autoritaire.*

Non!

DANIEL

Aaaaaaaaaaaaah! La belle journée que je vais passer, moi!

SÉBASTIEN

45 T'auras juste à faire comme si j'étais pas là.

DANIEL

Oui. Pour qu'après t'ailles tout raconter à maman pis à papa *(l'imitant).* « Pis Daniel s'est même pas occupé de moi un petit peu. » *(Gros soupir.)* « Je me
50 suis ennuyé toute la journée au complet. » Pis là, maman pis papa vont me regarder avec les yeux qui font quand y'ont envie que je me sente aussi coupable qu'un chien qui vient de faire pipi sur le tapis du salon…

55 **SÉBASTIEN**

Je te promets, Daniel, que je dirai rien à personne…

DANIEL

Ou bien tu vas passer ton temps à me faire la morale pis à me dire quoi faire pis quoi pas faire comme un *môsusse* de schtroumph à lunettes!

60 **SÉBASTIEN**

Ben non, Daniel! *(Un temps.)* Pis dis pas *môsusse*, tu le sais que maman aime pas ça quand tu sacres.

DANIEL, *en colère.*

Bon! Ça y est! C'est commencé! Pis maman elle aime pas ça quand tu
65 dis ci, pis maman elle aime pas ça quand tu fais ça!

SÉBASTIEN

Ben c'est vrai…

DANIEL, *se moquant.*

Ben c'est vrai! *(De plus en plus en colère.)* Aaah! On voit bien que c'est pas
70 elle qui t'a sur le dos pis dans les oreilles à toutes les fois qu'elle va aider papa au dépanneur… *Câline!*

La pièce *Comme une ombre* a été présentée pour la première fois en juin 1986 à l'auditorium de l'École de Montarville, à Saint-Bruno-de-Montarville. Patrick Giguère (Sébastien) et Simon Trépanier (Daniel) ainsi que Claude Daoust (Julien), Katia Leclerc (Diane) et Dev Coossa (Claude), élèves de Louis Émond dans les années 1980, faisaient partie de la distribution.

JULIEN

Mon nom c'est Julien Davidson, puis mon père, c'est un vrai Anglais.

SÉBASTIEN

Puis moi, mon père, c'est un vrai fantôme, je le vois jamais!

(Scène 7)

SÉBASTIEN

Hon! Daniel! T'as encore sacré!

DANIEL, *hors de lui.*

75 Mais vas-tu te rentrer dans la tête, Sébastien, que *câline* pis *môsusse* c'est pas plus sacrer que dire *tabarnouche, ostindbeu, viande-à-chien, gériboère* ou *cercueil*!

SÉBASTIEN

Peut-être mais maman dit que c'est pas beau pis c'est pour ça qu'elle 80 l'in-ter-dit!

DANIEL

Ben oui, ben oui! C'est pas beau! Toi non plus t'es pas beau pis t'es pas interdit pour autant. (*Un temps.*) Bon, qu'est-ce que t'as le goût de faire, là?

SÉBASTIEN, *enthousiaste.*

85 Ben… On pourrait jouer ensemble dans le carré de sable avec mes camions!

DANIEL

MINUTE! TU peux jouer ensemble avec toi-même dans le carré de sable.

90 **SÉBASTIEN**

Pis toi? Qu'est-ce que tu vas faire?

DANIEL, *ennuyé.*

Ah Sébastien!… Va jouer avec tes camions pis laisse-moi un peu tranquille, OK?

95 *Sébastien entre dans le carré de sable et sort de son sac à dos deux camions avec lesquels il se met à jouer; pendant ce temps, Daniel sort de son sac une raquette de tennis et se met à mimer des coups droits et des revers, histoire de se délier les muscles. Mais tout en faisant ces « exercices », il se fâche de plus en plus en répétant et en* 100 *marmonnant des paroles que sa mère lui aura dites le matin : « Tu vas t'en occuper, d'accord? » « Qu'est-ce que je ferais, mon grand, si je t'avais pas? » « Je peux me fier sur toi, là! » Entre alors Claire.*

Extrait de Louis Émond, *Comme une ombre,*
© Éditions Québec/Amérique, 1993.
(Collection Jeunesse théâtre)

JULIEN
Je suis tout seul. Mais j'aimerais bien avoir un frère par exemple.

(Scène 7)

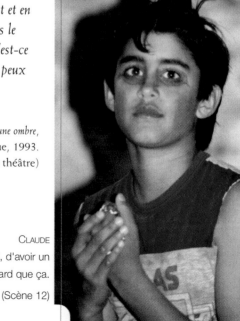

CLAUDE
T'es chanceux, Daniel, d'avoir un petit frère aussi débrouillard que ça.

(Scène 12)

Recueil de textes–Dossier 6

Pas toujours drôle d'avoir un petit frère ! Surtout quand il est constamment collé à vous... comme une ombre ! C'est pas qu'il soit méchant, Sébastien, non. En fait, Daniel aime bien son petit frère, mais il apprécierait un peu de liberté.

C'est ce thème typique au monde de l'enfance que Louis Émond explore dans cette première pièce de théâtre.

Ses parents étant accaparés par leur travail, Daniel, 12 ans, doit régulièrement veiller sur Sébastien, son petit frère de 8 ans. L'adolescent se sent un peu dépassé par la situation, surtout qu'elle met quelques entraves à sa toute jeune vie amoureuse. Le petit frère décide alors de lui accorder un répit d'une heure : il est entendu que Sébastien s'amusera dans le carré de sable avec ses camions pendant que Daniel disputera un match de tennis en compagnie d'amis et... de l'élue de son cœur. Mais l'arrivée d'un « étranger » viendra quelque peu perturber la situation.

Cette pièce de théâtre toute simple donne la parole aux enfants. Elle est écrite pour eux, dans leur langage à eux et parle des problèmes quotidiens auxquels ils sont confrontés. On n'y trouve pas de grands drames, pas d'envolées lyriques, pas de grande morale. Il s'agit tout simplement d'un moment de vie qui contient ses joies, ses peurs et ses peines.

Comme une ombre peut plaire à tous les publics, puisqu'elle évoque une situation que plusieurs familles ont déjà vécue. Il faut cependant noter que sa conception a été commandée pour les besoins d'une classe d'élèves de 12 ans auxquels l'auteur enseignait. On ne doit donc pas s'attendre à une pièce à message, mais plutôt à un instant de plaisir théâtral, ni plus ni moins, au sein duquel se sont retrouvés un enseignant-auteur et son groupe d'élèves. Si on sent ici le plaisir qu'a eu Louis Émond à écrire pour ces jeunes, on ne peut douter du plaisir qu'ont eu ces mêmes jeunes à explorer le monde de leur enseignant. Au fait, partager le plaisir, n'est-ce pas ça aussi, le théâtre ?

Nathalie Chevalier

Bibliographie de Louis Émond

Nouvelles

« La malédiction des triplés », dans *Le sphinx de l'autoroute*, Soulières éditeur, 2000. (Collection Chat débrouillard)

« La mystérieuse armoire de Zénon Allard », dans *La mystérieuse armoire de Zénon Allard*, Soulières éditeur, 2000. (Collection Chat débrouillard)

« Prisonniers des Malbrouks », dans *La planète des fous*, Soulières éditeur, 2000. (Collection Chat débrouillard)

Romans

La guerre des lumières, Soulières éditeur, 2003.

Les trois bonbons de Monsieur Magnani, Soulières éditeur, 2001.

C'est parce que..., Soulières éditeur, 1997.

Trois séjours en sombres territoires, Éditions Pierre Tisseyre, 1996.

La Guéguenille, Éditions Pierre Tisseyre, 1994.

Un si bel enfer, Éditions Pierre Tisseyre, 1993.

Taxi en cavale, Éditions Pierre Tisseyre, 1992.

Théâtre

Comme une ombre, Québec/Amérique, 1993.

Entre fiction et réalité

Dans le roman *Chrystine Brouillet romancière et Simon*, Robert Soulières conjugue fiction et réalité. Il crée un personnage fictif, Simon, un élève du secondaire, qui raconte l'histoire de son entrevue avec sa romancière préférée, Chrystine Brouillet. Les personnages se rencontrent dans un café du Vieux-Québec et, au fil des questions, la prolifique auteure dévoilera à Simon sa vie, ses intérêts et sa grande passion pour l'écriture.

Dans l'extrait choisi, Simon est attablé au café et il attend impatiemment Chrystine Brouillet.

Chrystine Brouillet m'a donné rendez-vous au Temporel, un café du Vieux-Québec. « À 14 heures, m'a-t-elle dit. Samedi après-midi. » Or, j'y suis depuis une demi-heure et elle n'est pas encore arrivée. Je me demande si c'est bien au Temporel, si c'est bien à 14 heures et si c'est
5 bien aujourd'hui. Je sors mon calepin. C'est bien ça. J'ai lu la page deux fois pour être bien sûr. Il n'y a rien de mieux que d'être à la bonne place au bon moment.

Il faut dire que je suis en avance… et anxieux. Je regarde l'horloge toutes les deux minutes. Le temps s'étire paresseusement, comme un
10 chat. Et il n'y a presque pas un chat dans le café. Mais je ne vois rien de toute façon. Je suis obsédé par mon magnétophone et la fameuse rallonge ! Les oublier aurait été carrément impossible.

J'attends toujours. J'espère que Chrystine Brouillet n'est pas une diva qui aime faire attendre ses *fans*. Il est 13 h 50. Je me fais sans doute du
15 souci pour rien. Je relis mes premières questions et je commande un troisième café.

C'est sûrement le café qui me rend si nerveux, bien plus que l'entrevue. Je regarde dehors, pas un chat. Il pleut un peu. Novembre est frisquet, ma mère avait bien raison.

20 Et soudain, une femme vêtue de noir entre dans le café. Je sais que Chrystine Brouillet adore porter du noir. Je me lève pour... rien. Ce n'est pas elle. Elle lui ressemble pourtant. Voilà que j'ai des visions maintenant...

Je me penche de nouveau sur mes feuilles en mâchouillant 25 mon crayon.

— Un autre café, Simon?

Je ne lève pas la tête tout de suite. Comment la serveuse a-t-elle appris mon nom? Personne ne me connaît ici! Je suis en mission secrète.

30 Quand je lève finalement la tête, j'aperçois Chrystine Brouillet! Ce ne peut être qu'elle. Elle est bien là, à mes côtés. Je l'ai reconnue tout de suite, car j'avais vu des photos d'elle dans les magazines et les journaux. Elle enlève son manteau et s'assoit. Je suis bouche bée. J'ai à peine le temps d'être poli et de me lever pour la saluer.

35 — Tu peux rester assis, suggère-t-elle en me tendant la main.

— Bonjour, madame Brouillet!

— Laisse tomber les « madame ». Tu peux m'appeler Chrystine, dit-elle pour briser tout de suite la glace. J'ai été serveuse ici durant plusieurs années. C'est pour ça que je t'ai offert un autre café.

[...]

40 — Chrystine, quand tu étais jeune...

— Mais je suis encore jeune, rigole-t-elle pour me mettre encore plus à l'aise.

L'écrivain québécois Robert Soulières est né en 1950. Il a publié des romans, des contes, des nouvelles et de nombreux articles. Il a notamment tenu une chronique dans *Lurelu*, revue qu'il a dirigée pendant six ans. Son premier roman, *Le visiteur du soir*, lui a valu le prix Alvine-Bélisle. Il a aussi obtenu le prix du Conseil des Arts du Canada en 1985 pour *Casse-tête chinois* et le prix M. Christie en 1998 pour *Un cadavre de classe*. Robert Soulières dirige maintenant sa propre maison d'édition.

— Oui, mais lorsque tu étais à l'école, est-ce que tu étais bonne en français ?

45 — Oui, j'ai toujours été bonne en français. En histoire et en géo aussi. Par contre, j'étais nulle en maths. Je me souviens que je lisais énormément. À huit ans, j'avais déjà lu tous les livres de la Comtesse de Ségur : *Un bon petit diable* ; *Le général Dourakine* ; *Les malheurs de Sophie* ; *Jean qui grogne et Jean qui rit…*

50 — Le goût de la lecture t'est donc venu très tôt.

— Oui. Ma mère me lisait aussi des histoires, le soir. À la maison, je me souviens, j'écoutais les disques de Blanche-Neige et d'autres histoires de princesses. Je les apprenais par cœur. D'ailleurs, j'étais du genre à me débarrasser de mes devoirs pour avoir plus de temps pour 55 lire.

[…]

Je viens de terminer ma série de questions sur sa jeunesse. Ça va bien. Je parcours mes notes et j'enchaîne avec la première question qui m'est venue à l'esprit, et à vous aussi sans doute :

— Quand je dois rédiger un article pour le journal de la poly, 60 je panique souvent devant la feuille blanche. Est-ce que ça t'arrive à toi aussi ?

La réponse ne se fait pas attendre longtemps :

— Non, pas vraiment. Ce n'est pas la panique, mais plutôt de l'agacement. Je peux rester une heure, une heure et demie, deux heures 65 même devant l'ordinateur sans rien écrire. Et je ne bouge pas tant que je n'ai pas écrit une ligne.

— Tenace en amour comme en amitié, et tenace aussi devant l'ordinateur. Rien ne te résiste !

Chrystine rit.

[…]

70 — Maintenant, voici une question qui va faire plaisir à madame Morin, ma prof de français : Est-ce que tu fais un plan avant de te lancer dans la 75 rédaction d'un roman ?

La réponse sort comme un boulet de canon :

— Oui, toujours…

— Bon, je le savais. C'est 80 madame Morin qui va être contente.

— Pourquoi?

— Parce qu'elle nous casse toujours les oreilles avec son plan. O.K.,
tu fais un plan. Mais dis-moi au moins que tu le fais… comme tout
85 le monde, c'est-à-dire après avoir écrit!

Chrystine rit de bon cœur.

— Bien sûr que non: je le fais avant! Que je m'apprête à écrire
quatre ou quatre cents pages, je fais toujours un plan. Souvent, il
s'inscrit dans le temps, dans la chronologie. Je trace une ligne
90 symbolisant les années, les jours ou les moments dans une journée et
ensuite, j'ajoute les éléments de l'histoire. Mes plans sont passablement
précis. Tout au long de la rédaction, ils ne changeront pas beaucoup.

[…]

— Est-ce que tu te relis souvent?

— Je relis ce que j'ai écrit la veille avant de continuer, ça c'est sûr.
95 Au cours de la rédaction, je me relis attentivement à chaque tiers. Et
une fois le roman terminé, je me relis une dernière fois. Je fais des
corrections. Je réimprime le tout et je le remets à l'éditeur. Idéalement,
je préfère attendre un moment entre la fin d'une version et la relecture.
Il faut laisser « dormir » le manuscrit, prendre ses distances. Ça me
100 permet de mieux juger du texte, de voir davantage ses faiblesses quand
j'y reviens. Parfois, une troisième, voire une quatrième version
s'impose… ou en tout cas, de sérieuses modifications sont nécessaires.

— Est-ce que tu fais des fautes… autant que moi, par exemple?
ai-je dit en pouffant de rire à mon tour.
105 — Moi, je trouve que j'en fais beaucoup…

Je suis étonné. Moi qui la croyais parfaite. Ses œuvres sont si
impeccables! C'est à tomber de sa chaise.

— … mais attention, pas seulement des fautes d'orthographe.
Quand on dit « fautes », les gens pensent souvent aux fautes
110 d'orthographe, mais il y en a plusieurs types: les anglicismes,
les mauvaises tournures de phrases, les mots inappropriés,
la ponctuation, etc. Quand je reçois ma copie corrigée par mon ami
Jean-Pierre Leroux, réviseur de profession, je suis pas mal découragée
et je trouve que je ne sais rien.
115 Je reste bouche bée. Il ne faudrait pas qu'elle voie la première
version de mon texte. Ça pourrait lui donner tout un coup et mettre fin
au projet. Je l'ai toujours dit: j'aurais dû faire du journalisme télévisé,
ça aurait été moins compliqué…

Extrait de Robert Soulières, *Chrystine Brouillet romancière et Simon*,
Les Éditions Héritage, 1997. (Collection En plein cœur)

La romancière québécoise Chrystine Brouillet est née en 1958. Elle a obtenu le prix Robert-Cliche pour son premier roman, *Chère voisine*, publié en 1982 et le prix Alvine-Bélisle en 1985 pour son premier roman jeunesse, *Le complot*. Depuis le début des années 1980, elle a écrit de nombreux romans tant pour les jeunes que pour les adultes. Plusieurs de ses romans ont été adaptés pour la télévision et le cinéma.

Dossier 7

« *Le 24.* — Beaucoup de pluie toute la nuit et tout le jour ; je ne sortis pas.
Le 25. — Pluie toute la journée.
Le 26. — Point de pluie ; la terre était alors plus fraîche qu'auparavant et plus agréable[1]. »
(Defoe)

« Quand on écrit son journal personnel, on se rend compte d'une chose : on est conscient de son inconscient[2]. »
(Lamirande)

1. Daniel Defoe, *Robinson Crusoé*, 1719.
2. Claire de Lamirande, *La rose des temps*, Québec/Amérique, 1984.

Une solitude à partager

« J'aimerais bien savoir ce qu'on dit de moi...[3]

« C'est fragile, l'intimité[4]. »
(Jacob)

« L'écriture d'un journal est un plaisir solitaire.
 Un soulagement, plutôt. Un déversoir pour la rage[5]. »
(Noël)

Journal

3. Réflexion mêlée de méfiance et de curiosité !
4. Suzanne Jacob, *Laura Laur*, Seuil, 1983.
5. Francine Noël, *Babel, prise deux ou Nous avons tous découvert l'Amérique*, vlb éditeur, 1990.

La survie au jour le jour

30 SEPTEMBRE 1659

Moi, pauvre misérable Robinson Crusoé, après avoir fait naufrage au large durant une horrible tempête, tout l'équipage étant noyé, moi-même étant à demi mort, j'abordai à cette île infortunée, que je nommai l'*Île du désespoir*.

Je passai tout le reste du jour à m'affliger de l'état affreux où j'étais réduit : sans nourriture, sans demeure, sans vêtements, sans armes, sans lieu de refuge, sans aucune espèce de secours, je ne voyais rien devant moi que la mort [...]. À la brune je montai sur un arbre, de peur des animaux féroces, et je dormis profondément, quoiqu'il plût toute la nuit.

OCTOBRE

Le 1er. — À ma grande surprise, j'aperçus, le matin, que le vaisseau avait été soulevé par la marée montante, et entraîné beaucoup plus près du rivage. D'un côté ce fut une consolation pour moi ; car le voyant entier et dressé sur sa quille, je conçus l'espérance, si le vent venait à s'abattre, d'aller à bord et d'en tirer les vivres ou les choses nécessaires pour mon soulagement. D'un autre côté ce spectacle renouvela la douleur que je ressentais de la perte de mes camarades ; j'imaginais que si nous étions demeurés à bord, nous eussions pu sauver le navire, ou qu'au moins mes compagnons n'eussent pas été noyés comme ils l'étaient, et que, si tout l'équipage avait été préservé, peut-être nous eussions pu construire avec les débris du bâtiment une embarcation qui nous aurait portés en quelque endroit du monde. Je passai une grande partie de la journée à tourmenter mon âme de ces regrets ; mais enfin, voyant le bâtiment presque à sec, j'avançai sur la grève aussi loin que je pus, et me mis à la nage pour aller à bord. Il continua de pleuvoir tout le jour, mais il ne faisait point de vent.

Du 1er au 24. — Toutes ces journées furent employées à faire plusieurs voyages pour tirer du vaisseau tout ce que je pouvais, et

Robinson Crusoé, c'est l'histoire d'un marin anglais qui, après avoir fait naufrage, se retrouve seul survivant sur une île déserte au XVIIe siècle. Durant 28 ans, il apprendra à se nourrir, à se loger et à se vêtir, mais surtout à contrer la solitude par le travail, la lecture de la Bible et l'écriture de son journal. Il sera finalement rescapé et ramené à Londres.

Dans l'extrait suivant, Robinson vient d'arriver sur l'île et commence à s'installer. Afin de surmonter sa détresse, il se confie à son journal et consigne tout ce qu'il doit faire pour survivre dans son nouvel environnement.

l'amener à terre sur des radeaux à la faveur de chaque marée montante. Il plut beaucoup durant cet intervalle, quoique avec quelque lueur de beau temps : il paraît que c'était la saison pluvieuse.

Le 20. — Je renversai mon radeau et tous les objets que j'avais mis
35 dessus ; mais, comme c'était dans une eau peu profonde, et que la cargaison se composait surtout d'objets pesants, j'en recouvrai une grande partie quand la marée se fut retirée.

Le 25. — Tout le jour et toute la nuit il tomba une pluie accompagnée de rafales ; durant ce temps le navire se brisa, et le vent
40 ayant soufflé plus violemment encore, il disparut, et je ne pus apercevoir ses débris qu'à marée basse seulement. Je passai ce jour-là à mettre à l'abri les effets que j'avais sauvés, de crainte qu'ils ne s'endommageassent à la pluie.

Le 26. — Je parcourus le rivage presque tout le jour, pour trouver
45 une place où je pusse fixer mon habitation ; j'étais fort inquiet de me mettre à couvert, pendant la nuit, des attaques des hommes et des bêtes sauvages. Vers le soir je m'établis en un lieu convenable, au pied d'un rocher, et je traçai un demi-cercle pour mon campement, que je résolus d'entourer de fortifications composées d'une double palissade fourrée
50 de câbles et renformie de gazon.

Du 26 au 30. — Je travaillai rudement à transporter tous mes bagages dans ma nouvelle habitation, quoiqu'il plût excessivement fort une partie de ce temps-là.

Le 31. — Dans la matinée je sortis avec mon fusil pour chercher
55 quelque nourriture et reconnaître le pays ; je tuai une chèvre, dont le chevreau me suivit jusque chez moi ; mais, dans la suite, comme il refusait de manger, je le tuai aussi.

Extrait de Daniel Defoe, *Robinson Crusoé*, 1719.
Traduit de l'anglais par Petrus Borel, 1959.

Daniel Defoe (1660-1731) est un écrivain anglais qui a pratiqué plusieurs genres. Poète satyrique, pamphlétaire, journaliste — il fonde une revue en 1704 et il prône le féminisme —, c'est comme romancier qu'il connaît la gloire. Son chef-d'œuvre est *Robinson Crusoé*, récit inspiré par l'aventure du marin écossais Alexander Selkirk, qu'il publie en 1719. La postérité de cette œuvre est considérable. On n'a qu'à penser au cinéma qui offre les interprétations les plus diverses de l'histoire de Robinson Crusoé.

Une grande trouvaille

Dans le roman *Enfants de la Rébellion*, les jumeaux Mijanou et Nicolas revivent l'époque des Patriotes de 1837-1838 en trouvant dans le grenier le journal personnel de leur lointaine aïeule.

Dans l'extrait proposé, on présente précisément l'épisode de l'étonnante découverte.

— Regarde plutôt par ici, lance tout à coup Mijanou. On dirait un vieil orgue ou, comment dit-on ? un harmonium.

Nicolas, vivement intéressé par tous les instruments de musique, se précipite. Mais dans sa hâte, il accroche une haute lampe de marbre
5 sur pied qui bascule sur un bureau et fait rouler par terre une potiche en céramique. Celle-ci brise en atteignant le plancher.

— C'est malin ça, s'écrie Mijanou. Mammie ne sera pas très contente.

— C'est juste un accident, se défend son frère tout en replaçant la
10 lampe sur son pied. Je vais ramasser les morceaux. Il n'y a pas de problème, avec de la bonne colle, ça n'y paraîtra plus.

Il se penche et aperçoit un objet bizarre parmi les débris. Cela ressemble à un sac de soie finement brodé. Il le montre à sa sœur.

— C'était dans la potiche.

15 — C'est un sac à ouvrage de dame. Pourquoi était-il caché là ? Vite, ouvre-le !

Nicolas obéit et dénoue le fin lacet de cuir. Il plonge la main à l'intérieur et en ressort un petit cahier relié en cuir souple. Délicatement, il le feuillette. Une fine écriture serrée et égale court sur
20 toutes les pages jaunies par le temps. Sur la première page, il lit :

— Mon journal intime et confidentiel, par demoiselle Marie-Rosalie-Églantine Cadet.

— Rosalie Cadet, murmure Mijanou. C'est elle.

Elle pointe du doigt le petit cadre déposé sagement sur le
25 secrétaire.

[…]

Installés par terre dans un coin du grenier, les jumeaux tiennent conseil. Voilà déjà plus d'un quart d'heure qu'ils délibèrent sur la conduite à suivre. Que faire ? Tout dire à Mammie qui leur confisquera le journal et les empêchera de revenir au grenier ? Ou bien se taire et
30 tout remettre en place eux-mêmes ? Ou encore avouer la potiche cassée, mais garder pour eux le journal ?

Au fond d'eux-mêmes, ils brûlent d'envie de lire ce journal et désirent garder ce secret pour eux. Ils se regardent en silence l'air incertain, puis se font un sourire complice. Sans dire un mot, ils se
35 comprennent. Nicolas descend montrer la potiche à sa grand-mère.

— Je suis désolé Mammie. C'est un accident, tu sais. Il y a tellement d'objets là-haut. J'ai accroché la lampe et crac…

— Bah ! Ce n'est pas si grave. Je n'aimais pas tellement ce drôle de pot.

40 — Je vais quand même te le recoller, ce soir. Promis. Ça n'y paraîtra plus.

Susanne Julien est née au Québec en 1954. Elle a commencé sa carrière littéraire en remportant deux prix : le prix Raymond-Beauchemin de l'ACELF pour le conte *Les mémoires d'une sorcière* en 1987 et le prix Cécile-Rouleau de l'ACELF pour le roman historique *Enfants de la Rébellion* en 1988. Elle a abordé le monde de la littérature pour adultes en 1995 avec son roman *Mortellement vôtre*.

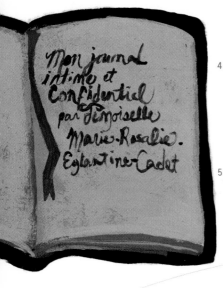

Il court rejoindre sa sœur qui l'attend impatiemment dans leur chambre avec leur trouvaille.

— Tu m'as attendu pour commencer ?

45 — Oui ! Oui ! lui répond-elle avec un sourire en coin. Et moi qui croyais que tu n'étais pas curieux...

— Arrête de me faire languir et ouvre ce journal. Je me demande bien ce qu'une fille de cette époque avait de si intéressant à dire.

— Tu sauras, mon cher, que les filles de toutes les époques sont 50 intéressantes.

— Monte pas sur tes grands chevaux et lis.

Mijanou ouvre délicatement le journal et s'exécute :

Aujourd'hui, 2 février 1837, à Saint-Antoine-sur-le-Richelieu, j'ai reçu ce joli cahier pour mon dix-septième anniversaire.

55 *Ce cadeau m'a été offert par ma marraine et ma tante, dame Marie-Reine Morin. Elle m'a donné de nombreux conseils sur l'usage de ce cahier. J'ai décidé, après mûre réflexion, de suivre l'un d'eux. J'en ferai mon journal intime. Dedans, j'inscrirai tous les événements et les souvenirs importants de ma vie. J'y noterai aussi tous les sentiments et toutes les pensées qui sont impossibles à confier à qui 60 que ce soit (même à sa meilleure amie, même à sa mère) tellement ils sont privés et secrets.*

— Wow ! Ça risque d'être intéressant, interrompt Nicolas. Des sentiments secrets et des pensées privées, mais j'espère qu'il y aura aussi un peu d'action.

65 — Si tu veux bien me laisser continuer, on verra bien.

Oui, je déposerai les secrets de mon cœur et de mon âme à l'intérieur de ces pages et je cacherai ces pensées à l'intérieur du sac à ouvrage que ma mère m'a donné. De toute façon, je n'aime pas tellement les ouvrages de dame. Je n'y suis pas très habile. Au couvent, Sœur Sainte-Agnès me l'a souvent répété de sa petite 70 voix nasillarde :

— Demoiselle Marie-Rosalie-Églantine, votre esprit s'égare encore dans les vapeurs nocives du rêve. Un peu plus de discipline, jeune fille, et continuez plutôt votre ouvrage.

— Tu parles d'une façon de dire les choses, s'exclame Mijanou qui 75 continue en modifiant sa voix. Mademoiselle Mijanou et sieur Nicolas sortez de vos vapeurs nocives et euh !... nauséabondes et au travail.

Les jumeaux éclatent de rire.

— On peut dire que l'arrière-grand-mère n'était pas une élève modèle, s'écrie Nicolas. Tu dois tenir cela d'elle.

80 — Je regrette, mais je suis une élève studieuse. C'est toi le mauvais garnement en classe.

— Moi, jamais de la vie, lui lance son frère d'une voix mi-sérieuse, mi-ironique. Allez, lis la suite.

En entendant ce genre de remarque, les autres filles de la classe rient sous
85 *cape. Je trouve cela extrêmement vexant. Que savent-elles, après tout, de mes rêves et de mes désirs.*

Mes pensées ne sont pas futiles. Au contraire, ce à quoi je songe, c'est à ma patrie. Mais comment leur expliquer cela quand elles ne pensent qu'aux travaux d'aiguille.

90 *Pourtant, je sens bien que quelque chose de grave se prépare. Père le dit souvent :*

— *L'Angleterre et le Conseil législatif ne peuvent se moquer plus longtemps de notre Chambre d'Assemblée. Ils prennent notre argent sans notre consentement et ils anéantissent les droits que nous avions. Non vraiment, cela ne peut pas*
95 *continuer ainsi. Un jour, il se passera quelque chose de terrible et, à ce moment-là, il sera trop tard pour réparer...*

— Tu y comprends quelque chose à tout cela ? demande Mijanou.

— Pas vraiment, mais ça annonce de l'action.

— Ne te fais pas trop d'idées, tu risques d'être déçu. Il s'agit
100 peut-être de simples élections.

— Peut-être. Pourtant, je te parie un paquet de réglisses que ça va barder !

— Pari tenu !

Et Mijanou retourne au journal.

105 *À vrai dire, je ne comprends pas très bien tout ce que Père dit. Je trouve cela extrêmement compliqué. Quand je lui demande des explications, il se contente de me sourire doucement, il me caresse les cheveux et me dit de ne pas m'inquiéter avec cela.*

Mais je trouve cela injuste, car quand mon frère jumeau...

110 — Tiens, elle aussi a un frère jumeau, s'écrie Nicolas.

— J'ai déjà entendu dire que c'était héréditaire.

— Tu crois ? De toute façon, elle a bien de la chance d'avoir un jumeau aussi fin et intelligent que moi !

Extrait de Susanne Julien, *Enfants de la Rébellion*, © Éditions Pierre Tisseyre, 1991.
(Collection Conquêtes)

Au cœur de l'Intifada

Soliman est un jeune Palestinien âgé de 12 ans vivant en Cisjordanie. Au cours de la première Intifada, son frère est décédé lors d'une altercation avec un soldat de l'armée israélienne. Sept ans plus tard, Soliman commence un journal pour raconter son quotidien dans les territoires occupés. Au même moment commence la deuxième Intifada. Il continue néanmoins l'écriture de son journal, pour témoigner de la répression et de la violence des bombes et des coups de feu.

Dans l'extrait proposé, Soliman raconte dans quel contexte il a commencé la rédaction de son journal. Il évoque aussi le triste anniversaire de la mort de son frère.

Voilà, c'est décidé. Je commence un journal.

J'ai retrouvé l'autre jour, dans les vieilles affaires de mon frère, ce cahier à spirale poussiéreux et tout gondolé. J'aime beaucoup sa couverture tachetée de noir et de blanc, façon carton à dessin. Comme
5 il est vierge, ou presque — j'ai compté les pages, il en manque une petite dizaine —, j'ai eu envie de l'adopter.

Mais il est resté longtemps posé par terre, au pied de mon lit. Avec mes bandes dessinées, mes cassettes, mes jeans... mélangé à tout mon bazar. Je le regardais de loin, sans l'ouvrir. Je ne savais pas quoi en faire.
10 Un cahier de brouillon ? J'y ai pensé, mais je trouvais sa couverture trop belle. Un cahier de dessin ? Voilà qui lui allait mieux ! Mais je suis nul — même un soleil, je le rate ! Alors, il restait là, fermé, à attendre que je trouve une bonne idée, qui nous convienne à tous les deux...

C'est drôle, chaque fois que j'entrais dans ma chambre, mon regard
15 se posait sur lui. Peut-être à cause de ces petites taches noires et blanches qui attirent l'œil. Du coup, j'avais l'impression qu'il me faisait signe, qu'il m'appelait !

« Ça y est ? Tu as trouvé ? Tu sais ce que nous allons faire ensemble ? Quand est-ce qu'on commence ? »
20 L'idée du journal est arrivée doucement, soufflée par mon voisin Rouslan. Et ce soir, voilà, c'est venu. L'envie de ramasser le cahier, de l'ouvrir et de commencer à écrire.

Seulement, j'ignore comment je dois faire. Y a-t-il des règles à respecter ? Bien sûr, je suppose qu'il faut d'abord noter la date, en haut
25 de la page, mais... ensuite ? Dois-je m'adresser à lui comme à un ami ?

Cher Journal... ?

J'ai déjà vu ça — je ne sais plus où.

Tant pis, allons-y !

16 avril

30   Cher Journal,

Ce matin je ne suis pas allé en classe. Maman n'a pas voulu. Samy est passé me chercher, comme chaque jour de la semaine. Il a frappé. J'ai entrouvert la porte.

«Je ne viens pas», j'ai dit.

35   Ses yeux se sont écarquillés.

«On est le 16 avril...» j'ai ajouté tout bas en lui indiquant du menton les volets clos de ma maison.

Il n'a rien dit, mais j'ai vu qu'il avait compris.

Avant de poursuivre tout seul, il m'a serré la main. Je l'ai regardé
40 s'éloigner. Quand il allait disparaître au coin de la rue, il s'est retourné pour me faire un signe. Je lui ai répondu et j'ai refermé doucement la porte.

Mes deux sœurs et ma mère s'affairaient en silence dans l'ombre étouffante de la cuisine. Maman préparait les poulets, Nora le couvert
45 et Lili disposait les pâtisseries en pyramide sur un plateau.

Comme je restais là «dans leurs pattes» maman a fini par m'envoyer chercher le pain chez mon
50 oncle.

Dehors, sous le soleil d'avril, le jardin semblait tout joyeux. Je me suis dit qu'il devait se tromper de
55 fête, confondre avec un autre anniversaire. Pour une fois, j'aurais préféré du brouillard. Mais la nature se moque des drames que nous
60 vivons. Et elle a bien raison.

Ma tante Assia m'a vu enjamber la barrière. Elle m'a fait signe que tout était prêt.

Véronique Massenot est née en 1970, en France. Son tout premier roman, *Lettres à une jeune disparue* (1998), lui a valu de nombreux prix littéraires. Son deuxième roman, *Soliman le pacifique*, dans lequel elle se met dans la peau d'un jeune Palestinien, remporte le prestigieux prix du ministère de la Jeunesse et de l'Éducation populaire en 2003.

« Bonjour, Sol ! »

65　Elle m'a serré contre elle un peu plus fort que
d'habitude. J'ai fait mine d'être pressé. Je déteste les effusions. Elle a
couru jusqu'à la remise et sorti deux énormes corbeilles, pleines de
galettes brûlantes.

« Merci, Assia ! » j'ai soufflé en prenant la fuite.

70　Avant de retourner à la cuisine, je suis allé m'asseoir sous le vieil
escalier. Le dos calé contre la porte de la cave, j'ai choisi le plus beau,
le plus doré des pains et j'ai mordu dedans.

Mon frère pouvait en dévorer jusqu'à sept ou huit de suite, après
l'école. Yaya, notre grand-mère, les sortait du four devant nous et les
75　ouvrait en deux, pour qu'ils refroidissent un peu. Elle étalait du miel sur
la mie qui fumait encore. Chéri mordait dans sa tartine à pleines dents,
tandis que je léchais la mienne doucement. Yaya riait. Après quoi, elle
nous chassait gentiment.

« Allez, allez ! Dehors, les garçons ! Profitez du beau temps ! »

80　Alors nous allions nous asseoir sous le vieil escalier. Le dos calé
contre la porte de la cave et les poches bourrées de galettes brûlantes,
nous rêvions d'aventures. Notre cachette se faisait caverne et le jardin,
tout potager qu'il fût, avec ses rangs de tomates et de haricots, se
transformait en jungle tropicale. Un jour, c'est sûr, nous allions trouver
85　un trésor ! Un jour, nous allions découvrir le monde…

Je me souviens ! Notre jeu préféré, c'était Robinson Crusoé. Chéri
adorait cette histoire et me l'a souvent racontée. Nous étions seuls, sur
notre île au milieu du monde, unis dans la lutte pour la survie. Moi,
bien sûr, j'étais Vendredi. Après, j'y jouais avec Samy. Pas chez moi,
90　plus jamais. Dans sa cour à lui, derrière le boucher. Nous avions même
inventé une devise : « Nous ne comptons pour personne, nous
comptons l'un sur l'autre » — pas mal trouvé, non ?

Extrait de Véronique Massenot, *Soliman le pacifique* (*Journal d'un enfant dans l'Intifada*),
© Hachette livre, 2003.

L'Intifada, c'est le nom que l'on donne au soulèvement des Palestiniens contre l'armée israélienne qui occupe les territoires de Cisjordanie et de Gaza. La première Intifada a eu lieu de 1987 à 1993. On appelle aussi l'Intifada « guerre des pierres ». En effet, dans les premières manifestations de l'Intifada, des jeunes Palestiniens s'attaquaient aux chars d'assaut en lançant des pierres. La deuxième Intifada a commencé en 2000. Elle a débuté de façon plus violente encore, les bombes et les tirs de mitraillettes ayant multiplié le nombre des victimes.

Zlata Filipović n'est pas un personnage fictif. C'est une jeune fille qui a bel et bien vécu au quotidien la guerre de Sarajevo et qui en témoigne dans son journal personnel qu'elle a tenu de 1991 à 1993. Touchés par son histoire, une journaliste et un éditeur français la convainquent de publier ses écrits. Tout comme Anne Frank, Zlata Filipović aura permis à des milliers de lecteurs de mieux comprendre les drames humains de la guerre.

Le journal de Zlata commence en septembre 1991. Dans les extraits de décembre 1991, la jeune fille commence à pressentir que le malheur couve à Sarajevo et dans les autres régions de Bosnie-Herzégovine. Elle pense beaucoup à son parrain, Srdjan, qui vit à Dubrovnik où la guerre sévit déjà. Mais la vie continue, et Zlata fête son anniversaire, Noël et le Nouvel An. Dans les extraits de 1992 et de 1993, on sent la tristesse et la rancœur qui envahissent Zlata.

Tu vas t'appeler... Mimmy

Samedi 14 décembre 1991

Aujourd'hui, onze jours après, j'ai fêté mes onze ans avec mes amies. On se serait cru le vrai jour. Il y avait la tombola, les quiz, le
5 gâteau en forme de papillon. J'ai soufflé toutes les bougies du premier coup. On s'est bien amusées. C'est cette maladie qui m'a empêchée de fêter ça le 3 décembre, mais aujourd'hui, c'était bien aussi. Allez, une
10 dernière fois — Bon anniversaire, Zlata, et, à l'avenir, ne sois plus malade ce jour-là. Ah oui, j'oubliais : j'ai eu des bibelots mignons comme tout, pour la plupart de chez Mélanie (c'est une boutique où l'on vend de
15 merveilleux petits cadeaux pour ce genre d'occasions). Ils se marient merveilleusement bien avec toutes les autres petites choses que j'ai dans ma chambre.

Jeudi 19 décembre 1991

20 À Sarajevo (on l'a vu à la télé) a débuté l'action « Aide de la Ville de Sarajevo aux Enfants de Dubrovnik ». Dans le colis pour Srdjan, nous avons ajouté un beau petit paquet pour le Noël d'un enfant inconnu de
25 Dubrovnik : des bonbons, des chocolats, une petite poupée, des livres, des crayons, des cahiers — tout ce qu'on a pu trouver car nous voulions gâter un enfant innocent que la guerre empêche d'aller à l'école, de
30 jouer, de manger ce qui lui fait plaisir, et d'être heureux d'être un enfant. Le petit paquet est joli, avec des couleurs vives. J'espère que celui qui le recevra sera content. Nous le souhaitons tous. J'ai écrit
35 une petite carte pour dire que je souhaite que la guerre à Dubrovnik s'arrête très bientôt.

Jeudi 26 décembre 1991

17 h 45. Cela fait longtemps que je ne me
40 suis pas confiée à toi, mon Journal. Alors,
tiens, je te raconte tout dans l'ordre : j'ai eu
4/5 à mon examen de piano. En solfège, j'ai
eu 5, et 5 aussi en instrument, ce qui m'a
valu des félicitations. Mirna s'en est aussi
45 bien sortie que moi. J'ai écrit aux
Sa-tchi-tchi et on m'a envoyé une place
pour les *Tortues Ninja*.

Hier, c'était Noël. Nous sommes allés chez
M&M (Martina et Matej). C'était formidable.
50 Un grand sapin, des cadeaux de Noël et
l'inévitable réveillon. Bokica et Andrej étaient
là aussi. Et, surprise..., Srdjan nous a
téléphoné de Dubrovnik. Tout le monde était
heureux et, en même temps, triste. Nous, on
55 était bien au chaud, avec des décorations et
des cadeaux de Noël partout, avec une
multitude de choses délicieuses à manger et
à boire. Et lui, comme tout le monde à
Dubrovnik, se trouvait plongé... dans la
60 guerre. Cette guerre, Srdjan, elle va finir, et
de nouveau nous allons nous retrouver tous
ensemble ! Tiens bon, Srdjan ! Je croise les
doigts pour toi, très fort, et aussi pour tous
les gens et tous les enfants de Dubrovnik.

65 Bientôt la nouvelle année. L'ambiance, à la
veille de cette grande fête, ne me paraît pas
la même que d'habitude. Papa et maman,
pas plus que nos amis ou les gens de notre
famille, n'ont l'intention de fêter ça dignement.
70 On n'en parle pratiquement pas. À cause de
la guerre à Dubrovnik ? Ou est-ce qu'on
craindrait quelque chose ? Je n'en sais rien,
et je ne comprends rien. Maman a dit que
demain, nous allions décorer le sapin.

75 Aujourd'hui, c'était le dernier jour de cours à
l'école de musique. Et à l'école ?! J'espère
obtenir tous les 5. YO, BABY, YO ! comme dit
The French Prince of Bel Air. C'est l'une de
mes séries préférées tard le soir. WAOUH... la
80 tartine que j'ai écrite ! Mais visez-moi ce
déballage... WAOUH !

Encore ceci : demain, on va au cinéma avec
l'école. Voir *Croc-Blanc*. C'est un livre
formidable de Jack London. J'espère que
85 le film sera à la hauteur. Ciao !!!

Lundi 30 décembre 1991

On a décoré le sapin. Je suis allée faire les
courses avec maman. On a acheté des
cadeaux pour la famille et les amis. On a fait
90 de jolis paquets, écrit pour chacun une carte
de vœux, et j'ai disposé les cadeaux au pied
du sapin. Ça fait très beau. Maman fait
mijoter des trucs, elle enfourne, elle malaxe
— il y aura de tout. Mais j'ai comme
95 l'impression que le réveillon du Nouvel An,
on va le passer tout seuls, at home.

[...]

Zlata Filipović est née à Sarajevo le 3 décembre 1980. De 1991
à 1993, elle écrit son journal qui, une fois publié, deviendra un
best-seller mondial, traduit dans 35 langues. Depuis qu'elle a
quitté Sarajevo en 1993, Zlata Filipović n'a cessé de venir en aide
aux victimes de la guerre.

Pages manuscrites du journal de Zlata Filipović.

Mardi 24 mars 1992

À Sarajevo, il n'y a plus de grabuge. Mais il y en a dans les autres régions de la Bosnie-Herzégovine : à Bosanski Brod, Derventa, Modriča. D'où qu'elles viennent, les nouvelles et les images sont terribles. Papa et maman ne veulent pas que je regarde la télé quand ce sont les informations, mais on ne peut pas nous cacher à nous, les enfants, toutes les horreurs qui se passent. C'est à nouveau l'inquiétude et la tristesse. Les Casques bleus (ou plus exactement les Bérets bleus) viennent d'arriver à Sarajevo. Maintenant, nous sommes plus rassurés. Les « chers bambins[1] » se sont retirés du devant de la scène.

Papa m'a emmenée en voiture jusqu'au quartier général des forces de l'ONU. Il m'a dit que nous pouvions espérer, maintenant que le drapeau bleu flotte sur Sarajevo.

---

1. Sobriquet que les gens donnent aux hommes politiques. (Note de Zlata)

Lundi 30 mars 1992

Dis donc, mon Journal, tu sais à quoi j'ai
pensé ? Anne Frank avait bien appelé son
120 Journal Kitty, pourquoi je ne te trouverais pas
un nom ? Voyons voir...

ASFALTINA	PIDŽAMETA
ŠEFIKA	HIKMETA
ŠEVALA	MIMMY[2]

125 ou alors autre chose ?...

Je cherche, je cherche...

J'ai choisi ! Tu vas t'appeler...

MIMMY

Allez, on commence.

[...]

Dimanche 5 juillet 1992
130

Dear Mimmy,

Je ne me rappelle plus quand je suis sortie
de la maison pour la dernière fois. Pfff...,
c'était il y a presque deux mois ! Ce que je
135 voudrais voir grand-père et grand-mère !
J'allais chez eux tous les jours, ça fait une
éternité que je ne les ai pas vus.

Je passe mon temps dans la maison et à la
cave. Et ainsi s'écoule mon enfance de
140 guerre. C'est l'été. Les autres enfants sont
en vacances, à la mer, à la montagne, ils se
baignent, ils bronzent, ils s'amusent. Mon
Dieu, quel péché ai-je commis pour être
obligée de passer le temps de cette façon-
145 là. Les enfants ne méritent pas ça. Je suis

enfermée comme dans une cage. Je ne
vois le parc devant chez nous que de
derrière nos fenêtres brisées. Un parc vide,
désert, sans enfants, sans joie. J'entends
150 des explosions, et autour de moi, tout sent
la guerre. Ma vie, maintenant, c'est la guerre.
MISÈRE, je n'en peux plus ! Une envie me
prend de hurler, de pleurer. Si au moins je
pouvais faire un peu de piano, mais non, je
155 ne peux même pas, il est dans la chambre
« dangereuse » où je n'ose même pas mettre
les pieds. Ça va encore durer longtemps ? !

Zlata.

Mardi 7 juillet 1992

160 Dear Mimmy,

Hier, avant-hier, et le jour d'avant, l'eau était
coupée. Aujourd'hui, elle a été rétablie vers
8 h 30. Il est maintenant 10 h 30, et il ne
coule plus qu'un mince filet.

165 Nous avons rempli tout ce que nous avons
pu, et nous devons épargner ce précieux
liquide. Dans cette guerre, il faut tout
épargner, et l'eau, et la nourriture.

Maman est au travail, papa lit ; je vais aller
170 chez Bojana car ça ne tire plus.

Zlata.

[...]

---

2. À l'exception de Mimmy, les noms avancés par Zlata ont tous une signification et peuvent se traduire par : la fille de l'asphalte (Asfaltina), la vieille fille (Šefika), le grand cheval (Ševala), la fille en pyjama (Pidžameta), sagesse (Hikmeta).

Dear Mimmy,

Deux tristes nouvelles. La première : Alma et
175 Dado n'ont pas gardé le chiot car c'est un
spincher nain et Alma voudrait un gros chien
pour sortir avec lui dans la « mahala[3] ».

BOU-OU-OU-OU-OUH !

Autre mauvaise nouvelle : Nedo part. En
180 congé, mais il a dit qu'il ne reviendrait pas.
Qu'il allait filer. La « crapule ». Tout le monde
l'aimait bien, et voilà qu'il part. Mais c'est pas
plus mal. Au moins on aura quelqu'un pour
nous envoyer des colis et tout le reste. Mais
185 quand même... Je suis effroyablement triste,
tout le monde l'aimait beaucoup, c'était
réciproque, et maintenant, nous allons être
séparés. On m'appelle. Bon, j'y vais.

C'EST RIEN, ZLATA. ON CONTINUE. ESSAIE
190 SEULEMENT DE NE PAS PLEURNICHER.

Ciao Mimmy,

Zlata qui t'aime.

Extraits de Zlata Filipović, *Le journal de Zlata*,
© 1993, éditions Robert Laffont/Fixot,
© 1998, Pocket Jeunesse. Traduit du serbo-croate par
Alain Cappon.

La Bosnie-Herzégovine est une ancienne république d'un grand pays, la Yougoslavie, composée de
personnes de cultures et de religions différentes : les Serbes, les Croates et les Musulmans. Au début
des années 1990, la Bosnie-Herzégovine proclame son indépendance et répond ainsi aux vœux de ses
habitants musulmans et croates. Or, les Serbes veulent demeurer Yougoslaves. Ils déclenchent une
guerre civile et chassent les habitants musulmans et croates du nouveau pays. La ville de Sarajevo est
particulièrement touchée. Des tireurs, embusqués dans les montagnes, tirent au hasard sur les
passants. L'intervention des Casques bleus de l'ONU freine le conflit et permet aux belligérants
de signer une trêve. Depuis, une solution politique a permis de diviser le pouvoir entre les
trois ethnies qui se disputaient le territoire. La paix est revenue, mais on pansera encore longtemps
les blessures de la guerre.

---

3. Mot turc : le quartier, la rue.

Des mémoires sur cassette

Roman à plusieurs voix, *Les portes tournantes* raconte l'histoire de trois générations de personnages. Il y a d'abord l'histoire d'Antoine, un enfant de 10 ans qui regarde avec un mélange de lucidité et de naïveté le monde merveilleux des adultes. Puis, il y a celle de son père, Blaudelle, un artiste peintre. Finalement, on relate la vie de Céleste Beaumont, la mère de Blaudelle, qui dévoile, à travers sa correspondance, la vie qu'elle a menée à Québec, alors qu'elle était pianiste dans les salles de cinéma muet.

Dans l'extrait proposé, on fait la connaissance d'Antoine, qui tient un journal personnel bien particulier.

Je m'appelle Antoine. J'ai dix ans et je suis musicien. Je vis avec Blaudelle dans un studio qui a des kilomètres de long sur des kilomètres de large.

C'est un peintre, Blaudelle, et je l'appelle par son nom de famille
5 parce que, côté prénom, c'est un peu compliqué. Il en a eu tellement. Après les Beaux-Arts, quand il était hyperréaliste, il s'appelait Chevrolet. Puis il a changé pour Dado, maintenant il se fait appeler Joeuf...

J'étais peintre moi aussi quand j'avais quatre ans. Mais ça n'a pas
10 marché parce qu'il n'y avait pas de place pour nous deux dans le studio. Et puis, de toute façon, ce n'était pas juste. Blaudelle copiait tout ce que je faisais ; sa période non-figurative-débile, comme il dit. Chaque fois qu'il exposait dans les galeries chic, il faisait de grands discours sur l'inspiration. Les gens le croyaient et c'était, comme il dit, très bien

¹⁵ pour sa cote. Quand je suis passé de la peinture à la musique, il s'est cassé la gueule. L'inspiration s'est arrêtée net et il a changé de nom.

Il y a Lauda aussi dans ma vie. C'est ma mère. Mais elle habite avec la mère de quelqu'un d'autre. Il n'a jamais pu le prendre d'ailleurs, mon père. Même aujourd'hui, il passe son temps à dire qu'elle est lesbienne. ²⁰ Moi, ça ne me fait rien du tout parce que les lesbiennes ont bien raison de ne pas vouloir vivre avec des gars compliqués comme Blaudelle.

Je ne sais pas tellement écrire. Tout le monde dit que c'est un scandale... à mon âge. Mais même si je savais écrire, ça ne changerait pas grand-chose. J'ai un super-appareil-cassettes génial. Un appareil qui ²⁵ enregistre tout ce qu'on peut avoir envie de dire, mais avec les vraies paroles. C'est beaucoup mieux qu'écrire, ça.

L'autre jour, il est arrivé un truc incroyable. Quelque chose qui a complètement changé ma vie. Alors, j'ai décidé d'enregistrer mes mémoires. Tous les soirs et chaque fois que j'ai cinq minutes, j'en ³⁰ raconte un petit bout sur mon super-appareil génial... Ça va être long. Je ne suis pas près d'avoir fini.

Je vais appeler mes mémoires « Le 25 novembre ». Les gens ont besoin de mettre un titre sur tout ce qu'ils entendent. Pour les soulager, je vais sûrement l'appeler *Le 25 novembre*, mais, en fait, ça a commencé le ³⁵ 24 au soir. (On n'est jamais assez honnête...) Tous les enfants devraient enregistrer leurs mémoires sur cassettes. Mais c'est pas donné à tout le monde d'avoir un super-appareil comme le mien.

Extrait de Jacques Savoie, *Les portes tournantes*, © Les Éditions du Boréal, 1990.

Jacques Savoie est né en 1951, à Edmundston, au Nouveau-Brunswick. Il a écrit une dizaine de livres autant pour les jeunes que pour les moins jeunes dont *L'anti-livre* (1972), *Le cirque bleu* (1995), *Une histoire de cœur* (1988), *Un train de glace* (1998). Il a également rédigé des scénarios pour le cinéma et la télévision (*Bombardier*, *Les enfants de Duplessis*). Son roman *Les portes tournantes* a été porté à l'écran en 1988 par le cinéaste Francis Mankiewicz.

L'argent ne fait pas le bonheur

Deux extraterrestres débarquent sur notre Terre pour une mission: étudier les humains. Pour ce faire, le responsable de la mission et auteur du journal de bord envoie son coéquipier Gurb, métamorphosé pour l'occasion en Madonna... Sans nouvelles de Gurb, le narrateur débarque à Barcelone à sa recherche et note ses impressions à tout moment de la journée durant une vingtaine de jours consécutifs. En voulant s'adapter aux us et coutumes des humains, il brosse un portrait pour le moins satirique de notre société.

Dans l'extrait suivant, l'extraterrestre s'initie au monde de la consommation.

13 h 59   L'ouverture du compte courant est chose faite. Juste une seconde avant la clôture des opérations du jour, je transmets des instructions à l'ordinateur pour qu'il ajoute quatorze zéros au solde. Instructions exécutées. Je sors de la banque. On dirait que le soleil veut
5 se montrer.

14 h 30   Je m'arrête devant un restaurant de fruits de mer. Je sais que les êtres humains ont pour coutume de fêter la réussite de leurs transactions commerciales dans ce genre d'endroits et, puisque je suis dans ce cas, je veux les imiter. Les restaurants de fruits de mer sont une
10 variété ou catégorie de *restaurants* qui se caractérisent *a)* par les accessoires de pêche qui les décorent (c'est le plus important), *b)* par le fait qu'on y ingère des sortes de téléphones à pattes et autres animaux qui offensent tous également le goût, la vue, l'odorat et le toucher.

14 h 45   Après un temps (15 minutes) d'hésitation, et compte tenu du
15 fait que je déteste manger seul, je décide de reporter la cérémonie des fruits de mer à plus tard, quand j'aurai retrouvé Gurb. À ce moment-là, et avant de prendre les mesures disciplinaires qu'il mérite, nous célébrerons nos retrouvailles par un gueuleton.

15 h 00   Maintenant que j'ai de l'argent, je décide de parcourir le centre
20 de la ville et de visiter ses magasins réputés. Le ciel est de nouveau couvert, mais, pour le moment, il semble que le temps n'empire pas.

16 h 00   J'entre dans une boutique. J'achète une *cravate*. Je l'essaye. Je conclus qu'elle me va bien et j'achète quatre-vingt-quatorze *cravates* pareilles.

25 16 h 30   J'entre dans un magasin d'articles de sport. J'achète une lanterne, un bidon, un camping-gaz, un tee-shirt du Barça, le club olympique de Barcelone, une raquette de tennis, un équipement complet de planche à voile (de couleur rose phosphorescent) et trente paires de chaussures de jogging.

30 17 h 00   J'entre dans une charcuterie et j'achète sept cents jambons fumés.

17 h 10   J'entre chez un marchand de fruits et légumes, et j'achète une livre de carottes.

17 h 20   J'entre chez un vendeur de voitures et j'achète une Maserati.

35 17 h 45   J'entre dans un magasin d'électroménager et j'achète tout.

[...]

18 h 30   J'entre chez un marchand de vin, et j'achète cinq bouteilles de Baron Mouchoir Moqué 1952 et une dame-jeanne de huit litres de vin de table Le Pentateuque.

19 h 00   J'entre dans une bijouterie et j'achète une Rolex en or
40 automatique, waterproof, antimagnétique et antichoc, que je casse sur-le-champ.

19 h 30   J'entre dans une parfumerie et j'achète quinze flacons d'Eau de Ferum, la dernière nouveauté.

20 h 00   Je décide que l'argent ne fait pas le bonheur, je désintègre
45 tout ce que j'ai acheté, et je continue ma promenade les mains dans les poches et le cœur léger.

[...]

21 h 30   Pour me distraire, j'écoute la conversation des clients. Le langage des êtres humains, sans décodage, est laborieux et puéril. Pour eux, une phrase élémentaire comme celle-ci [...] est incompréhensible.

Eduardo Mendoza est né à Barcelone en 1943. Il est considéré comme l'un des plus importants romanciers espagnols. Il est l'auteur de romans historiques comme *La vérité sur l'affaire Savolta* (1975), de romans policiers à saveur ironique comme *Le mystère de la crypte ensorcelée* (1979) et de courts récits qui mêlent science-fiction et fantaisie comme *Sans nouvelles de Gurb*.

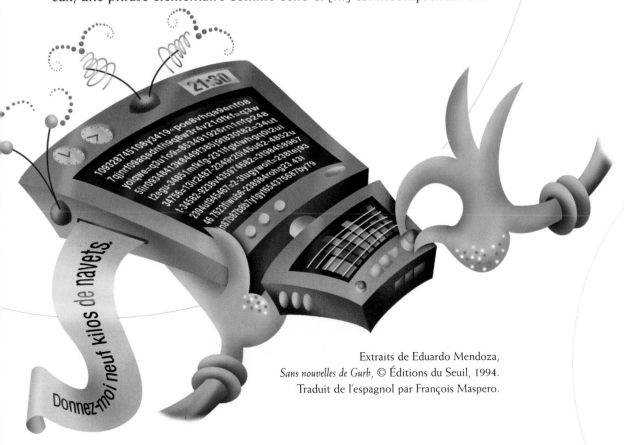

Extraits de Eduardo Mendoza,
Sans nouvelles de Gurb, © Éditions du Seuil, 1994.
Traduit de l'espagnol par François Maspero.

Le jour de la Victoire

Le roman *Le don de la septième* nous fait vivre le quotidien d'une famille montréalaise, à l'été 1945, au moment où prend fin la Seconde Guerre mondiale.

Dans cet extrait, Rose, le septième enfant de la famille, entreprend l'écriture de son journal.

Ce soir-là, j'ai sorti de mon sac d'école un cahier neuf, acheté la semaine précédente. J'ai écrit sur la couverture, en lettres majuscules : JOURNAL, puis en plus petit : personnel et confidentiel. Puis, je l'ai ouvert à la première page et j'ai commencé.

5 *Le 8 mai 1945*

Cher journal,

Ce jour a été le jour le plus extraordinaire de toute ma vie ! D'abord, c'était le jour de la Victoire et nous avons fêté dans les rues et dans le parc, Charles, Michel et moi. En rentrant à la maison, nous avons trouvé une nouvelle petite
10 *sœur. Elle s'appelle Marie. C'est moi qui lui ai donné son nom. Et après, notre grande sœur Janine nous a appris qu'elle allait se marier ! Je n'avais jamais vécu autant d'événements au cours d'une seule journée. Mon cœur déborde ! J'ai envie de parler à quelqu'un, mais les gens de ma famille sont ou trop petits, ou trop grands, ou trop occupés...*
15 *Dorénavant, quand les deux petites qui partagent ma chambre seront endormies, je rallumerai ma lampe de chevet et je me confierai à toi, cher journal. À bientôt !*

Extrait de Henriette Major, *Le don de la septième*, © Soulières Éditeur, 2003.
(Collection Graffiti)

Née en 1936, à Montréal, Henriette Major s'est consacrée à l'écriture de plusieurs genres : séries télévisées, reportages, billets, matériel éducatif et livres pour la jeunesse dont ses anthologies de chansons, de comptines et de poésie.

Les dix règles d'or

1 Écrire librement

Écrivez quand vous en avez envie, quand ça vous fait plaisir, quand ça vous fait du bien. Ne vous sentez pas obligé d'écrire tous les
5 jours. Le journal intime n'est pas un devoir !

2 Oublier l'école

[...] Vous n'écrivez pas pour votre professeur. Vous écrivez pour vous.

3 Se protéger

10 Trouvez-vous un endroit calme, à l'abri des regards curieux, des entrées intempestives. Dans votre chambre ? Quand la maison est vide ? Aux toilettes ? Toutes les intimités sont bonnes !

4 Personnaliser l'écriture

15 Un petit cahier à spirales, un feutre mauve, des grandes feuilles agrafées, des dessins à l'encre de Chine, des photos de stars, des extraits de romans, des lettres que vous
20 recevez, des tickets de cinéma : toutes ces petites traces de votre vie quotidienne donneront de la chair à votre journal.

5 Défendre son secret

Écrire, c'est votre affaire. Vous n'êtes pas
25 obligé d'en informer vos parents ou vos copains. Si vous tenez à votre secret, cachez-le soigneusement. Ne le laissez pas traîner. C'est la meilleure façon d'éviter qu'il rencontre des regards trop curieux.

6 Repousser les limites

30 Ce que vous écrivez vous regarde. Ne vous censurez pas en pensant : « Si un jour quelqu'un lit cette page, que va-t-il dire de moi ? » Osez avancer sur le chemin de la
35 sincérité. Inutile de vous mentir !

7 Approcher le bonheur

Journal intime ne rime pas forcément avec « journal-déprime ». Vous avez le droit d'être heureux, en pleine forme et de le confier à
40 votre cahier ! Quand il fera gris dans votre vie, cela vous fera du bien de vous en souvenir.

8 Prendre date

Vous n'êtes pas obligé d'inscrire chaque fois la date de vos écritures. Mais ce peut être
45 utile pour plus tard. Pour mieux revivre tel événement et mieux vous souvenir de ce qui a déclenché tous vos mots.

9 Accueillir les grandes interrogations

50 À quoi ça sert de vivre ? L'amour, existe-t-il vraiment ? Ne rejetez pas les questions métaphysiques : elles ne sont pas pompeuses, elles sont... naturelles. C'est le propre de l'adolescence d'ouvrir les yeux
55 sur les grands problèmes et d'affronter les questions existentielles afin de donner un sens à la vie.

10 Accepter le changement

Ce que vous écrivez est vrai aujourd'hui. Mais
60 ne le sera peut-être pas demain. Ne vous énervez pas ! Vous changez. Vous avez le droit de changer d'avis. Dans quinze jours peut-être vous trouverez « bêtes » vos histoires avec Gudule, mais qu'importe ! Après coup,
65 vous mesurerez mieux votre évolution.

Extrait de Odile Amblard et Pierre de Givenchy, *J'écris mon journal intime. Pour m'évader, partager, comprendre, me délivrer...*, © De La Martinière Jeunesse, 1997.

(Collection Oxygène)

Une solitude à partager

Souvenirs d'enfance

C'est à l'âge de huit ans que je suis devenu fanatique du journal intime. Pour mon anniversaire, cette année-là, j'avais reçu en cadeau un agenda de poche joliment relié

5 de cuir vert et, même s'il était fort petit, il offrait pour chaque jour assez de place pour que j'y note mes pensées et mes espoirs secrets ainsi que tout ce qui avait pu m'arriver d'important au cours des dernières

10 vingt-quatre heures.

Secrètes, mes pensées l'étaient, en effet, au plus haut point. J'étais plutôt solitaire à l'époque, passablement rêveur, et je crois bien que je n'aurais pas osé formuler à haute

15 voix certaines réflexions que j'avais mises par écrit dans mon agenda. Telle est la beauté de l'écriture. Elle permet de noter, pour votre plus grande satisfaction, certaines remarques parfaitement absurdes ou

20 scandaleuses. Les autres observations que je confiais à mon agenda étaient relativement banales. Par exemple : *Reçu, en pyjama, quatre sacrés coups de canne de M. Francis, pour avoir parlé après l'extinction*

25 *des lumières au dortoir. Drôlement cinglant. Les ai sentis passer.* Ou encore : *Nagé sur toute une longueur de piscine pour la première fois — ai maintenant la permission d'aller dans le grand bassin.* Des banalités,

30 mais importantes pour moi. En les consignant dans mon journal, j'avais l'impression, non pas de relater exactement

l'histoire avec un grand H, mais au moins celle de ma petite vie.

35 Vous pouvez donc tenir votre journal exactement comme ça vous chante : en lui confiant vos pensées secrètes, ou en y notant les petits incidents quotidiens ou encore en y transcrivant les unes et les

40 autres comme je le faisais moi-même. Mais, si vous penchez pour les pensées secrètes, montrez-vous d'une prudence de Sioux sur un point précis. Trouvez une cachette sûre

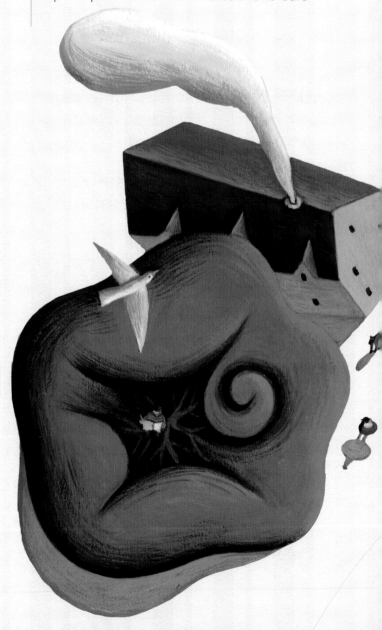

pour votre journal. Vos frères et sœurs n'ont
45 aucune considération pour votre intimité et
ils se délecteront à le découvrir et à le lire.
Je frémis à l'idée de ce que pourrait faire un
abominable petit frère s'il surprenait, dans le
journal de sa sœur, une phrase comme :
50 *J'ai le béguin pour Bobby Beresford !* Donc,
n'écrivez rien de vraiment personnel à moins
d'avoir trouvé une cachette à toute épreuve.

Dans votre chambre, où que ce soit, c'est
dangereux. À moins que vous ne soyez
55 d'une ingéniosité exceptionnelle. Vous
pourriez décoller une latte de plancher avec
un gros tournevis mais il faudrait, dans ce
cas, veiller à ne laisser aucune trace de
l'opération. J'hésite donc à recommander
60 cette solution. Le coin poussiéreux d'un abri
de jardin présente des avantages, à
condition de disposer d'un tel lieu. J'ai aussi
connu des gens qui utilisaient la couverture
d'un livre du format de leur journal, qu'ils
65 glissaient, ainsi déguisé, au hasard sur un
rayonnage, et portant au dos, par exemple,
le titre de *Charlie et la chocolaterie* bien en
évidence.

Ayant acquis le goût de tenir un journal avec
70 mon petit agenda de poche, le désir me vint
de disposer de plus d'espace et, pour mon
neuvième anniversaire, l'un de mes vœux fut
de recevoir un carnet plus grand. On m'en
offrit effectivement un très joli qui, si je m'en
75 souviens bien, avait les mêmes dimensions
que celui que vous êtes précisément en
train de feuilleter. Il est toujours resté à l'abri
des regards indiscrets quand j'étais en
pension, car je le cachais au fond de mon
80 coffre personnel qui était toujours fermé à
clef. Mais, pendant les vacances, je devais
lui trouver une cachette sûre. Je découvris
qu'il tenait exactement dans une vieille boîte
métallique de biscuits, et je mis cette boîte

Roald Dahl (1916-1990) est un écrivain britannique.
En 1943, il commence à écrire des nouvelles
d'humour noir à suspense, destinées aux adultes
(*Les Grimlins*, 1943 ; *Bizarre ! Bizarre !*, 1953 ;
Kiss Kiss, 1960). Dans les années 1960, il écrit des
livres pour la jeunesse. *James et la grosse pêche*
(1961) et *Charlie et la chocolaterie* (1964) sont
ses premiers succès.

85 dans un sac étanche que j'accrochai à la
plus haute branche d'un marronnier, tout au
fond du jardin. Je savais qu'il y était en
sûreté car aucune de mes sœurs n'était
capable de grimper si haut dans l'arbre.
90 Chaque jour, sauf s'il pleuvait à torrents,
je montais dans le marronnier, sortais mon
journal et m'installais dans les plus hautes
branches. Au printemps, je me trouvais
comme enclos dans une grotte de verdure,
95 entouré de centaines de ces merveilleuses
chandelles blanches que sont les fleurs de
marronnier. Et, jusqu'à la chute des feuilles,
à la fin de l'automne, je restais invisible sur
mon perchoir inaccessible. En hiver, c'était
100 moins mystérieux mais beaucoup plus
exaltant car je pouvais voir la terre à des
kilomètres au-dessous de moi ainsi que tout
le paysage environnant. Dominant de là-haut
le monde, j'écrivais des élucubrations qui
105 auraient fait ouvrir des yeux comme des
soucoupes à ma mère et à mes sœurs si
elles avaient pu les lire. Mais je savais que
cela n'arriverait pas.

Comme je voudrais posséder encore ces
110 journaux secrets que je tenais avec tant de
soin dans ma jeunesse ! Quel plaisir j'aurais à
les relire aujourd'hui ! Ils ne me feraient pas
rire, j'en suis certain car les enfants ont
autant de soucis que les adultes, peut-être
115 même plus, et je suis persuadé que le
simple fait, pour moi, de les écrire les
atténuait beaucoup. Mais, même si vous
vous contentez de noter des détails aussi
banals que : *Suis allé au goûter d'anniversaire*
120 *de Diana et ce cochon de Billy Bottomley a*
bâfré tellement de gâteaux qu'il a vomi sur le

canapé jaune de Mme Bamford, c'est une
grande source de joie.

Votre journal offre plusieurs possibilités. Il
125 peut vous rappeler, dans l'avenir, des dates
importantes, vous replonger dans le passé
ou vous donner, si vous en éprouvez l'envie,
l'occasion de noter vos pensées, vos
espoirs et vos craintes. En conclusion, c'est
130 à vous de décider du rôle précis que vous
allez lui confier.

Roald Dahl, « Mon premier agenda », *Le livre de l'année*.
© Roald Dahl Nominee Ltd., 1991.
Traduit de l'anglais par Henri Robillot.

Le journal d'Henriette

Extrait de Dupuy & Berberian, *Le journal d'Henriette*, tome 3, © 2000 Les Humanoïdes associés.

Un journal « extime »

Je dis aux enfants d'une école :
« Écrivez chaque jour quelques lignes
dans un gros cahier. Non pas un journal
intime consacré à vos états d'âme, mais au
5 contraire un journal dirigé sur le monde
extérieur, ses gens, ses animaux et ses
choses. Et vous verrez que de jour en
jour, non seulement vous rédigerez mieux
et plus facilement, mais surtout vous
10 aurez un plus riche butin à enregistrer.
Car votre œil et votre oreille apprendront
à découper et à retenir dans l'immense
et informe magma des perceptions
quotidiennes ce qui peut passer dans
15 votre écriture. De même que le regard
du grand photographe cerne et cadre
la scène qui peut faire une image. »

Écrivain français, Michel Tournier est né à Paris en 1924. Il a notamment écrit *Vendredi ou les limbes du Pacifique* (1967), relecture du mythe de Robinson Crusoé et réflexion sur notre civilisation, qui lui a valu le Grand Prix du roman de l'Académie française en 1967, et *Le roi des aulnes* (1970) pour lequel il a remporté le prix Goncourt en 1970. On le connaît aussi pour ses contes, ses nouvelles et ses essais. Son *Journal extime* rassemble les sujets les plus divers : ses visites dans les écoles, des citations, des commentaires sur certains auteurs, des idées de romans, etc.

Extrait de Michel Tournier, *Journal extime*,
© Éditions La Musardine, 2002.

Une solitude à partager

229

Dossier 8

« Les mots sont au poète ce que le son est au musicien, la glaise au sculpteur, un matériau vivant à façonner avec amour et pour le plaisir[1]. »
(Yaguello)

« Je suis agi par les lois invincibles du rythme, Je ne les comprends pas moi-même : elles sont là[3]. »
(Larbaud)

« Le rythme est la force essentielle, l'énergie essentielle du vers. Il ne s'explique pas ; on peut en dire ce qu'on dit du magnétisme ou de l'électricité : ce sont des formes d'énergie[2]. »
(Maïakovski)

GRANDE NUIT DE LA POÉSIE

1. Marina Yaguello, *Alice au pays du langage*, Seuil, 1981.
2. Vladimir Maïakovski, *Comment faire les vers*, 1926.
3. Valéry Larbaud, *Les poésies de A.O. Barnabooth, Ma muse*, 1913.

Des mots pour faire sourire

« Pi j'en ai un su'l'bout d'la langue qui m'empêche de turluter
  Pi ça me fait bégay gay gay gay bégay gay gay gay bégayer[4] »
(La Bolduc)

« Le vers est libre enfin
  et la rime en congé[5] »
(Ferré)

Zzzzzz![6]

PEINTURE EN DIRECT

4. La Bolduc, « J'ai un bouton sur la langue », 1932.
5. Léo Ferré, « Art poétique », *Poète... vos papiers!*, La Table Ronde, 1956.
6. C'est ce qu'on entend parfois lors d'une grande nuit de la poésie.

L'écrivain français Georges Perec (1936-1982) a fait partie de l'OuLiPo, atelier d'expérimentation littéraire fondé par François Le Lionnais et Raymond Queneau en 1960. La trentaine de titres qu'il a publiés démontre un grand sens de l'invention (*Les choses*, 1965 ; *Un homme qui dort*, 1967 ; *La vie mode d'emploi*, 1978). Un de ses grands exploits littéraires est sans contredit l'écriture du roman *La disparition* (1969) dans lequel il n'utilise jamais la voyelle « e » !

Marc de Papillon de Lasphrise (1555-1599) fut un militaire français dont les nombreuses blessures de guerre l'ont forcé maintes fois au repos… et à l'écriture de poèmes. Son livre *Les premières œuvres poétiques* (1597-1599) regroupe les recueils *Les amours de Théophile* et *L'amour passionnée de Noémie*.

Né en France, en 1958, Gilles Brulet a publié plusieurs recueils de poèmes, dont *Au chaud de toi* (1989), *Poèmes à l'air libre* (1995), *Ce poème qui passe* (1997). Sa poésie cherche à décrire la beauté de la vie quotidienne. Il aborde fréquemment les thèmes de l'enfance, de la nature et de la liberté.

Le poète français Arthur Rimbaud (1854-1891) a écrit son œuvre entre 16 et 19 ans. Alors qu'il a composé ses premiers poèmes dans une forme classique (sonnets, alexandrins), il a transgressé de plus en plus ces règles jusqu'à écrire des vers libres et des poèmes en prose. Ses principales publications sont *Une saison en enfer* (1873) et *Illuminations* (1886).

Robert Soulières est né à Montréal en 1950. Acteur important dans le domaine de la littérature jeunesse au Québec, il exerce les métiers d'auteur et d'éditeur. Il écrit principalement des romans (*Casse-tête chinois*, 1985 ; *Un cadavre de classe*, 1997), mais aussi des contes, des nouvelles et des albums pour les jeunes enfants dont *L'abécédaire des animots* (2000), en collaboration avec l'illustratrice Marjolaine Bonenfant.

Né en Belgique, en 1943, Alexis Lefrançois arrive au Canada en 1965. Il a publié plusieurs recueils de poésie dans les années 1970 (*36 petites choses pour la 51*, 1971 ; *Rémanences*, 1977 ; *La belle été*, 1977). Ses textes très courts sont empreints d'un esprit comique. Il aime jouer avec la syntaxe et le lexique afin de faire sourire les lecteurs. En 1999, il a écrit les textes de l'album *L'abécédaire des robots* en collaboration avec l'artiste et poète Jacques Thisdel.

Née à Québec en 1930, Cécile Cloutier est professeure d'université. Ses recherches portent sur la littérature et la linguistique. Parallèlement à cette occupation, elle a écrit de nombreux poèmes, dont ceux du recueil *L'écouté* (1986), pour lequel elle a reçu le Prix du gouverneur général du Canada en 1986.

Sol est un personnage créé par Marc Favreau, né à Montréal en 1929. Son premier public est composé d'enfants qui ont suivi ses aventures dans les séries *La boîte à surprises* et *Sol et Gobelet*, présentées à la télévision de Radio-Canada de 1958 à 1973. Après sa carrière télévisuelle, Marc Favreau écrit des spectacles solos dans lesquels il met en scène Sol, à la fois clown et philosophe, pour un public de tous âges. Son humour est faussement naïf, puisqu'il déforme sans cesse les mots, ajoutant du sens dans ce qui semble être des erreurs de langage.

Des mots pour faire sourire

Joël Martin est né en 1941. Passé maître dans l'art de composer des contrepèteries et d'expliquer toutes les techniques de ces jeux de mots amusants, il a publié une dizaine de livres dont le *Manuel du contrepet* (1986) et *La bible du contrepet* (2003).

Le groupe belge Sttellla est né en 1977. L'orthographe étrange du nom témoigne du plaisir de ses fondateurs à jouer avec les mots. Sttellla fut d'abord un duo, composé de Mimi Crofilm et de Jean-Luc Fonck. Leurs paroles, composées de calembours et de jeux de mots hilarants, ont dépassé les frontières de leur pays natal. Aujourd'hui, Jean-Luc Fonck fait cavalier seul. Il a fait paraître, entre autres, les albums *The dark side of the moule* (1995) et *Il faut tourner l'Apache* (1998).

Brigitte Fontaine est une auteure-compositeure-interprète née en France, en 1940. Son premier album s'intitule *Brigitte Fontaine est folle* (1968). Ce titre provocateur démontre bien le caractère marginal de l'artiste. En 30 ans de carrière, elle a collaboré avec de nombreux artistes, dont Jacques Higelin, Areski et M. *Genre humain* (1995), *Les palaces* (1997) et *Kekeland* (2001) sont des albums qu'elle a lancés.

Le mouvement littéraire et artistique des surréalistes a été créé au début du XXe siècle. L'écrivain français André Breton (1896-1966) était l'âme dirigeante du groupe, composé d'artistes œuvrant dans différents domaines (peinture, sculpture, littérature, cinéma, théâtre, photographie). Les surréalistes ont voulu repousser les frontières artistiques de l'époque en explorant différents aspects de l'imaginaire et en s'intéressant aux rêves et à l'inconscient. Ils ont eu une influence considérable sur les artistes en encourageant l'expression spontanée, rapide. On leur attribue d'ailleurs l'invention de l'écriture automatique, qui consiste à écrire sans se soucier de la logique, en laissant tout simplement aller sa créativité. Très politisés, les surréalistes ont également dénoncé les pouvoirs en place. Les poètes surréalistes les plus connus sont Paul Éluard (1895-1952), Louis Aragon (1897-1982) et René Char (1907-1988).

L'artiste Jacques Carelman est né en 1929 en France. Il a illustré de nombreuses publications, dont celles de Raymond Queneau, de Gogol, de Dostoïevski. *Le catalogue des objets introuvables* (1994), traduit en plus de 10 langues, est son plus grand succès. Jacques Carelman a même réalisé quelques prototypes de ses inventions en trois dimensions pour le compte du Musée des arts décoratifs de Paris.

Raymond Devos est un humoriste français, né en 1922. Ses monologues brillants exploitent à l'extrême la logique du langage. Il aime jouer à prendre les mots au pied de la lettre, poussant jusqu'à l'absurde des situations banales.

Le poète français Guillaume Apollinaire (1880-1918) est très connu pour son recueil *Alcools* en 1913, innovateur à l'époque puisque ses poèmes ne contiennent aucune ponctuation ainsi que pour son recueil *Calligrammes* en 1918. À l'instar de ses amis peintres Picasso, Marie Laurencin, Henri Rousseau, Apollinaire a toujours vu dans l'art un moyen d'exprimer la beauté, la fantaisie et l'émotion.

Pierre Étaix est un acteur et un cinéaste né en 1928, en France. Clown et homme de cirque, il a créé le personnage Yoyo en 1954, et il en a fait le sujet d'un film, *Yoyo* (1965). En 1983, il publie *Dactylographismes*, recueil de poèmes écrits et disposés de façon créative et artistique à l'aide d'une machine à écrire.

Le poète français Jacques Prévert (1900-1977) a écrit une œuvre qui a rejoint un très large public. De ses publications, son recueil *Paroles* (1946) est le plus connu. Il a aussi écrit des scénarios et dialogues célèbres pour les films de Marcel Carné (*Le quai des brumes*, 1938 ; *Les enfants du Paradis*, 1945 ; etc.).

La Bolduc, née Mary Travers (1894-1941), est la première auteure-compositeure-interprète du Québec. Avec son violon, sa guimbarde, son harmonica ou son accordéon, elle a composé des chansons inspirées des airs populaires et traditionnels. Tout en turlutant, elle a diverti tout en dépeignant avec simplicité le quotidien de la classe populaire ainsi que la société des années 1930, lors de la Crise.

L'artiste française Marceline Desbordes-Valmore (1786-1859) fut d'abord une actrice avant de se consacrer à la littérature (*Poésies*, 1842 ; *Poésies inédites*, 1860). Elle a écrit des histoires pour enfants, ainsi que des poèmes où elle exprime avec force la douleur et la mélancolie. Sa poésie est très rythmée. Elle a parfois écrit des vers impairs (cinq pieds ou sept pieds), pratique peu courante à l'époque.

Pierrette Beaudoin est née à Sherbrooke en 1935. Comédienne, recherchiste et auteure, elle a notamment écrit les textes et créé les personnages de l'émission de télévision pour enfants *Les Chiboukis* (1972-1974).

Victor Hugo (1802-1885) est un écrivain français dont l'œuvre est monumentale. En plus des romans et des pièces de théâtre, il a écrit une poésie extrêmement riche et innovatrice : *Les feuilles d'automne* (1831) ; *Les chants du crépuscule* (1835) ; *Les voix intérieures* (1837) ; *Les rayons et les ombres* (1840) ; *Les contemplations* (1856).

Anne-Marie Chapouton (1939-2000) est une écrivaine française, qui a découvert sa vocation en écrivant des histoires pour sa fille. Auteure prolifique de littérature jeunesse, elle a également touché à la poésie en publiant des recueils de comptines (*Comptines pour enfants bavards*, 1998 ; *ABC en comptines*, 1999).

Le poète québécois Gilles Vigneault est né à Natashquan en 1928. Son imposant répertoire de chansons contient notamment des hymnes importants, tels que « Gens du pays », « J'ai pour toi un lac », « Les gens de mon pays », etc. Auteur-compositeur-interprète, homme de scène, conteur, il publie aussi des recueils de poésie, autant en prose qu'en vers (*Assonance*, 1984 ; *Bois de marée*, 1992), et des albums pour enfants (*Les quatre saisons de Piquot*, 1979 ; *Le piano muet*, 1995).

Gertrude Stein (1874-1946) est une écrivaine américaine. Fascinée par les œuvres de Picasso, de Matisse, de Juan Gris et de Braque, elle a même tenté d'appliquer le style de ces peintres cubistes à son écriture. On a même surnommé son style « cubisme littéraire » (*Trois vies*, 1909 ; *The Making of America*, 1925).

On appelle «lipogramme» un texte dans lequel on omet volontairement l'utilisation d'une lettre. Dans son roman *La disparition*, qui compte plus de 300 pages, Georges Perec a omis la lettre «e».

Il fit tout pour dormir, mais il n'y parvint jamais. Il mit un pyjama à pois, puis un maillot, puis un collant, puis un foulard, puis la gandourah d'un cousin spahi, puis il coucha tout nu. Il fit son lit d'au moins vingt façons. Un jour, il loua, à prix d'or, un dortoir, mais il tâta aussi du lit
5 pliant, du châlit, du lit clos, du lit à baldaquin, du sac, du divan, du sofa, du hamac.

Il frissonna sans draps, il transpira sous un plaid, il compara l'alfa au kapok. Il coucha assis, accroupi, à califourchon ; il consulta un fakir qui lui proposa son grabat à clous, puis un gourou qui lui ordonna la
10 position yoga : son avant-bras droit comprimant l'occiput, il joignit son talon à sa main.

Mais tout s'affirmait vain. Il n'y arrivait pas. Il croyait s'assoupir, mais ça fondait sur lui, dans lui, ça bourdonnait tout autour. Ça l'opprimait. Ça l'asphyxiait.

Extrait de Georges Perec, *La disparition*, © Denoël, 1969.

Pourquoi faut-il que je me taise,
Alors que je voudrais parler !
Un grand amour sur mon cœur pèse :
L'objet ne peut s'en révéler.
Injuste sort, cruel martyre,
Ne pouvoir proclamer son nom,
Et l'adorer sans le lui dire !

Marc de Papillon de Lasphrise, XVIe siècle.

Amour parfait dans mon cœur imprim**A**
Nom très heureux d'une que j'aime bie**N**
Non, non, jamais cet amoureux lie**N**
Autre que mort défaire ne pourr**A**

Anonyme, XVIIe siècle.

Verbe préféré

En toutes les saisons
e **N** toutes les occasions
il **S**uffit de sa clé d'enfant
pli **O**ns nos pauvres prétentions
esca **L**adons sans gêne les nuages
ensol **E**illons ! ensoleillons ! ensoleillons !
l'human **I** té doit être bleue comme sa terre
le blé s'é **L** ever comme une table d'or
le poème i **L** luminer l'obscurité
et tous les **E**nfants parleraient l'oiseau
libéré libé **R**é libéré.

Gilles Brulet, © Hachette Livre, 2002.

Dans ce poème d'Arthur Rimbaud, les voyelles sont le sujet. Chaque voyelle est un objet merveilleux, qui évoque des parfums, des sons, des couleurs.

Voyelles

A noir, E blanc, I rouge, U vert, O bleu : voyelles,
Je dirai quelque jour vos naissances latentes :
A, noir corset velu des mouches éclatantes
Qui bombinent autour des puanteurs cruelles,

5 Golfes d'ombre ; E, candeurs des vapeurs et des tentes,
Lances des glaciers fiers, rois blancs, frissons d'ombelles ;
I, pourpres, sang craché, rire des lèvres belles
Dans la colère ou les ivresses pénitentes ;

U, cycles, vibrements divins des mers virides,
10 Paix des pâtis semés d'animaux, paix des rides
Que l'alchimie imprime aux grands fronts studieux ;

O, Suprême Clairon plein des strideurs étranges,
Silences traversés des Mondes et des Anges :
— Ô l'Oméga, rayon violet de Ses Yeux !

Arthur Rimbaud, *Œuvres complètes*, 1873.

Odilon Redon (1840-1916), *Ophélie parmi les fleurs* (1905-1908).

Le mot-valise est le produit de l'emboîtement de deux mots, qui propose deux significations dans un seul mot. Dans le mot «coucouturière», on a emboîté le nom d'un oiseau (coucou) et d'un métier (couturière). Dans *L'abécédaire des animots*, on trouve des mots-valises comme «jaguaragiste», «dromadermatologue» et «okapiculteur».

La coucouturière

Tout le jour,
de fil en aiguille,
la coucouturière fabrique des habits
et des chemises de nuit.
5 Elle confectionne aussi des pantalons
et quand elle manque de temps… des pantacourts.
La couture, c'est son mode de vie.

La coucouturière répond au téléphone,
mais seulement lorsqu'il sonne.
10 Elle taille à gauche, elle coupe à droite.
Elle n'arrête pas trente secondes,
une vraie machine… à coudre.
— Est-ce que l'habit de l'Empereur est prêt? demande-t-elle.

Les heures défilent,
15 les mannequins aussi.
Enfin cinq heures arrivent:
— Coucou, c'est prêt!

Robert Soulières et Marjolaine Bonenfant,
L'abécédaire des animots, © 2000 Les heures bleues.

Dans *L'abécédaire des robots*, ce sont des robots fantaisistes inspirés par des mots-valises: «robof», «robord de mer», «robottine», etc.

RoboDy-builDing

il est un fier-à-bras
il est un fier-à-jambes
il cultive son corps
et lève ses petits pois
5 il a le biceps gros
comme ça
et la tête réduite
et l'antenne dessus
lui capte quelques fois
10 entre deux courants d'air
du brouhaha d'étoiles

Jacques Thisdel et Alexis Lefrançois,
L'abécédaire des robots, © 1999 Les heures bleues.

Les poètes aiment les mots, c'est bien connu. Il s'agit de leur matériau de base pour composer leur texte. Très souvent, ils en font le sujet d'un poème. Par exemple, Cécile Cloutier évoque ici toutes les possibilités que lui offrent les mots. Elle parle de ses mots-coins, de ses mots-châteaux et de ses mots-chapeaux, qui sont également de pures créations. On appelle «néologismes» des mots créés par une auteure ou un auteur.

Avec tant de plus loin
dans mes mots-coins

Avec tant de plus près
dans mes mots-châteaux

Avec tant de plus haut
dans mes mots-chapeaux

Cécile Cloutier, *L'écouté*, © 1986 Éditions
de l'Hexagone et Cécile Cloutier.

René Magritte (1898-1967), *Le libérateur* (1947).
© Succession René Magritte/SODRAC (Montréal), 2004.

On appelle « calembour » un jeu de mots qu'on réalise par substitutions. Dans le calembour homophonique par exemple, on substitue un élément à un autre de prononciation identique ou approchée, mais de sens différent. Ainsi, en transformant « école primaire » en « école brimaire », Sol suggère que l'école brime les enfants.

L'appel de la carrière

L'école, quand t'es tout petit, tu connais pas,

t'es pas encore dans l'école…

tu t'amuses autour, tu joues dans le pré scolaire,

tu suis seulement les cours de récréation…

5 C'est drôlement agréable, mais ça dure pas longtemps.

Un jour, tu te retrouves dans l'école…

et là, fini de faire tout ce que tu veux,

c'est l'école brimaire !

D'abord tu découvres une chose que tu connaissais pas :

10   la discipipeline !

C'est très énormément important,

c'est avec ça que tu apprends.

La discipipeline, tu vois, c'est comme un tuyau…

on te branche ça dans l'entonnoir, et tu reçois,

15 t'entends, t'entends des mots, des mots, des mots…

passque à l'autre bout du tuyau, y a un professeur

qui arrête pas de parler…

qui te remplit la crécelle tous les jours,

jour après jour… après jour…

20 Et un beau matin que l'été se pointe le nez,

ça y est, fini la discipipeline et tu pars en vacances !

Toi tu penses que ça s'arrête là, mais c'est pas

si simple… aussitôt que les feuilles commencent

à démissionner des arbres, tu rentres à l'école

25 pour des semaines et des mois, des mois…

et c'est comme ça pendant des années !

Extrait de Marc Favreau, « L'appel de la carrière », *Presque tout Sol*,
© Les éditions internationales Alain Stanké, 1995.

Le virelangue est une phrase construite à partir d'une suite de consonnes semblables, difficile à prononcer rapidement sans faire d'erreur. Pour parfaire leur diction, les acteurs aiment réciter des virelangues.

Trois crapauds gris et gras croquaient des croûtons croustillants dans un grand restaurant.

*   *   *

Le chasseur chauve ne chausse jamais ses chaussures de chasse sans son cher chausse-pied.

*   *   *

Papa peint quand il peut mais papa ne peint pas quand il pleut, papa ne peint pas quand il veut.

*   *   *

La lune luit la nuit au-dessus du lit de Louis.

*   *   *

Trois petites truites crues, trois petites truites cuites.

«Un sacheur... chachant sacher... sans son sien de chasse...»

ne pas confondre

l'**op**é**ra**	l'**ap**é**ro**
un chau**vin**	un **vin** chaud
un **b**ouch**on**	un **b**on **ch**ou
le **ph**are **ch**aud	le **ch**auffard
treize **s**ous	**s**eize **tr**ous

UN MOT GREC   UN GROS MEC

la **gare** marine	la mar**gar**ine
un épi **roux**	un nez **pourri**
des **b**osses **gr**ises	des **gr**osses **b**ises
un p**âle** banqu**ier**	un p**ied** ban**cal**
un **fri**mas **la**pon	un **la**ma **fri**pon
louper son **car**	**c**ouper son **lard**
le **l**inge dans le **sac**	le **s**inge dans le **lac**
les pu**lls** de l'hôte**sse**	les pu**ces** de l'hô**tel**
des bal**ades** dans l'ar**ène**	des bal**eines** dans la **rade**
un chapeau **marron**	un chameau **pas rond**
de **beaux** hô**tels**	de **belles** au**tos**
des **d**ettes sur les **br**as	des **b**êtes sur les **dr**aps
un **b**out de ma**ïs**	un **b**ide ma**housse**
la bonh**omie** du p**ape**	la bonne **amie** du p**ope**
un **lu**tin aimant le **tab**ac	un **La**tin aimant le **tub**a
un gros **lard ign**are	un gro**gn**ard hi**lar**e
un **sén**at **déb**ile	un **déb**at **sén**ile
un pap**a** dans une **couchette**	un Pap**ou** dans une **cachette**

des poires pour les moineaux   des poireaux pour les moines

et

Joël Martin, *La vie des mots*, © 1994, Albin Michel Jeunesse.

Dans un texte littéraire, la répétition d'un même son peut créer un effet intéressant, comme celui de susciter une émotion, de rappeler une image ou de marquer le rythme. On appelle ces types de figures «assonance», qui est la répétition du même son, particulièrement de la voyelle accentuée à la fin de chaque vers, et «allitération», qui est la répétition de consonnes dans des mots rapprochés. Par exemple, on peut créer l'impression du vent avec le son «s» ou «ch», d'un murmure en répétant un «m», de violence en utilisant le «t» ou le «d», de gaieté en répétant le «i», etc.

La valse du court-circuit

ÇA SUFFIT SOPHIE ÇA FAIT SIX FOIS
QUE TU CHANTES CETTE SOTTE CHANSON
QUE TU AS COMPOSÉE SI TU NE
CESSES PAS CE SON CE SONT LES FUSIBLES
5 DE CE SOUS-SOL QUI VONT
S'INCENDIER SANS QUE L'ON SACHE
SI L'INCENDIE SI SUBIT VA S'ÉTENDRE
AUX SANDALES SOUPLES DE SYLVIE
CE SERAIT SI TRISTE MOI QUI
10 SUIS SI SENSIBLE AUX SOUCIS 600
SIBLE AUX SOUCIS DE LA VILLE FAUT
QUE L'ON SE DISE À TEMPS QU'UN
INCENDIE ÇA TEND SANS DOUTE À
S'ÉTENDRE SANS ATTENDRE QUE L'ON S'EN
15 OCCUPE SANS PERDRE UNE MINUTE
SINON C'EST LE DRAME SINON ÇA 100
FLAMME SACHE AUSSI SOPHIE QUE SIX
ÇA SENT CE QUE ÇA 100 CE SONT 600
SU 7 QUI COULENT SUR LA MOQUETTTE
20 CES SU 7 100 SUC SONT SÛRES DE 6
FAIRE COMME TOUTES LES FANCY SAVENT
TOUJOURS S'Y FAIRE.

CETTE VALSE SOPHIE
C'EST LA VALSE DU COURT-CIRCUIT
25 LA VALSE QUI ENFLAMME
ET FAIT FONDRE LE MACADAM
AUCANADA !

Paroles et musique de Jean-Luc Fonck, Éditions Team for Action.
Sttellla, *Fuite au prochain lavabo*, © Dekadiks, 1985.

Dans la chanson «Vous et Nous», on trouve des figures construites avec des répétitions de mots. Comme point de départ, trois mots: «vous», «et», «nous», qui seront répétés, inversés, modifiés, conjugués! Les possibilités poétiques semblent inépuisables et les sons se fusionnent en créant un effet harmonieux.

Vous et Nous

Nous sommes des fous
Vous et Nous
Nous sommes très doux
Vous et Nous
5 Nous sommes des loups
Des filous
Nous sommes des poux
Des bijoux

Dénouez-nous
10 Dénouez-vous
Dévouez-nous
Dévouez-vous
Vouez-vous à nous
Vouez-nous à vous

15 Déjouez-nous
Déjouez-vous
Avouez-nous
Avouez-vous
Nouez-vous à nous
20 Nouez-nous à vous

Nous sommes tous nous
Vive nous
Nous sommes tous vous
Vivons-nous
25 Fions-nous à nous
Louons-nous
Donnons-nous à nous
Chantons-nous

Refrain

Paroles et musique de Brigitte Fontaine et Areski Belkacem.
Brigitte Fontaine, *Vous et Nous*, © Les éditions Saravah, 1977.

Les enfants ne maîtrisent pas totalement les règles du langage et il leur arrive alors de se tromper en créant des jeux de sens extrêmement drôles. C'est de la poésie involontaire! À cela s'ajoute le fait que les enfants ont une vision du monde très particulière. Leur façon de voir la nature, la vie des adultes, la mort, etc., fait d'eux des poètes naturels.

« J'ai quand même mangé les oignons parce que tu m'as dit qu'il n'y en avait pas. »

* * *

« Le soleil ça fait grandir, et quand on se met à l'ombre on rétrécit. »

* * *

« Pour faire des planches, il faut aplatir des troncs d'arbre. »

* * *

« J'aime pas les fleurs coupées, je préfère les fleurs qui vivent en liberté. »

* * *

« La viande hachée, c'est de la viande sans arêtes. »

* * *

« Les oreilles, ça sert à décorer la figure. »

* * *

« Si je mange un petit déjeuner équilibré, je peux plus tomber! »

* * *

« Des fois, quand je mange je parle en même temps, mais en fermant la bouche. »

Extraits de Maxime, *La vérité sort de la bouche des enfants*, © 2000 Éditions Vents d'Ouest.

Regarde le beau dégât!

Est-ce que je peux en avoir un, moi aussi, un dégât?

On dit d'une situation qui n'a pas de sens, qui n'est pas logique qu'elle est absurde. En humour comme en poésie, les auteurs intègrent souvent l'absurde pour faire rire, mais aussi pour faire réfléchir. Ainsi, on peut associer deux idées contradictoires et créer des « jeunes filles de quatre-vingt-dix ans ».

Une jeune fille
de quatre-vingt-dix ans
en mangeant de la crème,
en mangeant de la crème,
5 une jeune fille
de quatre-vingt-dix ans
en mangeant de la crème
s'est cassé une dent.
— Ah ! lui dit sa maman,
10 en mangeant de la crème,
en mangeant de la crème,
Ah ! lui dit sa maman,
en mangeant de la crème
ce n'est pas étonnant.

Le « cadavre exquis » est un jeu littéraire de la période surréaliste des années 1920 en France. On croit que c'est le premier jeu surréaliste et aussi le plus connu. On doit l'invention du premier terme appliqué au substantif à Jacques Prévert. Ainsi la phrase qui avait résulté du jeu était: « Le cadavre-exquis-boira-le-vin-nouveau. »

Le cadavre exquis consiste à créer un poème en faisant appel au hasard. Il s'agit d'écrire le substantif devant servir de sujet à une phrase sur un bout de papier, de plier le bout de papier de manière à cacher ce mot, puis de passer ce bout de papier à son voisin ou à sa voisine pour qu'il ou elle ajoute à son tour un nouveau mot, par exemple un adjectif. Puis, le papier est plié une nouvelle fois, et passé à une autre personne afin de trouver le verbe. On poursuit l'exercice jusqu'à ce qu'on ait trouvé par exemple un complément. Le résultat donne alors une phrase surprenante.

Dans *Le catalogue des objets introuvables*, Jacques Carelman propose des objets comiques et poétiques (masque de pêche à essuie-glace; fer à repasser téléguidé; cravate-slip) et il ajoute des descriptions hilarantes en légende ainsi que des extraits de poèmes de grands auteurs qui donnent la touche surréaliste et absurde à sa démarche. Par le fait même, il se moque de la société de consommation qui propose parfois des objets semblables.

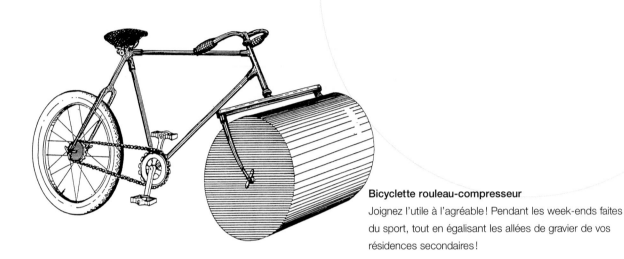

Bicyclette rouleau-compresseur

Joignez l'utile à l'agréable! Pendant les week-ends faites du sport, tout en égalisant les allées de gravier de vos résidences secondaires!

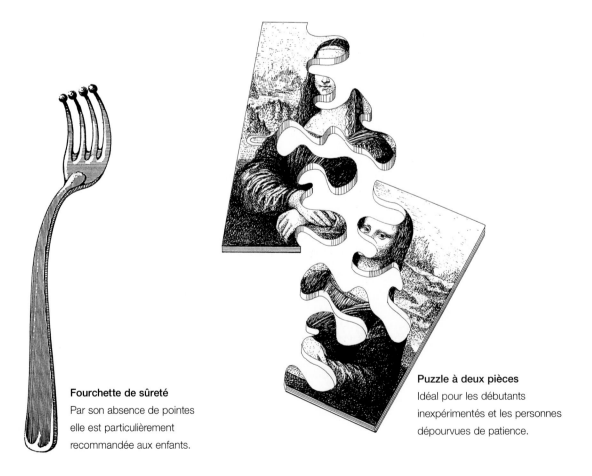

Fourchette de sûreté

Par son absence de pointes elle est particulièrement recommandée aux enfants.

Puzzle à deux pièces

Idéal pour les débutants inexpérimentés et les personnes dépourvues de patience.

Extrait de Jacques Carelman, *Le catalogue des objets introuvables*, © Jacques Carelman, dessins et textes, 1994.
© Jacques Carelman/SODRAC (Montréal), 2004.

Recueil de textes - Dossier 8

À partir d'une situation banale, l'humoriste Raymond Devos crée des calembours polysémiques, c'est-à-dire qu'il exploite les divers sens attribués à un mot: sens concret et sens abstrait; sens propre et sens figuré, etc.

Ceinture de sécurité

Mesdames et messieurs, je ne voudrais pas
vous affoler, mais des fous, il y en a!
Dans la rue, on en côtoie…
Récemment, je rencontre un monsieur.
5 Il portait sa voiture en bandoulière!
Il me dit:
— Vous ne savez pas comment
on détache cette ceinture?
Je lui dis:
10 — Dites-moi! Lorsque vous l'avez bouclée,
est-ce que vous avez entendu un petit déclic?
Il me dit:
— Oui, dans ma tête!
Je me dis: «Ce type, il est fou à lier!»
15 J'ai eu envie de le ceinturer…
mais quand j'ai vu que sa ceinture
était noire…
je l'ai bouclée!!

Raymond Devos, *Matière à rire*, © Librairie Plon, 1993.

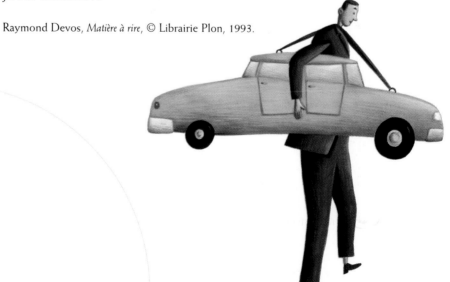

On appelle «calligramme» un texte dont la disposition graphique représente un dessin qui correspond au contenu du texte. Ce type de texte a été créé par Apollinaire. Par exemple le poème «Il pleut» est représenté par un dessin évoquant des gouttes de pluie.

Il pleut

Il pleut des voix de femmes comme si elles étaient mortes même dans le souvenir

c'est vous aussi qu'il pleut merveilleuses rencontres de ma vie ô gouttelettes

et ces nuages cabrés se prennent a hennir tout un univers de villes auriculaires

écoute s'il pleut tandis que le regret et le dédain pleurent une ancienne musique

écoute tomber les liens qui te retiennent en haut et en bas

Guillaume Apollinaire, *Calligrammes*, 1925.

Pierre Étaix s'est amusé à concevoir des dactylographismes pour amuser ses lecteurs. Ses dactylographismes sont des poèmes tapés sur une machine à écrire traditionnelle. Par ce procédé, le poète propose deux lectures simultanées : celle du texte et celle de l'agencement typographique.

– VOICI VENIR L'HIVER –

Une maille,ɘʅʅɒm ɘnu'une maille,ɘʅʅɒm ɘn
ɘʅʅɒm ɘnu'une maille,ɘʅʅɒm ɘnu'une maille,
une maille,ɘʅʅɒm ɘnu'une maille,ɘʅʅɒm ɘn
ɘʅʅɒm ɘnu'une maille,ɘʅʅɒm ɘnu'une maille,
une maille,ɘʅʅɒm ɘnu'une maille,ɘʅʅɒm ɘn
ɘʅʅɒm ɘnu'une maille,ɘʅʅɒm ɘnu'une maille,
une maille,ɘʅʅɒm ɘnu'une maille,ɘʅʅɒm ɘn
ɘʅʅɒm ɘnu'une maille,ɘʅʅɒm ɘnu'une maille,
une maille,ɘʅʅɒm ɘnu'une maille,ɘʅʅɒm ɘn
ɘʅʅɒm ɘnu'une maille,ɘʅʅɒm ɘnu'une maille,
une maille,ɘʅʅɒm ɘnu'une maille,ɘʅʅɒm ɘn
ɘʅʅɒm ɘnu'une maille,ɘʅʅɒm ɘnu'une maille,
une maille,ɘʅʅɒm ɘnu'une maille,ɘʅʅɒm ɘn
ɘʅʅɒm ɘnu'une maille,ɘʅʅɒm ɘnu'une maille,

*   *   *

L'ECRITURE EST LE REFLET DE LA PERSONNALITE
Γ,ECᴚITᑌᴚE EꙄT ᒪE ᴚEԲᒪET DE ᒪA ᴘEᴚꙄOᴎᴎAᒪITE

Des mots pour faire sourire

Le collage est un procédé inventé par les peintres surréalistes qui collaient sur la toile des bouts de papier, de tissu ou des petits objets. Des poètes comme Jacques Prévert se sont aussi prêtés au jeu. En découpant des images dans un magazine et en les posant sur la page, le poète crée des associations qui génèrent de nouveaux sens (ou qui deviennent tout simplement absurdes). Comme dans la poésie écrite, le collage permet de faire les associations les plus folles. C'est un jeu qui allie le travail sur la forme, sur la couleur, sur le sens. On peut également faire un collage en découpant des bouts de phrases dans le journal ou dans les magazines, et ainsi créer un poème fantaisiste et amusant.

Extrait de Pierre Chavot, *L'ABCdaire de Prévert*, Éditions Flammarion, 2000.

Collage de Jacques Prévert, n° 44.

© Succession Jacques Prévert/SODRAC (Montréal), 2004.

Les paroles des chansons de La Bolduc étaient particulièrement rythmées du fait qu'elles s'apparentaient à la langue orale, au tempo rapide des airs traditionnels dont la gigue et également à la « turlute ». Quand on entend La Bolduc « turluter », c'est qu'elle fredonne très rapidement un air en jouant sur des allitérations (répétitions de consonnes dans des mots rapprochés) et des répétitions de syllabes.

J'ai un bouton sur la langue

Me voilà mal amanchée j'un bouton su'l bout du nez
Quand je viens pour regarder j'vous dis que ça m'fait loucher
J'vous assure c'est bien souffrant ça m'fait faire du mauvais sang
J'me suis fait un bon onguent y'a guéri dans pas grand temps

5 **Pi j'en ai un su'l'bout d'la langue qui m'empêche de turluter**
Pi ça me fait bégay gay gay gay bégay gay gay gay bégayer

J'ai un clou su'l nerf du cou qui est aussi grand qu'un trente sous
J'en ai un sur le menton qui est aussi gros qu'un citron
J'en ai un autre su'l'bord d'l'oreille qui m'sert de pendant d'oreille
10 J'vous assure qu'i'ternissent pas sont garantis 14 carats

Refrain

J'ai d'la misère à marcher j'ai une mordure en d'sour du pied
Quand je mets mes beaux souliers j'vous assure ça m'fait boiter
J'ai fait ça l'été passé quand j'ai été au Saguenay
15 C'est en m'en allant baigner une écrevisse m'a pincé l'pied

Refrain

Y a des fois j'ai l'rhumatisme et d'autres fois j'ai la pituite
Quand je mange d'la soupe aux pois j'ai des brûl'ments d'estomac
Pour guérir mon mal de reins j'mange des crêpes de sarrazin
20 Si ça continue comme ça i vont chanter mon Libera

Refrain

Si v's êtes comme ça mes amis ça veut dire qu'vous êtes mal pris
J'ai un conseil à vous donner vous êtes mieux d'vous faire soigner
Avant que ça aille trop loin allez voir un médecin
25 Quand on attend trop longtemps ça finit par un enterrement

Paroles et musique : La Bolduc, 1932.

La danse de nuit

Ah ! la danse ! la danse
Qui fait battre le cœur !
C'est la vie en cadence
Enlacée au bonheur !

5 Accourez, le temps vole,
Saluez, s'il vous plaît ;
L'orchestre a la parole
Et le bal est complet.

Sous la lune étoilée
10 Quand brunissent les bois
Chaque fête étoilée
Jette lumière et voix.

Les fleurs plus embaumées
Rêvent qu'il fait soleil,
15 Et nous, plus animées,
Nous n'avons pas sommeil.

Flamme et musique en tête,
Enfants, ouvrez les yeux,
Et frappez, à la fête,
20 Vos petits pieds joyeux.

Ne renvoyez personne !
Tout passant dansera ;
Et bouquets ou couronne
Tout danseur choisira !

25 Sous la nuit et ses voiles
Que nous illuminons,
Comme un cercle d'étoiles,
Tournons en chœur, tournons !

Oh ! la danse ! la danse
30 Qui fait battre le cœur !
C'est la vie en cadence
Enlacée au bonheur !

Marceline Desbordes-Valmore,
Poésies inédites, 1860.

Pierre-Auguste Renoir (1841-1919), *Le moulin de la Galette* (1876).

Le rythme est un élément très important en poésie. Le poème « Le temps » de Pierrette Beaudoin l'illustre bien. En le lisant à haute voix, on a l'impression d'entendre le mouvement régulier du pendule. Cet effet est d'autant plus intéressant que le sujet du poème suggère le temps qui passe.

Le temps

Le temps ? Il passe.
Le temps ? Il fuit.
Le temps ? Il court.
Le temps avance…
5 Hé ! Halte-là !

La bougie fond.
La fleur se fane.
L'horloge progresse.
Le temps, le temps
10 Ne revient pas.

Tic tac tic tac…
Secondes, minutes,
Des heures, des heures,
Des jours, des nuits,
15 Des mois, des ans.

Tic tac tic tac…
Redit mon cœur
Tic tac tic tac…
Le temps, ça file.
20 Quelle heure est-il ?

© Pierrette Beaudoin.

Écrire des poèmes dont les vers ne font qu'un pied ou deux est un exercice plus compliqué qu'il n'y paraît. On qualifie ces vers de «monosyllabiques» lorsqu'ils font un pied et de «bisyllabiques» quand ils font deux pieds.

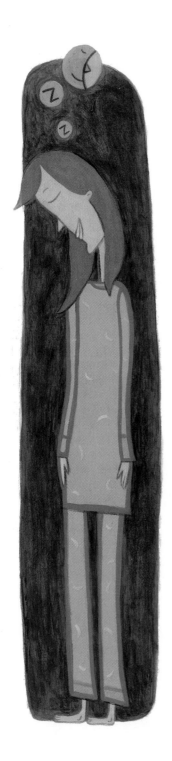

On doute
La nuit…
J'écoute :
Tout fuit,
Tout passe ;
L'espace
Efface
Le bruit.

Extrait de Victor Hugo, *Les Orientales*, 1828.

La lune

Douce
Lune,
Tout
Là-haut

Boule
Blonde
Toute
Ronde

Petit
Sou
Petit
Trou
Dans
Le ciel

Anne-Marie Chapouton, *Poèmes petits*,
© Delagrave, 1999.

Si la comptine est aussi rythmée, c'est que chaque vers contient généralement le même nombre de pieds et que les rimes ponctuent la fin de chaque vers. Beaucoup utilisée en chanson, la rime contribue grandement à organiser le texte. C'est d'ailleurs souvent la rime qui permet de se rappeler les paroles d'une chanson, en agissant comme un aide-mémoire.

La marmite

Ils ont mis dans la marmite
Trois bottines déjà cuites
Ils ont mis dans le chaudron
Le vieux lustre du salon
5 Le chapeau du vieux garçon
Les oreilles du dragon
Avec trois petits cochons
Tout ronds
Ils ont mis le feu dessous

10 Ça sentait jusqu'à chez nous
Ça mijote, ça mijote
Venez goûter mon ragoût
Tout le monde est invité
Tout le monde en a mangé
15 Tout le monde au lit
Trois jours et trois nuits
Mais la vieille Anasthasie
A guéri son panaris. Merci !

Paroles et musique : Gilles Vigneault
© 2000 Les Éditions du Vent qui vire.
Extrait de Gilles Vigneault, *Un trésor
dans mon jardin. Chansons, contes
et comptines.*

La répétition des mêmes sons, en plus de créer un rythme, propose des significations différentes des mots et des familles de mots. Cet ensemble de sons, de sens et de rythme donne de la cohésion au texte, un peu comme si on ne pouvait rien y changer: pas un mot à enlever ni à ajouter.

Je hais les haies

Je hais les haies
qui sont des murs.
Je hais les haies
et les mûriers
5 qui font la haie
le long des murs.
Je hais les haies
qui sont de houx.
Je hais les haies
10 qu'elles soient de mûres
qu'elles soient de houx!
Je hais les murs
qu'ils soient en dur
qu'ils soient en mou!
15 Je hais les haies
qui nous emmurent.
Je hais les murs
qui sont en nous!

Raymond Devos, *Matière à rire*, © Librairie Plon, 1993.

Le monde est rond et *Autobiographie de Rose* de Gertrude Stein sont deux longs poèmes contenus dans un livre de 80 pages. On y présente l'univers enfantin de Rose et de sa famille... La quasi-absence de virgules donne un rythme de lecture qui bouleverse nos habitudes et s'apparente plutôt à l'oralité. Dans sa préface, Gertrude Stein écrit: «Ce livre a été écrit pour qu'on en ait du plaisir.» Puis, elle poursuit avec ce conseil: «Il est destiné à être lu à voix haute [...]. Ne vous préoccupez pas des virgules qui ne sont pas là. Ne vous inquiétez pas du sens qui est là, lisez les mots plus vite. Si vous avez quelque difficulté, lisez de plus en plus vite jusqu'à ce que vous n'en ayez plus.»

Comment sait-elle que son nom est Rose. Elle sait que son nom est Rose parce qu'on l'appelle Rose. Si on ne l'appelait pas Rose est-ce que son nom serait Rose. Oh oui elle sait que son nom est Rose.

Voilà l'autobiographie de Rose.

[…]

5   Quand Rose était jeune elle est jeune maintenant mais quand Rose était jeune. Combien jeune Rose doit-elle être pour être jeune. Elle était jeune elle est jeune, elle était très jeune elle est assez jeune pour être jeune. Combien jeune devez-vous être pour être jeune. Sept ans est très jeune, et elle sait tout sur être jeune assez pour être vieille pour
10 un chien mais pas vieille pour Rose. Sept n'est pas vieux pour Rose mais est-ce jeune.

    L'autobiographie de Rose est qu'elle était jeune. Et quand elle était jeune oh oui quand elle était jeune elle disait qu'elle avait été jeune et c'est tout à fait certain elle avait été jeune. Était-elle en
15 train de regretter d'avoir été jeune si jeune, était-elle en train de regretter quoi que ce soit. Si elle était en train de regretter quoi que ce soit elle n'était pas jeune, combien jeune peut-on être pour être jeune.

    À chaque moment Rose était jeune elle était jeune.
20 Chaque moment et chaque moment était chaque moment. Et maintenant. Chaque moment est chaque moment. Et Rose est jeune. Rose a-t-elle une autobiographie. Rose a une autobiographie. A-t-elle une autobiographie de quand elle était jeune. Rose
25 a une autobiographie de quand elle était jeune.

Andy Warhol (1930-1987),
Gertrude Stein, 1980.

Extrait de Gertrude Stein, *Le monde est rond* suivi de *Autobiographie de Rose*,
© Éditions Deuxtemps Tierce, 1984. Tous droits réservés.
Traduit de l'américain par Françoise Collin et Pierre Taminiaux.

H : haut **B** : bas **G** : gauche **D** : droite **M** : milieu

Dossier 1

4 © Digital Vision **5** Photo nº 7350523. © 2004 JupiterImages*. **6** © Bettmann/Corbis/Magma **7 B** Photo nº 7774515. © 2004 JupiterImages ; **H** © PhotoDisc **8 H** Photo nº 9831397. © 2004 JupiterImages ; **B** Megapress/Mauritius **9 H** © PhotoDisc ; **B** © Tom & Dee Ann McCarthy/ Corbis **11** © Hulton-Deutsch Collection/Corbis/Magma **12** © Yves Renaud, photographe. **15** © Collection particulière Jeannette Lefebvre **16** © Bassouls Sophie/ Corbis Sygma/Magma **18-19** Gracieuseté de la Congrégation des Sœurs des Saints Noms de Jésus et de Marie, Outremont-Montréal. **21 G** Mobilier National, Paris © Bridgeman Art Library, London/SuperStock ; **D** © Bettmann/Corbis/Magma **25 G** de **H** en **B** : Photos nᵒˢ 10732123 ; 9837202 ; 983110 ; 9830992. © 2004 JupiterImages ; **D** de **H** en **B** : Photos nᵒˢ 10041119 ; 7312361 ; 9836857 ; 10040603. © 2004 JupiterImages ; **27** Gracieuseté de l'auteure **30 GH** Portrait anonyme peint sur ivoire, XVIIIᵉ siècle. Collection particulière. © Michel Urtado **D** © Swim Ink/Corbis/Magma **31** Megapress **32** © Bettmann/Corbis/Magma **34 H** © Josée Lambert, photographe ; **B** Archives nationales du Québec #GH270-85 **36 G** © Bettmann/Corbis/Magma ; **B** Aquarelle d'Antoine de Saint-Exupéry, *Le petit prince*, p. 75 : © Harcourt, Inc., 1943, réédité par Consuelo de Saint-Exupéry en 1971 et réimprimé avec la permission de l'éditeur. **39** © Bettmann/Corbis/Magma **40** © Dover Gallery **41** © Arte & Immagini srl/Corbis/Magma **42** De **G** à **D** : © John Springer Collection/Corbis/ Magma ; © Bettmann/Corbis/Magma ; © Bettmann/ Corbis/Magma.

Dossier 2

48 Catherine Crépeau **50** Megapress/Planet Pictures **51** Photo nº 16299292. © 2004 JupiterImages **52** Photo nº 7509440. © 2004 JupiterImages **55** Fondation Alexandra David-Néel **57 B** © Roger Wood/Corbis/ Magma ; **H** Josée Lambert, photographe. **59** Photo nº 7801027. © 2004 JupiterImages **60** Photo nº 7801613. © 2004 JupiterImages **61** Megapress/ Bognar **62** © Bettmann/ Corbis/Magma **63** © Bettmann/ Corbis/Magma **64** © Pierre-Paul Poulin/Magma **65** © David Marenger **66** Photo nº 7448032. © 2004 JupiterImages **67** © Olivier Samson-Arcand, photographe/ « Retrouvés sains et saufs. Trois enfants passent 20 heures perdus en pleine forêt », *Journal de Montréal*, dimanche 17 août 2003, p. 3. **68** Megapress/ Philiptchenko **69** Megapress/Tessier **71** Photo nº 7299757. © 2004 JupiterImages **72 G** Jean-François Gratton, photographe. ; **D** Photo nº 7675062. © 2004 JupiterImages **73** Photo nº 7293287. © 2004 JupiterImages.

* La mention complète se lit ainsi : © 2004 JupiterImages et ses représentants. Tous droits réservés.

Dossier 3

76 © Bettmann/Corbis **77** © Archivo Iconografico, S.A./Corbis/Magma **78 G** RubberBall Productions ; **D** © Dex Images/Corbis/Magma **79** © Michael Rutherford/ SuperStock **80 H** © PhotoDisc ; **M** Photo nº 7281688. © 2004 JupiterImages ; **B** © Anton Vengo/SuperStock **81** © LWA-Dann Tardif/Corbis/Magma **82 HG** © PhotoDisc ; **BG** Creativ Collection ; **HD** Photo nº 9829181. © 2004 JupiterImages ; **BD** © PhotoDisc **83 HG** Photo nº 9968651. © 2004 JupiterImages ; **HD** © PhotoDisc ; **BD** © Helen Norman/Corbis/Magma **84 H** © Lisette Le Bon/ SuperStock ; **B** © Le cherche midi éditeur, 2002. **85 H** © Le cherche midi éditeur, 2002. ; **BG** Photo nº 7724317. © 2004 JupiterImages ; **BD** © PhotoDisc **87 G** © SuperStock, Inc./SuperStock ; **D** Illustration tirée d'un livre sur Christian V, intitulé *The Seventh Book*, © Historical Picture Archive/Corbis/Magma **88** © SuperStock, Inc./SuperStock **89 G** © Massimo Listri/Corbis/Magma ; **DH** © Massimo Listri/Corbis/ Magma ; **DB** © Huntington Library/SuperStock **96 H** © Josée Ouimet **97** Photo nº 9897310. © 2004 JupiterImages **98 H** © Michael Salomon ; **B** © Francis G. Mayer/Corbis/Magma **99** © Gaétan Beauchamp, photographe.

Dossier 4

103 G © PEI-Tourisme ; **D** © L.M. Montgomery, marque des Heirs of L.M. Montgomery Inc. **104** Domaine public **106 H** © Tillman Crane, photographe/Gracieuseté de l'auteure ; **B** Photo nº 7304335. © 2004 JupiterImages **107** © Christie's Images/SuperStock **108** © Laurence Labat, photographe. **110** Photo nº 16330770. © 2004 JupiterImages **111 H** © Pierre Charbonneau, photographe. **112** Photo nº 16330680. © 2004 JupiterImages **113** © Nathan Griffith/Corbis/Magma **114 H** © Bettmann/ Corbis/Magma ; **BG** © Fabian Cevallos/Corbis/Sygma/ Magma ; **BD** © Underwood & Underwood/Corbis/Magma **116 H** © Anita Weber/Sipa Press/Ponopresse **117** © Brand X/Magma **118 G** © Bassouls Sophie/Corbis Sygma/Magma ; **D** Illustration de Jacques de Loustal, tirée de Alain Gerber, *Le roi du jazz*, © Bayard Éditions, 1994, p. 8. **120** © Bettmann/Corbis/Magma **121** © SuperStock, Inc./SuperStock **122 H** © Bettmann/Corbis/Magma ; **B** © John Springer Collection/Corbis/Magma **123 B** Photo nº 1977.367 © Musée de Kamouraska ; **H** © PhotoDisc **124** © Frilet/Sipa Press/Ponopresse **125 H** Photo nº 9985365. © 2004 JupiterImages ; **B** © SuperStock, Inc./SuperStock **126** Photo nº 7794793. © 2004 JupiterImages **128** Gracieuseté de l'auteure **129** Collection Maison Saint-Gabriel, Montréal. **130** Collection Maison Saint-Gabriel, Montréal. **131** Photo nº 70-124 de la poupée commémorative *Fille du Roy*, XXᵉ siècle/© Musée des civilisations. **133 H** © Mark Avery/Orange County Register/Corbis/Magma ; **D** © Kees Vanderheyden **134** © Corbis/Magma **136 H** © Archivo Iconografico, S.A./Corbis/Magma ; **B** © Nathan Griffith/Corbis/Magma.

Dossier 5

140 G © Bettmann/Corbis ; **D** © Bettmann/Corbis
141 H © Bettmann/Corbis/Magma ; **BG** © Corbis ;
BD (presse à grand tirage) © Ron Watts/Corbis ;
DB Photos nᵒˢ 16446483 ; 16447520. © 2004
JupiterImages **142 BG** Photo nᵒ 15743658. © 2004
JupiterImages ; **HD** © Historical Picture Archive/Corbis ;
BD © Swim Ink/Corbis **143 M** © Bettmann/Corbis/
Magma ; **BG** © Historical Picture Archive/Corbis ;
BM © Archivo Iconografico, S.A./Corbis/Magma ;
BD © Peter Harholdt/Corbis **148 GH** Photos nᵒˢ 10737029 ;
B 7496873 ; **H** 7567953. © 2004 JupiterImages
150 De G à D Photos nᵒˢ 16337826-5104 ; 7776574 ;
7511091 ; 7532897. © 2004 JupiterImages
151 G De G à D Photos nᵒˢ 7778469 ; 10037357 ;
7718082 ; **DH** Dans le sens des aiguilles d'une montre :
7742865 ; 7381528 ; 14494987 ; 16337862 ;
DB De H en B 7725581 ; 7509613 ; 9818642. © 2004
JupiterImages **152 H** Photos nᵒˢ 10052341 ; **De G à D**
9780517 ; 9983177 ; **HD De G à D** 7307894 ; 7806782 ;
7502477 ; **DM De G à D** 8272183 ; 9986036 ; 7513466 ;
DB De G à D 7362569 ; 7463836 ; 7726062. © 2004
JupiterImages **153 GM De G à D** Photos nᵒˢ 7491475 ;
7346387 ; 7463343 ; **GB De G à D** 9959840 ; 9972109 ;
10023344 ; **HD** Dans le sens des aiguilles d'une montre :
9928112 ; 16345732 ; 7729667 ; 7698446 ; **DB** 8271945.
© 2004 JupiterImages **154 G** © Artville ; **DH** Photos
nᵒˢ 7734221 ; **DM** 7578220. © 2004 JupiterImages ;
DB © Artville **155 G** Photos nᵒˢ 7361973 ; 16248379 ;
HD 7287565. © 2004 JupiterImages ; **BD** © Artville
156-157 Illustrations tirées de Élise Gravel, *Le catalogue
des gaspilleurs*, © Élise Gravel et les éditions Les
400 coups, 2003. **158** Planche de bande dessinée tirée
de André Franquin, *Gaston 14*, © Éditions Dupuis, 1997.
159 G Photos nᵒˢ 7724295 ; **D** 7644234. © 2004
JupiterImages **160 G** Photos nᵒˢ 14500516 ; **D** 7272451.
© 2004 JupiterImages **161 H** Gracieuseté de l'auteure ;
B Photo nᵒ 16318872. © 2004 JupiterImages
162 GH Photos nᵒˢ 7317743 ; **DH** 14506571. © 2004
JupiterImages ; **B** © RubberBall Productions **163** © Union
des consommateurs du Québec. **164 G** Photos
nᵒˢ 7373467 ; **D** 10012319. © 2004 JupiterImages
165 H Photo nᵒ 10002079. © 2004 JupiterImages.

Dossier 6

168 © Christie's Images/Corbis/Magma
169 M © SuperStock, Inc./SuperStock ; **D** © Bettmann/
Corbis/Magma **170-174** Photos des élèves de la classe
de Denis Cadieux lors de la visite de Susanne Julien au
Collège Saint-Louis (Lachine) en février 2004/Alexandre
Choquette, photographe. **182** © Musée de la civilisation,
bibliothèque du Séminaire de Québec, fonds ancien/
*Dispersion des insurgés à l'arrière de l'église de Saint-
Eustache, 14 décembre 1837* dans Charles Beauclerk,
Lithographic Views of Military Operations in Canada,
London, 1840. **184** © ANC-C17937 **185** Alexandre
Choquette, photographe. **186-190, 199** Photos de
l'entrevue avec Louis Émond/Daniel Marleau,
photographe. **197-198** Collection privée de Louis Émond
201 H Gracieuseté de l'auteur **203** Gracieuseté
de l'auteur.

Dossier 7

207 H © Archivo Iconografico, S.A./Corbis **209 H** Daniel
Marleau, photographe. **213 H** Gracieuseté de l'auteure
215-219 Planches tirées de Zlata Filipovic, *Le journal de
Zlata*, © 1993, éditions Robert Laffont/Fixot, © 1998,
Pocket Jeunesse. Alexandra Boulat/Sipa Press.
221 © Éditions de la courte échelle/Robert Laliberté,
photographe. **223 H** © Maury Christian/Corbis Sygma ;
B Illustration de Chantale Audet intégrant un extrait de
Eduardo Mendoza, *Sans nouvelles de Gurb*, © Éditions
du Seuil, 1994, p. 29. **224 G** Josée Lambert,
photographe. **227** © Hulton-Deutsch Collection/Corbis
228 © Les Humanoïdes associés **229** © Bassouls
Sophie/Corbis Sygma.

Dossier 8

232 Georges Perec : © Louis Monier/Gamma/Ponopresse ;
Marc de Papillon de Lasphrise : Couverture de Nerina
Clerici Balmas, *Un poète du XVIᵉ siècle : Marc de Papillon
de Lasphrise*, Librairie A.G. Nizet/Cisalpino-Goliardica,
1983. ; Gilles Brulet : Gracieuseté de l'auteur ; Arthur
Rimbaud : © Frederic Reglain/Gamma/Ponopresse
233 Robert Soulières : Gracieuseté de l'auteur ; Alexis
Lefrançois : © Don Winkler ; Cécile Cloutier : Gracieuseté
de l'auteure ; Marc Favreau : © Michel Ponomareff/
Ponopresse **234** Joël Martin : © Éditions Albin Michel
Jeunesse ; Jean-Luc Fonck : Gracieuseté de l'auteur ;
Brigitte Fontaine : © Frederic Souloy/Gamma/Ponopresse
235 Jacques Carelman : © Louis Monier/Gamma/
Ponopresse ; Raymond Devos : © Baltel/Sipa Press/
Ponopresse ; Guillaume Apollinaire : © J.M. Huysmans ;
Pierre Étaix : © Jerome Chatin/Gamma/Ponopresse
236 Jacques Prévert : © Mali/Gamma/Ponopresse ;
La Bolduc : © Domaine public, nlc 2547 ; Marceline
Desbordes-Valmore : © The J. Paul Getty Museum ;
Pierrette Beaudoin : Gracieuseté de l'auteure **237** Victor
Hugo : Photo nᵒ 916605. © JupiterImages ; Anne-Marie
Chapouton : © Collection particulière Florence Chapouton ;
Gilles Vigneault : © Michel Ponomareff/Ponopresse ;
Gertrude Stein : © Hulton-Deutsch Collection/Corbis
240 © National Gallery Collection, By kind permission of
the Trustees of the National Gallery, London/Corbis/
Magma **241** Illustration de Marjolaine Bonenfant, tirée de
Robert Soulières et Marjolaine Bonenfant, *L'abécédaire
des animots*, © 2000 Les heures bleues, p. 10. **242**
Illustration de Jacques Thisdel, tirée de Jacques Thisdel
et Alexis Lefrançois, *L'abécédaire des robots*, © 1999
Les heures bleues, p. 52. **243** © Peter Milli/SuperStock
244 © Robert Côté/Ponopresse **248** Brigitte Fontaine :
Gracieuseté de l'auteure. **250** Illustration de Luc Melanson,
tirée de Henriette Major, « Une jeune fille… »,
100 comptines, Fides, 1990, p. 100. **252** Illustrations de
Jacques Carelman, tirées de Jacques Carelman,
Le catalogue des objets introuvables, © Jacques
Carelman, dessins et textes, 1994, p. 61, 81, 115.
256 Collage de Jacques Prévert, nᵒ 44. **257** © Domaine
public, nlc 2558. **258** © Francis G. Mayer/Corbis/Magma
263 © Andy Warhol Foundation/Corbis/Magma.

Sources iconographiques